21世纪高职高专规划教材·生化制药系列

# 天然药物化学


主　编　康胜利

副主编　靳德军

参　编　魏　娜

袁干军

张小坡



中国人民大学出版社

·北京·

**图书在版编目（CIP）数据**

天然药物化学/康胜利主编
北京：中国人民大学出版社，2009
21 世纪高职高专规划教材·生化制药系列
ISBN 978-7-300-11108-7

Ⅰ.天…
Ⅱ.康…
Ⅲ.生药学-药物化学-高等学校：技术学校-教材
Ⅳ.R284

中国版本图书馆 CIP 数据核字（2009）第 146144 号

21 世纪高职高专规划教材·生化制药系列
**天然药物化学**
主　编　康胜利
副主编　靳德军
参　编　魏　娜　袁干军　张小坡

---

| | | | |
|---|---|---|---|
| **出版发行** | 中国人民大学出版社 | | |
| **社　　址** | 北京中关村大街 31 号 | **邮政编码** | 100080 |
| **电　　话** | 010－62511242（总编室） | | 010－62511398（质管部） |
| | 010－82501766（邮购部） | | 010－62514148（门市部） |
| | 010－62515195（发行公司） | | 010－62515275（盗版举报） |
| **网　　址** | http：//www. crup. com. cn | | |
| | http：//www. ttrnet. com（人大教研网） | | |
| **经　　销** | 新华书店 | | |
| **印　　刷** | 三河汇鑫印务有限公司 | | |
| **规　　格** | 185 mm×260 mm　16 开本 | **版　　次** | 2010 年 3 月第 1 版 |
| **印　　张** | 13.25 | **印　　次** | 2014 年 7 月第 2 次印刷 |
| **字　　数** | 308 000 | **定　　价** | 23.00 元 |

---

# 前 言
# FORWARD

本教材是根据教育部有关高职高专教材建设要求，立足于生物制药类高等职业教育的培养目标、知识结构和能力要求而编写的。

天然药物是人类获得药物的主要途径之一，也是中华民族卫生保健的特色。天然药物之所以能防病治病，与天然药物中所含的各种有效成分和化学成分有着极为密切的关系。随着人类对自身健康保健概念的普及，天然药物或保健食品中相关药效（化学）成分的知识已成为人人必须了解的基本知识。

本教材的主要读者为生物制药类高职高专学生，他们将来可能主要从事中草药、天然药物、天然营养食品、天然保健品的生产或营销工作。本书力求以较通俗的语言和图解的方式介绍天然药物中主要有效成分的类型、理化性质，以及生产实践中的提取和分离方法。

参加本书编写工作的有：康胜利（第 1、3、4、5 章）、靳德军（第 7、8、11 章）、袁干军（第 2 章及附录）、魏娜（第 9、10 章）、张小坡（第 6 章）。在编写本教材的过程中得到了海南职业技术学院生物科学系领导的支持和帮助，在此表示衷心的感谢。

由于编者能力和水平有限，书中定有不当、不妥和谬误之处，敬请读者批评指正。

**编者**
2010. 1

# 目　录

**第 1 章　绪论** ……… 1
1.1　天然药物化学的研究对象和任务 ……… 2
1.2　天然药物化学的发展 ……… 5
**第 2 章　常用提取分离方法及操作** ……… 7
2.1　天然产物的提取方法 ……… 7
2.2　天然产物的分离纯化方法 ……… 12
2.3　色谱技术在天然药物分离纯化中的应用 ……… 19
**第 3 章　糖和苷类化合物** ……… 31
3.1　单糖 ……… 33
3.2　双糖 ……… 39
3.3　多糖 ……… 41
3.4　苷类 ……… 45
3.5　氰苷 ……… 48
**第 4 章　醌类化合物** ……… 51
4.1　苯醌、萘醌和菲醌 ……… 52
4.2　蒽醌类 ……… 58
**第 5 章　黄酮类化合物** ……… 68
5.1　黄酮类化合物的结构与分类 ……… 69
5.2　黄酮类化合物的理化性质及鉴别反应 ……… 78
5.3　黄酮类化合物的提取与分离 ……… 83
**第 6 章　苯丙素类化合物** ……… 90
6.1　苯丙酸类 ……… 91
6.2　香豆素类 ……… 93
6.3　木脂素类 ……… 100
**第 7 章　萜类化合物** ……… 107
7.1　萜类化合物的结构类型及分布 ……… 108

7.2 单萜 …… 109
7.3 倍半萜 …… 115
7.4 二萜及二倍半萜 …… 118
7.5 萜类化合物的提取分离 …… 120

**第 8 章 挥发油** …… 125
8.1 挥发油的组成和性质 …… 126
8.2 挥发油的提取与分离 …… 128
8.3 挥发油的质量 …… 132

**第 9 章 强心苷** …… 137
9.1 强心苷概述 …… 138
9.2 甲型强心苷 …… 141
9.3 乙型强心苷 …… 143
9.4 强心苷的理化性质 …… 145
9.5 强心苷的提取与分离 …… 149

**第 10 章 皂苷** …… 153
10.1 甾体皂苷 …… 154
10.2 三萜皂苷 …… 157
10.3 理化性质 …… 161
10.4 皂苷的生物活性 …… 165
10.5 皂苷的提取与分离 …… 168

**第 11 章 生物碱** …… 172
11.1 生物碱的结构与分类 …… 173
11.2 生物碱的理化性质 …… 179
11.3 生物碱的提取、纯化与分离 …… 183
11.4 研究实例 …… 188

**附录一 实验指导** …… 194
实验一 黄柏中小檗碱的提取和鉴定 …… 195
实验二 槐花米中芦丁的提取、分离与鉴定 …… 196
实验三 大黄中大黄素的提取、分离和鉴定 …… 197
实验四 黄花夹竹桃中黄夹苷的提取、分离和鉴定 …… 199
实验五 苦参生物碱的提取、分离和鉴定 …… 201

**附录二 提取分离常用溶剂的性质** …… 203

**参考文献** …… 205

# 第1章 绪　　论

## 学习要点

1. 天然药物防病治病的机理；
2. 研究和学习天然药物的目的；
3. 研究天然药物化学的方法学。

患病需要吃药，这是极为普通的生活常识。药，是对药品、药物的简称。药物是指人类在与疾病作斗争、维护自身健康的过程中，不断发现和创造的对疾病具有预防、治疗和诊断作用的物质（换言之，是对这些物质的总称）。

在现代医学和化学成为独立科学之前，在使用化学合成方法制造药物之前，人类靠什么来与疾病抗争，靠什么来保护自身的健康呢？从我国中医药学发展史中可以找到答案，那就是充分利用大自然赐予人类的丰富的动物、植物和矿物资源，人们利用自身的经验和需要，从中获得了许多可以帮助人类防病治病的天然物质，并将其称为药物。现代化学合成药物工业体系建立后，人们防病治病的药物主要来自化学合成或者制药工业，而那些一路伴随人类发展走来的药用天然物质则被称为天然药物。

一般而言，凡能用于防病治病的动、植、矿物及海产资源，均可视为天然药物。在中国，天然药物可泛指中草药、民族医药以及民间验方药物等。

依据现代科学理念，天然药物之所以能起到防病治病的作用，与其中所含有的化学成分有着最直接的联系。在化学知识和技术高度发展的今天，人们已经从天然药物中提取、分离出众多化学成分，通过研究，对这些化学成分的理化性质和结构有了深入的了解。对那些能对人体健康产生影响的、具有治疗价值的化学成分的研究，使药物研究工作者获益匪浅，促使他们设计出了更多更好的药物。而普通人群对天然药物知识的了解将有助于人们更合理有效地使用天然药物，有助于人们了解为什么某天然药物具有某种治疗作用或某种保健作用或某种毒性。如苦杏仁具有止咳作用，是因为其中含有苦杏仁苷这种化学成分，它在胃中被胃酸水解后能放出氢氰酸，而起到止咳作用，但大量的氢氰酸可发生中毒，所以杏仁不可一次食用太多。

## 1.1 天然药物化学的研究对象和任务

天然药物化学是运用现代科学理论、方法和技术，研究天然药物中化学成分的一门学科。

### 1.1.1 天然药物化学的研究对象

天然药物化学的研究对象是天然药物，所研究的内容包括了存在于天然药物中的各类化学成分（又称天然产物），但重点是对那些具有生物活性的成分——药效成分，也称有效成分的研究。可以说，天然药物化学是站在药物化学的角度去认识天然药物。在这个研究过程中，人们将认识存在于天然药物中的各种化学成分，以及它们的结构特点、物理化学性质等，在此过程中将涉及提取、分离、纯化这些化学成分和鉴定其结构的方法。同时，在更深的层次上，将对这些活性成分进行结构修饰，以便提高疗效，降低毒性。

天然药物是当今药物的一个重要组成部分，以植物来源为主。在人类的进化过程中，从狩猎到农耕，人类已认识并积累了大量的植物利用和应用知识，其中就包括了相当多的药物知识，如《神农本草经》就是我国古代人民对天然药物知识的最早总结。在我国，天然药物包括了中草药和少数民族用药以及民间验方用药，它们同与之相应的医学知识共同构成了中华民族文化的瑰宝，是中华民族五千年来得以繁衍昌盛的一个重要原因，也为人类的繁衍昌盛做出了巨大的贡献。

随着社会的进步、人类生活水平的不断提高，近年来，引起人类死亡或者严重地影响患者生活质量的主要病种疾病已不再是传染病和感染性疾病，而是诸如微循环系统疾病、糖尿病及其并发症、恶性肿瘤、肝炎、老年性痴呆、心血管疾病和神经精神疾病等慢性疾病。对于这些疾病的治疗，单一成分药物已不能奏效，以往的药物结构已不再适应这类疾病的治疗，人们需要来自大自然的启示。天然药物的研究将可能为我们提供全新结构的药物分子模型，并可能解释不同化学成分间协同或拮抗作用对于这些疾病的防治意义，因此越来越多的国家选择从天然药物、民族药物和传统药物中寻找出路。

### 1.1.2 天然药物化学的研究任务

1. 发现新的、天然的活性成分，为新药研究提供先导物质

天然药物有效成分的研究，往往会产生许多新颖的结构，也会发现新的生物活性。新的活性成分可作为现代合成药物的先导化合物，对其进行的结构改造往往可得到活性更高、毒性更低的合成（半合成）药物。如从青蒿（黄花蒿）中分离出的抗疟有效成分青蒿素，通过试验证明对耐氯喹疟原虫有极高的血中杀灭裂殖体作用，通过对其结构的修饰，获得了抗疟效果更好的蒿甲醚，如图 1—1 所示。再如，从美洲古柯属植物中分离得到的古柯碱可卡因具有局部麻醉作用，但毒性大，且有成瘾性，其水溶液在制剂过程中常因加

热消毒导致水解而失效。在对其结构研究后，发明了毒性小的局麻药物优卡因，并在其后的深入研究中，推导出更新的普鲁卡因类药物。这一演变过程如图 1—2 所示。

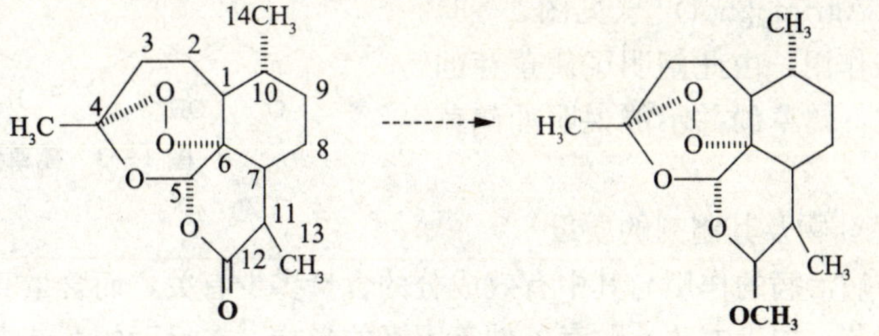

**图 1—1 从青蒿素到蒿甲醚**

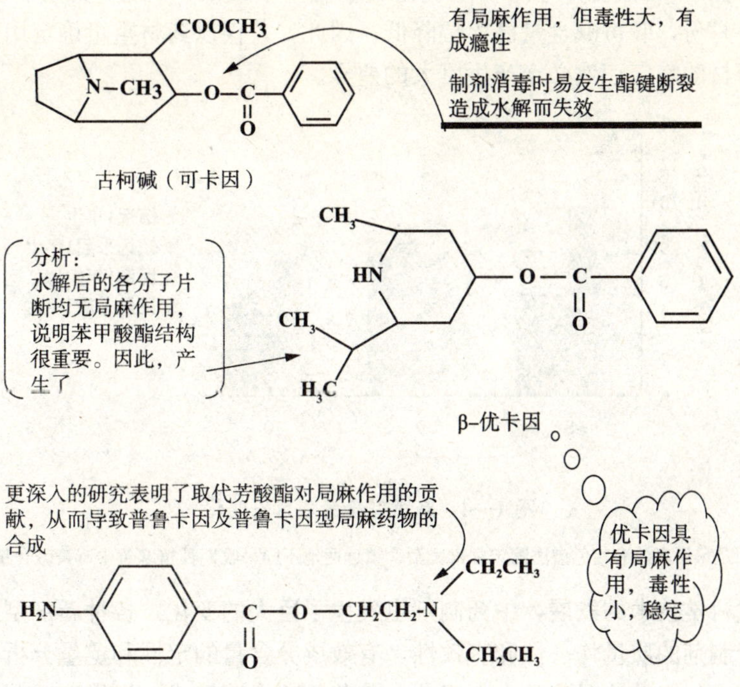

**图 1—2 可卡因的启示**

2. 探索天然药物防病治病的机理

对于中药来说，几种有效成分的提取分离以及相关药效学的研究并不能代替其原有的治疗价值，但对这些天然药物中化学成分的认识必定有助于对该药物治疗价值的认识。通过对这些化学成分个体的认识，进而了解它们相互间的作用，了解它们随地域、季节的变化，了解它们在配伍、制剂过程中可能发生的变化，了解它们被服用后在体内的吸收、转化等，就能在更高的层次上认识该药的治疗价值。这样的研究对于发掘、整理、提高宝贵的祖国医药宝库具有重要的意义。

对那些依据简单用药经验而使用的天然药物而言，有效成分的提取和分离往往可以达到阐明其治病机理的目的。如在民间用仙鹤草根茎芽的干粉治疗绦虫病，效果显著，但经临床验证发现其水煎液口服无效。化学成分研究表明，存在于其芽中的低极性酚类物质——鹤草酚（Agrimophol）（见图 1—3）具有很好的驱绦作用，由此阐明了鹤草芽的驱绦机理。当然，鹤草酚并不能说明仙鹤草的其他功用。

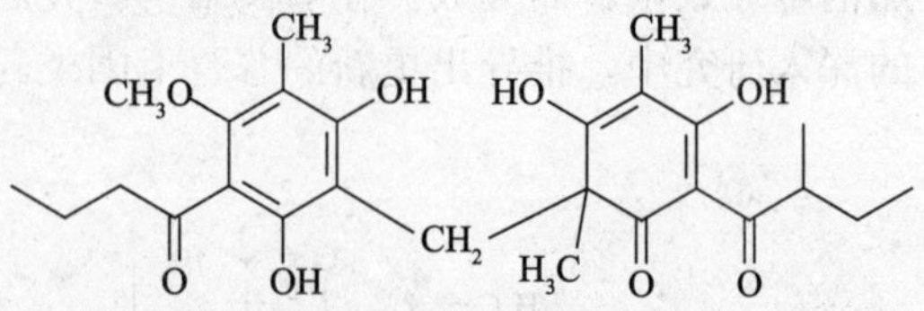

图 1—3　鹤草酚

3. 控制天然药物及其制剂的质量

天然药物防病治病的作用与其中有效成分的含量多少有关，而含量又常受到天然药物的产地、采收季节、加工方法、贮存条件等因素的影响（在后面的章节中我们将会学到这些知识），其结果就会影响到临床治疗效果。如麻黄碱是中药麻黄的主要有效成分（具有发汗、平喘功能），在植物体中的含量变化表现为春季最低，8 至 9 月份含量最高（见图 1—4），到 10 月份，麻黄碱含量已大幅降低。因此，若仅以药材重量确定用药量，在不同季节采集的药材的临床疗效必定产生巨大的差异。

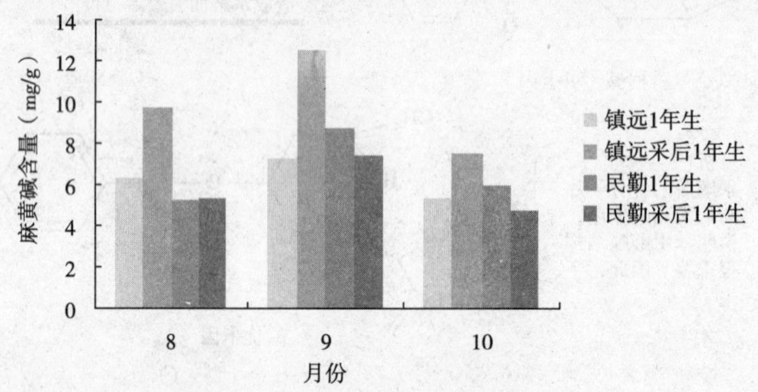


图 1—4　麻黄碱含量随月份变化

注：本图是采用高效液相色谱法测定甘肃民勤、镇远两地不同采收期种植麻黄中麻黄碱含量的变化。

随着现代科学技术的发展，中药制剂也发生了巨大的变化，各种新剂型层出不穷。如何保证所生产制剂的质量均一性和有效性，有效成分含量的定性和定量分析是目前最通用和有效的方法。如银黄注射液是由金银花、黄芩两味中药组成，经提取后制得，其质量控制方法就是测定制剂中黄芩苷（黄芩中的有效成分）和氯原酸（金银花中的有效成分）的含量。

4. 扩大天然药物的资源

随着人类回归自然理念的兴起，天然药物的使用在不断扩大；另外天然药物还因气候、环境及过度开采等因素造成短缺。如何解决这些问题？种（养）植和寻找代用品是目前行之有效的方法。在这个方法的实施中，天然药物化学研究是重要的保障手段之一。如黄连素（小檗碱）是中药黄连中的有效成分，具有多种生理活性，已作为单一（有效）成分制剂出现在市场中数十年。但所用黄连素并非来自中药黄连，黄连是珍贵药材，资源有限，天然药物化学研究表明黄连素广泛存在于小檗科、防己科、芸香科和罂粟科的多种植物中，故市售黄连素原料主要从如三颗针等植物中分离获得，这就扩大了此有效成分的资源。

目前天然药物常见使用形式如表 1—1 所示。

**表 1—1** **天然药物常见使用形式**

| 使用形式 | 举例 |
| --- | --- |
| 原植物（药材） | 部分中草材、民间用药、鲜药 |
| 植物药材炮制物 | 中草药 |
| 各种提取物 | 中医用汤剂；单味药材提取物，如银杏提取物 |
| 活性成分 | 从天然药物中提取的纯化学成分，如黄连素、紫杉醇等 |

## 1.2 天然药物化学的发展

从天然药物中分离所含的有机化学成分，一般认为是以瑞典药师、化学家舍勒（K. W. Schelle，1742—1786 年）1769 年从酒石中制得酒石酸为开端的。后来他又从天然物质中分离得到苯甲酸、苹果酸、没食子酸等有机酸类物质。其实中国早在这之前就有了明确的记载：如明代《医学入门》（1575）中就记载了用发酵法从五倍子中得到没食子酸的过程："五倍子粗粉，并矾、曲和匀，如作酒曲样，入瓷器遮不见风，候生白取出。"这里的"生白"即为没食子酸生成之意，是世界上最早制得的有机酸，比舍勒早了约 200 年。但那时我们的祖先尚无化学概念。

过去，一个天然产物从天然药物中被分离、纯化到确定化学结构需要很长时间，如吗啡，从 1804 年开始发现认识，到 1925 年提出正确结构，花费了 100 多年时间。随着现代科学技术的进步，尤其是进入 20 世纪后，随着色谱技术和波谱学技术的进步及在药学研究领域中的广泛应用，分离和鉴定天然化学成分的速度大大提高。如利血平（Reserpine）从发现到确定结构，进而人工合成只用了几年时间。许多来自天然药物的化学成分或被直接用于临床治疗（如吗啡、伪麻黄碱、紫杉醇等），或经过结构修饰、构—效关系研究而发展出衍生物、类似物后再用于临床治疗（如阿司匹林、杜冷丁、蒿甲醚等），迄今临床应用药物的三分之一以上源自天然产物。

天然药物中化学成分的研究，不但使人类获得了治疗疾病的新药物，也使我们对历史悠久的天然药物有了新的理解和认识。现代医学治疗方法基于纠正单一致病因素，所用药物针对性很强，但这种方法在治疗如心脑血管疾病、肿瘤、糖尿病、老年性痴呆等慢性病时，就有些忽视这类疾病的多因素性。而中医药学综合考虑多重因素的治疗方法正符合多样性特点，即所谓的多靶点。天然药物中常具有多种结构相似、活性相同的物质，或者结构不同而活性相近的物质，可满足多靶点要求，从多方面调整疾病状态。另外，这些疾病与人类的日常生活方式、环境、心理等因素有着密不可分的关系，单纯依靠高技术、高费用的现代医学治疗这类疾病已成为社会负担，因此自我保健医学也在悄然兴起。天然药物多被人们所熟悉（丰富的实践经验）并在人类自我保健过程中发挥过积极的作用，随着天然药物中更多化学成分的分离和认知、天然药物化学知识的普及、多方位调控疾病方法的深入，天然药物（包括中草药、民族药）必将成为当今自我保健医学不可或缺的重要部分，也必将为极大地提高人类的生存质量发挥重要作用。

## 思考题

1. 学习天然药物化学有什么意义？
2. 天然药物防病治病的物质基础是什么？

# 第 2 章　常用提取分离方法及操作

## 学习要点

1. 天然产物提取方法中常用的方法和技术，最重要的是溶剂法；
2. 天然产物分离纯化常用的方法和技术，最重要的是色谱法。

要想从天然药物中获得治病的物质，首先需要将有用物质提取出来，如中药的煎剂。而要想更深入地了解、应用其中的有效成分，则需要将有效成分与其他杂质、无效成分等分离开来。

麻黄碱、丹参素、青蒿素等原料药，早在它们未分离鉴定出来之前，都是含在生长在我们周围的植物里面。随着分离技术、鉴定技术和药理学的发展，这些含在植物里面的有效成分或功能性成分不断地被分离、鉴定，随着成分累积的越来越多，使天然药物化学可以单独成为一门学科，而从药物化学中独立出来，形成自己的学科体系。那么在这些成分的获得过程中，使用了哪些分离技术呢？本章就对生产中常见的分离技术进行介绍。

## 2.1　天然产物的提取方法

天然药物中的化学成分非常复杂，一般包括共有成分和非共有成分，前者如糖类、蛋白质、色素、树脂和油脂等，后者如生物碱类、黄酮类、强心苷类、皂苷类、蒽醌类、挥发油、香豆素类、木脂素类等。共有成分在过去被认为是无效成分，但随着新活性成分不断地被发现，糖类、蛋白质类中有许多也有较强的生理活性，如猪苓多糖、灵芝多糖等具有抗肿瘤作用，天花粉蛋白具有引产作用。非共有成分多具有较强的生理活性，尤其是生物碱类。不管是哪一类成分，只要有生理活性，又能保证安全性，我们就都有可能将它们从植物中分离鉴定，并进行产业化生产。植物中含有这么多成分，怎样一步一步地将目标成分纯化，而将非目标成分剔除的过程就是我们讲的提取、分离和纯化。

天然药物有效成分的提取方法常见的有溶剂法、水蒸气蒸馏法、升华法和压榨法等，其中应用最多、最广的是溶剂提取法。

### 2.1.1 溶剂提取法

溶剂提取法的提取原理如图 2—1 所示。

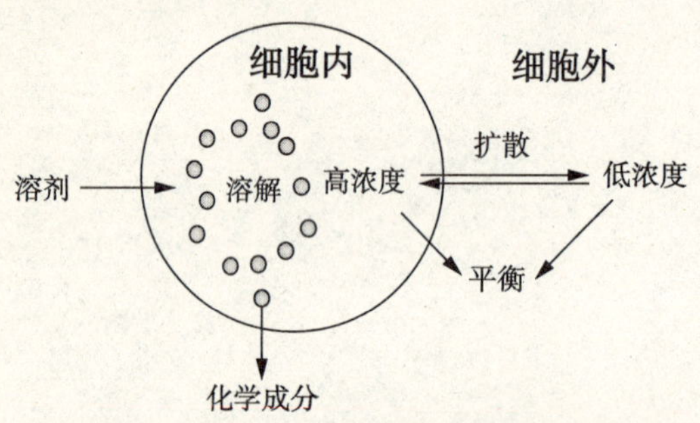


图 2—1 溶剂提取法原理示意图

溶剂提取法主要是参考目标产物的理化性质，利用相似相溶的原理，选择合适的溶剂，将目标产物尽最大可能提取出来。并在此过程中尽量减少非目标产物的提取，其关键在于溶剂的选择。

1. 溶剂的选择

要选择合适的溶剂，需注意三点：一是所选溶剂对有效成分的溶解度要大，对杂质的溶解度要小；二是溶剂不能和天然药物的活性成分，尤其是目标成分发生化学反应；三是溶剂要经济、易得、使用安全、易于回收、符合国家的政策要求等。选择溶剂的依据是相似相溶原理，即极性相似的物质易被极性相似的溶剂溶解而实现最大限度的提取。

常见的提取溶剂可分为以下三类：

(1) 水。

天然药物中的亲水性成分有：无机盐、糖类、蛋白质、氨基酸、鞣质、有机酸盐、生物碱盐和苷类等，这些成分可在不同的温度下用水提取出来。对于酸性、碱性或酸碱两性的亲脂性化合物，我们也可以用酸水和碱水提取。

出于生产成本和安全环保等方面的考虑，技术上能采用水（包括酸水和碱水）提取的，我们一般使用水作为提取溶剂。但水提取也存在不少问题，比如：易酶解苷类成分、易霉变；对于含果胶和黏液质较多的药材，水提取液常常呈胶状，难以过滤；含淀粉多的药材易糊化，过滤困难；含皂苷类成分，浓缩时易起泡沫，浓缩困难。

(2) 亲水性有机溶剂。

亲水性有机溶剂指与水能混溶的有机溶剂，如乙醇、甲醇、丙酮等，其中以乙醇最常用。乙醇的溶解性能好，对细胞的穿透力强，天然药物中除蛋白质、黏液质、果胶、淀粉和部分多糖及蜡以外，其余成分在乙醇中都有一定的溶解度。另外，乙醇毒性小、来源方便、回收率高，故在实验室和生产中经常采用。甲醇的性质和乙醇相似，但毒性大、沸点低、回收率低，所以提取时少用，使用时也要注意安全。

(3) 亲脂性有机溶剂。

亲脂性有机溶剂一般指与水不能互溶的有机溶剂，如石油醚、苯、氯仿、乙醚、乙酸乙酯等，这类溶剂多易燃、易挥发、毒性大、细胞穿透力弱、设备要求高，鉴于诸多的不利因素工业上很少用于药材的提取，常用亲水性的有机溶剂代替，或改用非溶剂提取法。

常见溶剂及化合物所含官能团极性大小如图 2—2 所示。

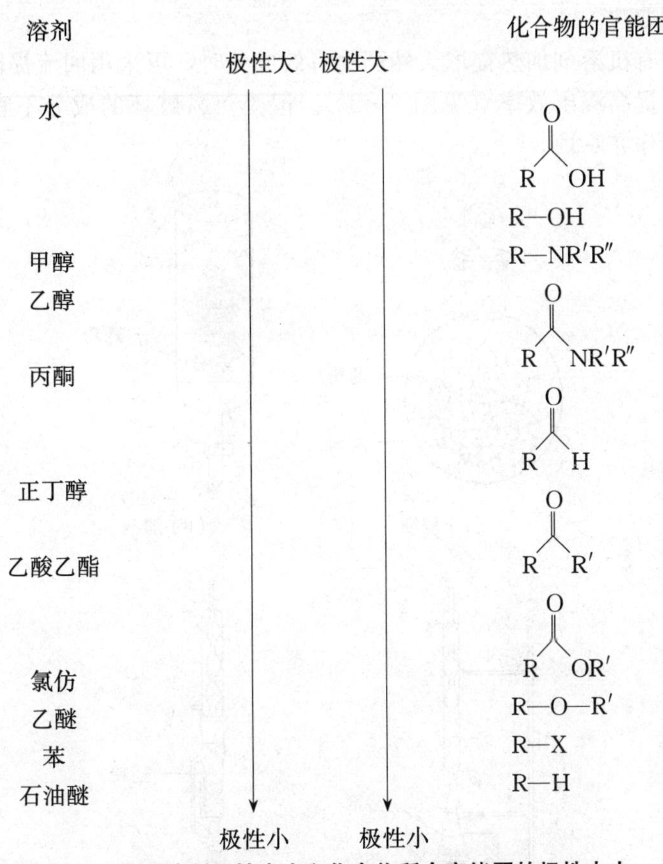


**图 2—2　常用溶剂极性大小和化合物所含官能团的极性大小**

2. 提取方法

溶剂提取法中常用的有浸渍法、渗漉法、煎煮法、回流提取法和连续提取法等。提取效率常受原料的粉碎度、提取时间、提取温度、设备条件等因素影响，需统筹考虑。

(1) 浸渍法。

浸渍法是将处理过的药材，用适当的溶剂在常温或温热（60～80℃）的情况下浸渍，以溶出其中的成分（见图 2—3a）。本法适用于有效成分遇热易被破坏以及含淀粉、树胶、果胶、黏液质较多的天然药物的提取，但浸出率较差。另外以水为溶剂提取时，其提取液易发霉变质，须注意加入适当的防腐剂或短时间内进行下一步处理。

(2) 渗漉法。

渗漉法是向药材粗粉中不断添加浸出溶剂使其渗过药粉，从渗漉筒下端流出浸出液的一种浸出方法（见图 2—3b）。当溶剂渗进药粉、溶出成分、比重加大而向下移动时，上层的溶液或稀浸出液便置换其位置，形成良好的浓度差，使扩散能较好地进行，故浸出效率较高，浸出液较澄清，但溶剂消耗量大、费时长、操作麻烦。

（3）煎煮法。

煎煮法是将中药材加水煮沸，使天然药物的活性成分提取出来的方法。此法简便，药材中大部分成分可被不同程度地提出，但含挥发性成分及有效成分遇热易破坏的天然药物不宜用此法。对于含淀粉高的药材，煎煮后药液比较黏稠，过滤比较困难。

（4）回流提取法。

用易挥发的有机溶剂加热提取天然药物有效成分时，可采用回流提取法以减少溶剂消耗和空气污染，提高浸出效率（见图 2—3c）。但受热易破坏的成分不宜用此法，且溶剂消耗量仍大，操作亦麻烦。

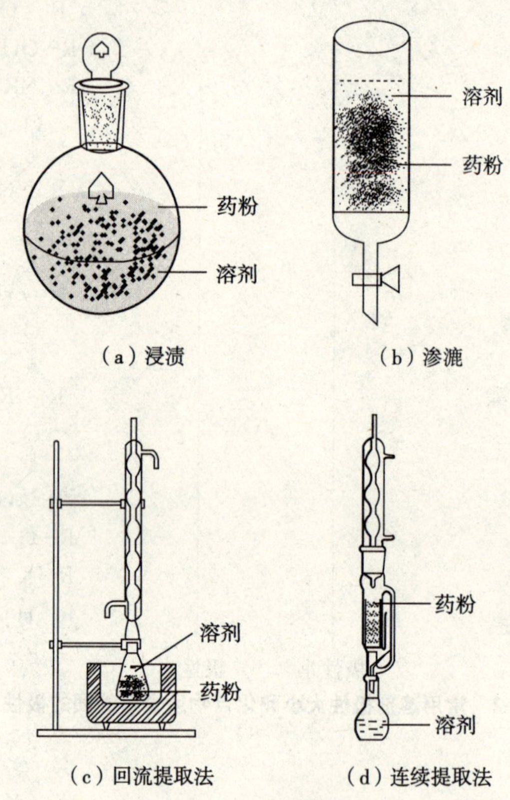


（a）浸渍　（b）渗漉

（c）回流提取法　（d）连续提取法

**图 2—3　溶剂提取方法**

（5）连续提取法。

为了弥补回流提取法中需要溶剂量大、操作较繁的不足，可采用连续提取法（见图 2—3d）。实验室常用脂肪提取器（或称索氏提取器）。连续提取法提取液受热时间长，因此对受热易分解的成分不宜用此法。

3. 辅助提取方法

（1）超声波辅助提取。

超声波提取法是利用超声波增大物质分子运动的频率和速度，增加溶剂穿透力，提高药物成分溶出速度和溶出次数，缩短提取时间的浸提方法。

（2）微波辅助提取。

微波辅助提取是新发展起来的利用微波能来提高提取效率的新技术。被提取天然药物的有效成分在微波电磁场中快速转向及定向排列，从而产生撕裂和相互摩擦引起发热，可以保证能量的快速传递和充分利用，易于有效成分的溶出和释放。

（3）酶法提取。

药材的细胞壁是由纤维素构成的，而有效成分常包裹在细胞壁内。酶法就是利用纤维素酶、果胶酶、蛋白酶等，破坏植物的细胞壁，以利于有效成分最大限度溶出的一种方法。

### 2.1.2　超临界流体萃取

超临界萃取法是利用超临界状态下的流体为萃取剂，从液体或固体中萃取药材中的有效成分，并进行分离的方法。最常用的超临界流体是二氧化碳。

### 2.1.3　水蒸气蒸馏法

水蒸气蒸馏法只适用于具有挥发性的，能随水蒸气蒸馏而不被破坏，与水不发生反应，且难溶或不溶于水的成分（如油、香料等）的提取（见图 2—4）。此类成分的沸点多在 100℃以上，并在 100℃左右有一定的蒸气压。天然药物中的挥发油，某些小分子生物碱（如麻黄碱、烟碱、槟榔碱）以及某些小分子的酚性物质（如牡丹酚等）的提取可采用水蒸气蒸馏法。

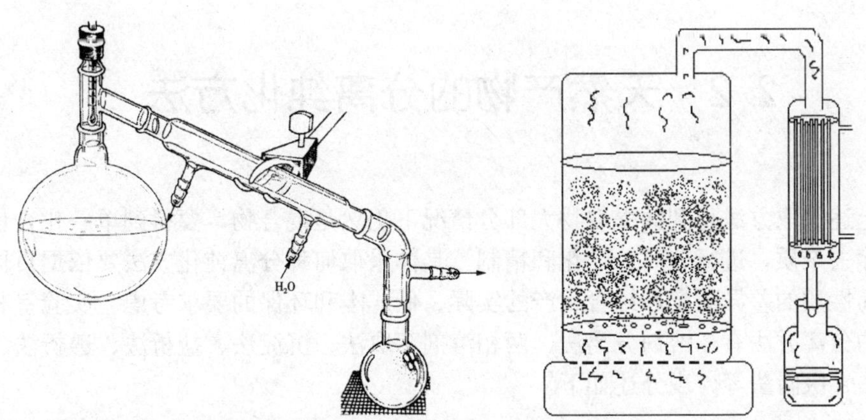


（a）实验室方法，将药材置于烧瓶中加热蒸馏　　（b）工业方式原理，采用水蒸气蒸馏

**图 2—4　水蒸气蒸馏法**

### 2.1.4　升华法

某些固体物质如水杨酸、苯甲酸、樟脑等受热时在低于其熔点的温度下，不经过熔化就可直接转化为蒸气，蒸气遇冷后可又凝结为固体，这一过程称为升华。天然药物中有一些成分具有升华性质，能利用升华的方法直接从中药中提取出来。如茶叶中的咖啡因具有升华性，可将茶叶放在大小适宜的烧杯中，上面用圆底烧瓶盛水冷却，然后加热到一定温

度（178℃），咖啡因可凝结于烧瓶底部，呈白色针状结晶。①

### 2.1.5 压榨法

某些药材中的有效成分含量较高，且存在于植物的液汁中时，可将新鲜原料直接压榨，压出液汁，再进行提取（见图 2—5）。压榨法主要适合于新鲜药材及种子中油料的提取。许多芸香科和姜科植物都可采取此法提取，如生姜中姜辣素的提取即采用本法，再如从甘蔗中提取蔗糖。

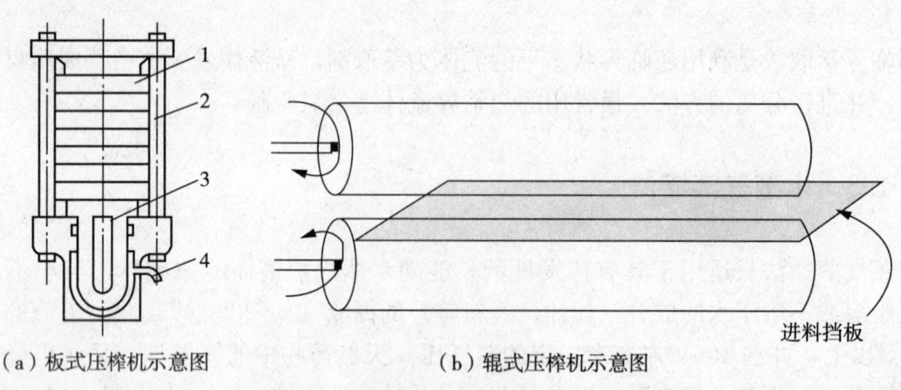


（a）板式压榨机示意图　　（b）辊式压榨机示意图

**图 2—5　压榨法**

1—压榨板；2—液体通道；3—活塞；4—液体出口

## 2.2 天然产物的分离纯化方法

采用上述提取方法得到的提取物大部分情况下仍然是混合物，要得到单一化合物，需要进一步除去杂质，进行分离、纯化和精制。具体采取何种分离纯化方法要依据目标产物和杂质之间性质的差异而定，结合生产的实际、低成本和环保的要求考虑。实验室和生产中经常用的分离方法有：溶剂分离法、两相溶剂萃取法、沉淀法、盐析法、透析法、结晶法、超滤法、吸附法等，现分述如下。

### 2.2.1 溶剂分离法

1. 采用不同溶剂（极性由小至大）依次抽提

天然药物的化学成分，在不同溶剂中的溶解度不同，根据溶解度的差异进行分离纯化是最常用的方法（见图 2—6）。具体操作是：常将提取得到的总提取物，拌入适量吸附剂，如硅藻土或纤维粉或粗硅胶等，最好选用对成分无吸附损失的吸附剂，然后低温或自然干燥，粉碎后，置于适当容器中，如烧瓶、布氏漏斗等，选用 3～4 种不同极性的溶剂，

① 黄继轸：《从茶叶中提取药用咖啡因方法的研究进展》，载《中草药》，1999(6)。

由低极性到高极性分步依次进行抽提，使总提取物中各组分，依其在不同极性溶剂中溶解度的差异而得到分段分离。常用石油醚→乙酸乙酯→乙醇依次提取。有时根据成分的性质也用苯、乙醚等溶剂提取。

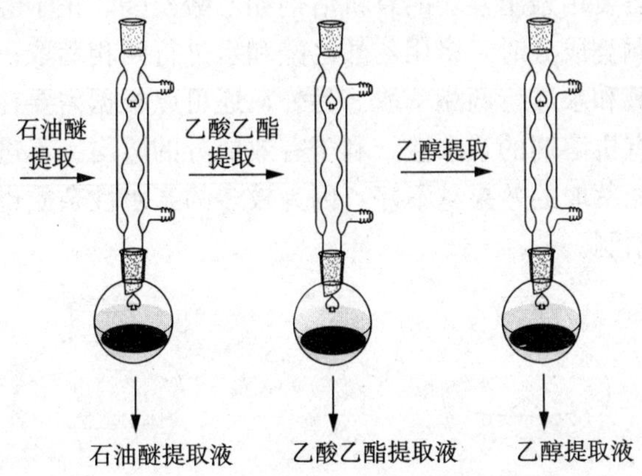


**图 2—6　从小到大极性不同的溶剂依次抽提**

2. 酸碱分离

利用某些成分能在酸或碱液中成盐溶解，当加碱或加酸调节溶液的 pH 后，这些成分又因游离而析出，从而达到分离的目的（见图 2—7）。具体操作是：总提取物用酸水（碱水）处理成盐，然后再用碱水（酸水）调节至适当 pH 后，总提取物中欲分离的成分因游离而以沉淀的形式析出，最后可以利用与水不相溶的有机溶剂把这些化合物萃取分离出来。如内酯化合物不溶于水，但遇碱开环生成羧酸盐溶于水，再加酸酸化，又重新形成内酯环从溶液中析出，从而可与其他杂质分离；生物碱一般不溶于水，遇酸生成生物碱盐而溶于水，再加碱碱化，又重新生成游离生物碱；有机酸、酚类成分则可以先用碱液提取，然后加酸酸化析出，如橙皮苷、芦丁、黄芩苷、甘草皂苷均易溶于碱性溶液，当加入酸后可使之沉淀析出。

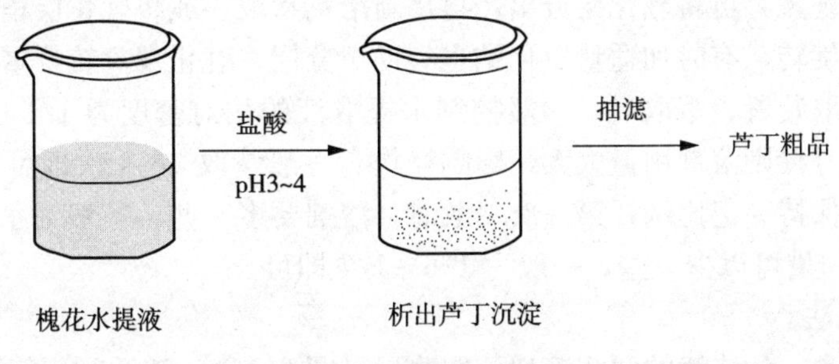


**图 2—7　酸碱分离示例**

## 2.2.2　两相溶剂萃取法

1. 萃取原理

萃取是利用提取物中各成分在两种互不相溶的溶剂中分配系数的不同而达到分离的方法（见图 2—8）。萃取时如果各组分在两相溶剂中的分配系数相差越大，则分离效率越高，分离效果越好。实验室萃取常用的有机溶剂有石油醚、氯仿、乙醚、乙酸乙酯、正丁醇等。如果水提取液中的欲分离成分是亲脂性的物质，一般多用亲脂性有机溶剂，如石油醚、苯、氯仿或乙醚与水相之间进行萃取；如果有效成分是亲脂性弱的物质，且在亲脂性溶剂中难溶解时，则需要用亲脂性弱的有机溶剂如乙酸乙酯、正丁醇等与水相之间进行两相萃取。例如萃取黄酮类成分时，多用乙酸乙酯和水进行两相萃取；萃取亲水性强的皂苷类成分则多选用正丁醇和水进行两相萃取。另外，还可以根据需要在氯仿、乙醚中加入适量乙醇或甲醇以增大有机溶剂的亲水性，利于有效成分的溶出。不过，一般有机溶剂亲水性越大，与水进行两相萃取的效果越不好，因为较多的亲水性杂质也会被萃取出来，影响到有效成分的进一步精制。

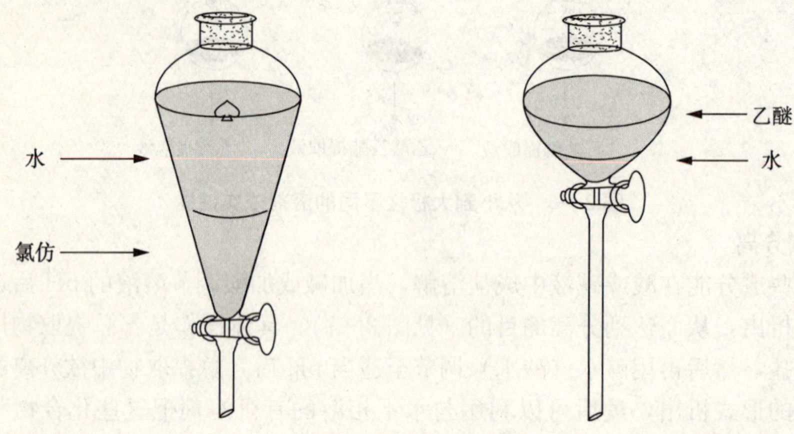


**图 2—8　萃取示意图**

2. 萃取操作

两相溶剂萃取一般在分液漏斗或萃取罐中进行，在水提液中加入约 1/3 的有机溶剂，缓缓振荡几分钟，放置让其自然分层。但要注意避免猛烈振摇，以免产生乳化，影响分层。如碰到乳化现象，可将乳化层分出，再用新溶剂萃取，或将乳化层稍稍加热，或较长时间放置并不时旋转，有时加适量氯化钠也有助于分层。乳化现象较严重时，可采用两相溶剂连续逆流萃取装置。萃取时，一般控制水提取液的相对密度为 1.1～1.2，溶液过浓常萃取不完全，过稀则溶剂用量太大，影响操作。一般萃取 3～4 次即可完成，每次所用溶剂与水溶液应保持一定比例，第一次萃取时，溶剂要多一些，一般为水提取液的 1/3～1/2 为宜，以后用量可以少一些，一般为 1/6～1/4 即可。

3. 连续萃取法

连续萃取法是一种连续的两相溶剂萃取法（见图 2—9）。该法利用两溶剂比重不同自然分层和分散相液滴穿过连续相溶剂时发生传质的机理实现分离。例如用氯仿从川楝树皮的水浸液中萃取川楝素。另外，选择连续萃取法时，须视所用溶剂的比重大于或小于被提取水溶液比重的情况，而采用不同式样的仪器。

4. 液滴逆流色谱

液滴逆流色谱是近年来在逆流萃取法基础上改进的两相溶剂萃取法（见图 2—10）。对溶剂系统的选择基本同于逆流萃取法，但要求在短时间内分离成两相，并可生成有效的

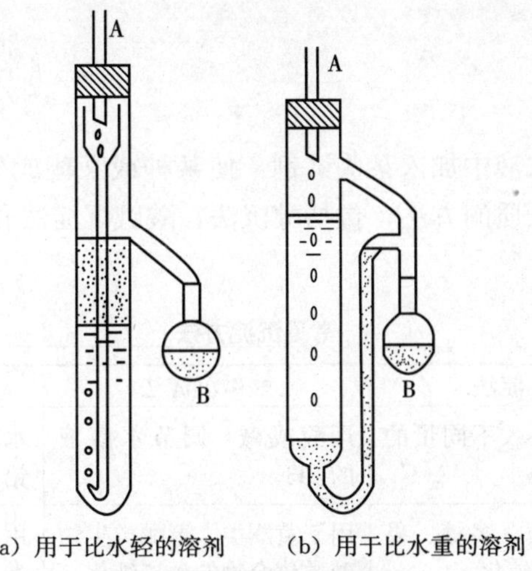

(a) 用于比水轻的溶剂　(b) 用于比水重的溶剂

**图 2—9　连续萃取示意图**

液滴。由于移动相形成液滴，在细的分配萃取管中与固定相有效的接触、摩擦，不断形成新的表面，促进溶质在两相溶剂中的分配，故其分离效果往往比逆流萃取法好，且不会产生乳化现象，用氮气驱动移动相，被分离物质不会因大气中的氧气而氧化。本法必须选用能产生液滴的溶剂系统，处理样品量较小，一般在 1g 以下，并对设备有一定的要求，对高分子化合物的分离效果差。目前，对适合于逆流分配法进行分离的成分，可采用两相溶剂逆流连续萃取或分配柱色谱法代替。

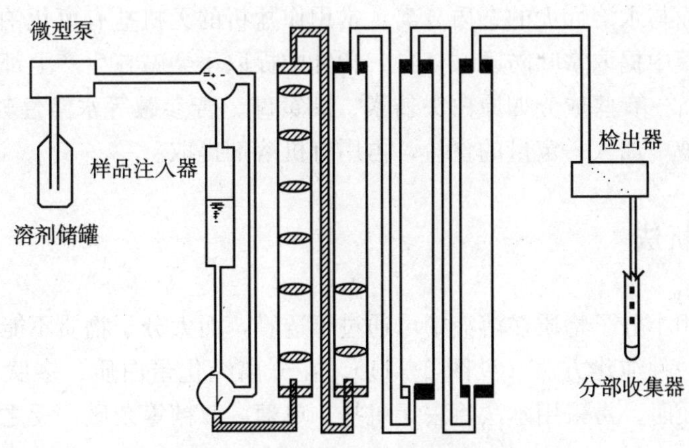


**图 2—10　液滴逆流色谱示意图**

5. 逆流分溶法

逆流分溶法（Counter Current Distribution，CCD）与两相溶剂逆流萃取法原理相似，是一种加样量一定，在一定容量的两相溶剂中，经多次移位萃取分配而使混合物分离的方法。溶剂选择的原则是对混合物分离效果较好，即分配系数差异大的两种不相混溶的溶剂。本法所采用的逆流分溶仪由若干只管子组成，小量萃取时可用分液漏斗代替。逆流分溶法对于分离具有相似性质的混合物，往往可以取得良好的效果。但操作时间长，萃取管易因机械振荡而损坏，消耗溶剂较多，应用上常受到一定限制。

### 2.2.3 沉淀法

沉淀法是在药材提取液中加入某些试剂，使某种或某些成分析出，或析出某些杂质，以获得有效成分或除去杂质的方法，包括醇沉法、酸碱沉淀法和铅盐沉淀法等。常见的沉淀方法如表 2—1 所示。

表 2—1　常见沉淀方法

| | 醇沉淀法 | 酸碱沉淀法 | 铅盐沉淀法 |
|---|---|---|---|
| 方　式 | 水提液中加入不同量的乙醇 | 用酸或碱，调节水溶液的 pH | 水或稀醇溶液中加入中性醋酸铅或碱式醋酸铅 |
| 适合分离对象 | 用于蛋白质、多糖、果胶等的初步纯化 | 用于黄酮类、蒽醌类生物碱类化合物的分离纯化 | 用于皂苷类、黄酮类和生物碱类成分的初步分离 |
| 除　杂 | 除去树胶、黏液质、蛋白质、淀粉等 | 除去酸性、中性或碱性杂质 | 除去多糖、树脂、蛋白质和黏液质等 |
| 实　例 | 天花粉蛋白的分离 | 蝙蝠葛碱的分离 | 葛根素的分离 |

### 2.2.4 盐析法

盐析法是在药材提取液中加入无机盐至一定浓度，或达饱和状态，使某些成分在水中溶解度降低，从而与水溶性大的杂质分离。常用作盐析的无机盐有氯化钠、硫酸钠和硫酸铵等。例如自黄藤中提取掌叶防己碱，自三颗针中提取小檗碱在生产上都是用氯化钠或硫酸铵通过盐析制备。有些成分如原白头翁素、麻黄碱、苦参碱等水溶性较大，在提取时，往往先在水提取液中加入一定量的食盐，再用有机溶剂提取。

### 2.2.5 透析法

透析法是利用小分子物质在溶液中可通过半透膜，而大分子物质不能通过半透膜的性质来达到分离的一种纯化方法（见图 2—11）。在分离纯化蛋白质、多肽、多糖、皂苷等分子量较大的物质时，常采用本法除去无机盐、单糖、双糖等杂质，反之也可用于上述化合物的精制。

透析膜有多种规格，透析的成功与否与透析膜的规格关系极大，可根据情况而选择。透析时要不断更换透析膜外的溶剂，始终保持膜内外的浓度差，以加快透析。有时为加快速度，可以采用电透析法。

### 2.2.6 色谱法

色谱法又称层析法，是分离纯化和定性定量鉴定化合物的有效方法之一，目前应用广泛。近 20 年来色谱技术发展迅速，实验技术也逐步仪器化、自动化和高速化，目前高效液相色谱的使用已相当普遍，色谱技术已成为化学领域的一个重要分离、分析工具。

色谱法在药物研发和生产上的应用主要有下述几种。

1. 分离混合物

天然药物的有效部位，往往为结构相似、理化性质相似的几种成分的混合物，用一般的化学方法很难分离，可用色谱法将它们分开。图 2—12 所示为柱色谱分离混合物的基本过程。

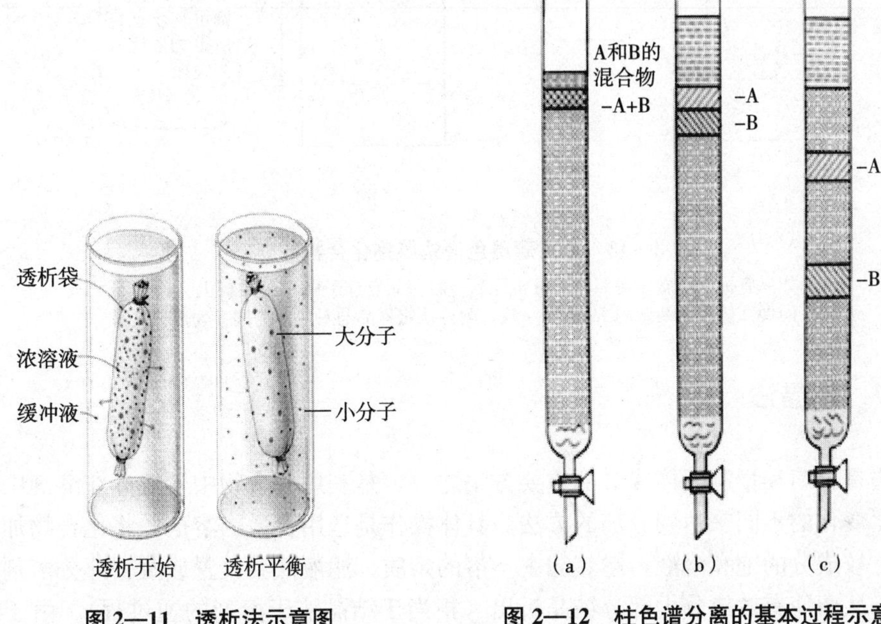


**图 2—11　透析法示意图**

**图 2—12　柱色谱分离的基本过程示意图**

2. 精制化合物

在提取、分离得到有效成分时，往往含有少量结构类似的杂质，不易除去，也可利用色谱法除去杂质、得到纯品。

3. 鉴定化合物

在一定条件下，纯化合物在薄层色谱或纸色谱中都有一定的 $R_f$ 值（迁移率），在气相色谱和高效液相色谱中有一定的保留时间，所以利用色谱法可以鉴定化合物的纯度或利用标准品的对照来初步确定两种性质相似的化合物是否为同一物质。具体过程如图 2—13 所示。

由于天然药物中有效成分的类型不同，性质各异，所以选择的色谱条件也是不同的。总的来说，对非极性成分往往考虑用氧化铝或硅胶吸附色谱；若极性较大则采用分配色谱或弱吸附剂吸附色谱；对酸性、碱性、两性化合物可采用离子交换色谱，有时也可用吸附色谱及分配色谱等。为对实验室和生产中常用的色谱做一介绍，现将其单独列出，详见第 2 章 2.3 节。

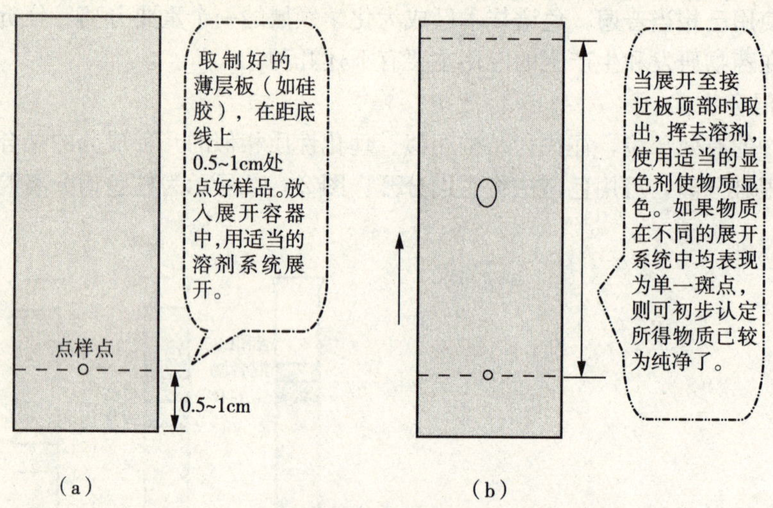


**图 2—13　采用薄层色谱法鉴别化合物纯度**

注：如果有标准物质作对照时，可将样品与对照品点样于同一薄层板上。若在不同展开体系中两者的 $R_f$ 值均一致，则可认定样品与对照品为同一物质。

### 2.2.7　结晶法

结晶法是分离和精制固体成分的重要方法之一，是利用混合物中各成分在溶剂中的溶解度随温度变化的不同来达到分离的方法。具体操作是选用合适的溶剂，将化合物加热溶解，形成有效成分的饱和溶液，趁热滤去不溶的杂质，滤液低温放置或蒸去部分溶剂后再低温放置，从而使有效成分大部分结晶析出（相当于结晶溶于溶剂的逆过程）。由于初析出的结晶总会带一些杂质，因此需要通过反复结晶即所谓的重结晶方法，才能得到高纯度的晶体。其过程如图 2—14 所示。

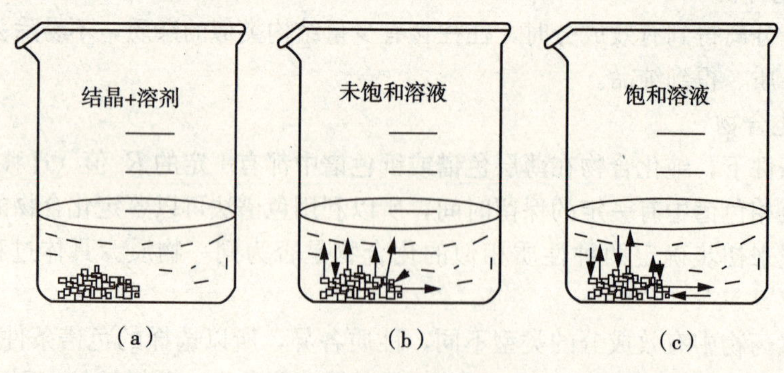


**图 2—14　结晶法原理**

注：（a）将结晶物质加入溶剂中，结晶开始慢慢溶解于溶剂中形成溶液；（b）当溶液呈未饱和状态时，以物质的溶解为主要方向；（c）当溶液呈饱和状态时，溶解和结晶达到平衡，如果此时溶剂不断挥发，则不断有结晶析出。

结晶法所用的样品必须是已经用其他方法制得的比较纯的制品。如果粗提取物的纯度很差则很难得到结晶，因结晶是同类分子的自相排列，如果杂质过多，则阻碍分子的排列。

有些结晶含有两种以上的成分，就可用分步结晶法使之分离。分步结晶法是将粗品溶于适宜的溶剂中，经处理使先析出的结晶Ⅰ滤出，滤出结晶后的母液经浓缩后再析出结晶Ⅱ，母液再浓缩后可析出结晶Ⅲ……如此一步一步结晶，可达到分离的目的。分步结晶法各部分所得结晶，其纯度往往有较大的差异，且常常可获得一种以上的结晶成分，在未加检查前不要贸然混在一起。

结晶的纯度可由化合物的晶形、色泽、熔点和熔距、薄层色谱或纸色谱等作初步鉴定。一个单体纯化合物一般都有一定的熔点和较小的熔距，同时在薄层色谱或纸色谱中经数种不同展开剂系统进行鉴定时，应为一个斑点。

# 2.3　色谱技术在天然药物分离纯化中的应用

色谱法作为有效的分离手段，其基本原理是利用混合样品中各组分在互不相溶的两“相”（固定相和流动相）之间的色谱行为的差异，使各组分随流动相迁移的速度不同，从而达到分离纯化的目的。色谱法的分类如图2—15所示。其中，固定相可为固体或液体，流动相可为液体或气体。以气体为流动相的为气相色谱，以液体为流动相的为液相色谱，以超临界流体为流动相的为超临界色谱。在目前的生产中分离纯化化合物主要应用的是液相色谱。液相色谱根据各组分在固定相中的作用原理又分为吸附色谱、分配色谱、离子交换色谱、排阻色谱等，根据色谱床的不同又可分为平面色谱（包括薄层色谱和纸色谱）和柱色谱（包括低压、中压和高压液相色谱）等。对于以分析为目的的薄层色谱、纸色谱和高效液相色谱在此不再叙述，现将常用于制备分离纯化的各种柱色谱分述如下。

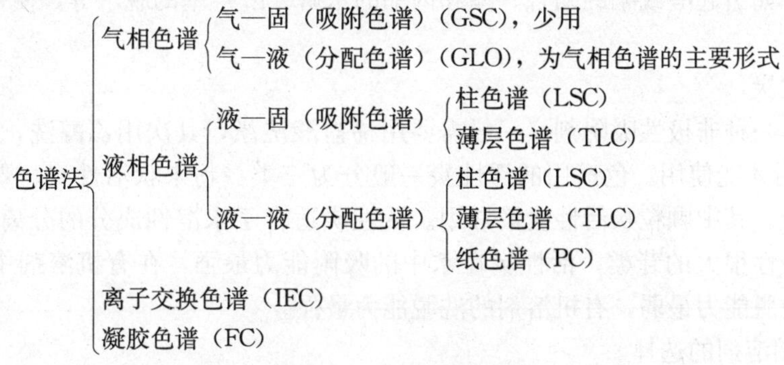


**图2—15　色谱法的分类**

## 2.3.1　吸附柱色谱

吸附柱色谱（Adsorption Chromatography）的原理是利用吸附剂对混合物中各种成分吸附能力的差异和在流动相中溶解度的差异进行分离。分离的效果主要与吸附剂、流动相和被分离化合物的性质有关。

1. 吸附剂的选择

常用的吸附剂有硅胶、氧化铝、活性炭、硅酸镁、聚酰胺和硅藻土等（见表 2—2），其中最常用的是硅胶和氧化铝。

**表 2—2　　常用的吸附剂**

| 吸附剂 | 化学结构 | 表面性质 | 分离对象 |
|---|---|---|---|
| 硅　胶 | $(SiO_2)_n$ | 微酸性 | 小分子脂溶性成分如挥发油、苷元、甾类 |
| 氧化铝 | $(Al_2O_3)_n$ | 微碱性 | 碱性成分如生物碱、胺类 |
| 活性炭 | | 非极性 | 氨基酸、糖、苷类 |
| 硅酸镁 | | 酸性 | |
| 聚酰胺 | | 碱性 | 酚类和醌类 |
| 硅藻土 | | 弱极性 | 极性稍大的成分如强心苷 |

(1) 硅胶。

硅胶是最常用的吸附剂，可用于中性、酸性和弱碱性化合物的分离纯化，尤其适合中等和低极性化合物的分离。硅胶的分离效率与其粒度、孔径和表面积等有关，粒度越小、均匀性越好、分离度越高；硅胶表面积越大，则与样品之间相互作用越强，即吸附力越强。

(2) 氧化铝。

氧化铝因制备方法和处理方法的差异，分为碱性、中性和酸性三种，碱性氧化铝适合于碱性和中性化合物的分离；中性氧化铝应用最广，适合于各种中等极性和低极性成分的分离；酸性氧化铝适合于酸性物质的分离。

使用碱性氧化铝作为吸附剂进行色谱分析时应注意：碱性氧化铝有时会与被吸附的物质发生反应，如引起醛或酮的缩合、酯和内酯的水解、醇羟基的脱水等，使得被吸附物质变性。

(3) 活性炭。

活性炭是一种非极性吸附剂，一般需要用稀盐酸洗涤，其次用乙醇洗，再用水洗净，于 80℃干燥后才能使用。色谱用的活性炭一般分为三类：粉末状活性炭、颗粒状活性炭和绵纶活性炭，其中颗粒状活性炭最常用。活性炭适合于水溶性成分的分离，如氨基酸、糖类和某些极性很大的苷类，活性炭在水中的吸附能力最强，在有机溶剂中吸附能力减弱，故水的洗脱能力最弱，有机溶剂的洗脱能力最强。

2. 洗脱用溶剂的选择

洗脱用溶剂习惯上称洗脱剂，由单一溶剂或混合溶剂组成。在极性吸附剂（如：硅胶和氧化铝）上，随着洗脱剂极性的增强，洗脱能力也增强；在非极性吸附剂上，随着洗脱剂极性的增强，洗脱能力减弱。洗脱时，为获得较好的分离效果，一般采用梯度洗脱，以洗脱能力逐步增强的方式进行。常见的混合洗脱用溶剂的极性大小如图 2—16 所示。

3. 吸附柱色谱的操作

(1) 装柱。

装柱有两种方法，湿法装柱和干法装柱。装柱时要注意：装柱量、内径和柱高的比例

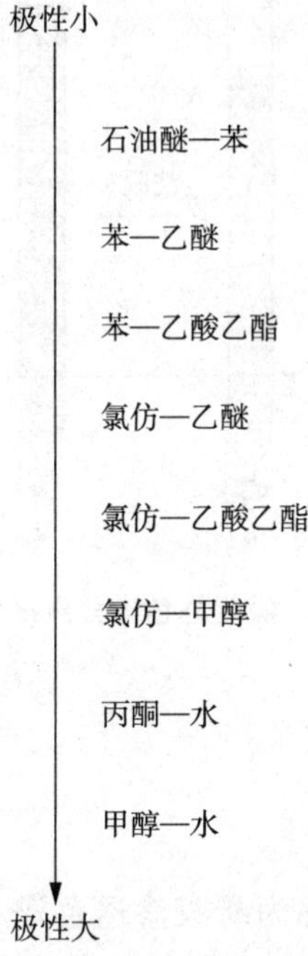


**图 2—16　吸附柱色谱常用混合洗脱溶剂的极性大小**

要恰当；装填要均匀、紧密；湿法装柱要无气泡，始终使固定相浸泡在装填溶剂中。

(2) 加样。

加样的好坏直接影响到分离的效果，一般要求样品溶液的体积尽量小，浓度高，以使其在色谱填料的顶端形成狭窄的原始带，以利于分离。通常采用称取少量吸附剂吸取样品溶液，然后在一定条件下（如水溶）加热，挥散溶解样品的溶剂、至干。尤其是样品溶液中含有水分时，要注意“炒”干。

(3) 洗脱。

加样完毕后，因选定的溶剂不断冲洗，分段收集洗脱液，不断地进行薄层检测或其他分析，合并组分相同的流分。为达到较好的分离效果，可采用梯度洗脱的办法，逐渐增大洗脱剂的极性。

图 2—17 所示为吸附柱色谱分离操作过程。

## 2.3.2　分配柱色谱

分配柱色谱的原理是利用混合物在互不相溶的两相中分配系数不同而将混合物分离开。正相分配柱色谱的固定相的极性大于流动相，常为水、缓冲液等，用于极性较大化合物的分离，如苷类、有机酸、糖类等；反相分配柱色谱的固定相的极性小于流动相，常为硅油、液体石蜡等，用于亲脂性化合物的分离。其操作过程基本同吸附柱色谱。

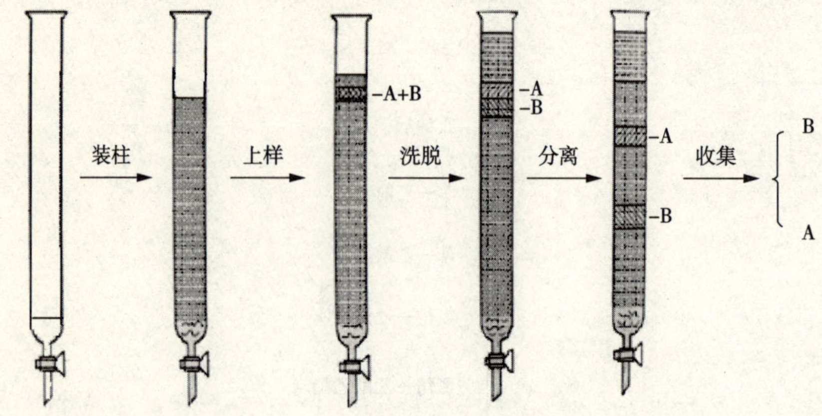


图 2—17 吸附柱色谱分离操作示意图

### 2.3.3 凝胶过滤色谱

1. 基本原理

凝胶过滤（Gel Filtration）又称为凝胶渗透色谱（Gel Permeation Chromatography）或分子筛（Molecular Sieve Filtration），是利用分子筛来分离物质的方法。所用的载体凝胶不溶于水，但可在水中膨胀成球形颗粒，具有三维空间的网状结构。当用水膨胀装柱后加入样品，用同一溶剂洗脱时，由于各组分分子量的不同，受凝胶网孔半径的限制也不同，大分子将不能渗入凝胶颗粒内部，所以在颗粒间随溶剂移动，并随溶剂一起先从柱底端流出，而小分子量的物质则可以渗入扩散到凝胶颗粒内部，受到的阻力增大，流速减慢，所以较晚流出。这样混合物就按分子质量由大到小先后流出并得到分离（见图 2—18）。

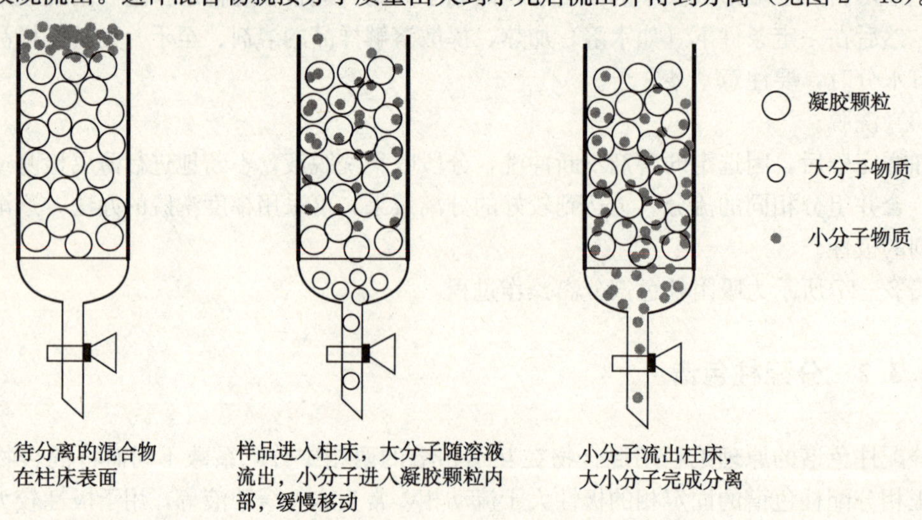


图 2—18 凝胶色谱分离示意图

2. 凝胶的类型

常用的凝胶有葡聚糖凝胶（Sephadex G）和羟丙基葡聚糖凝胶（Sephadex LH-20）。

(1) 葡聚糖凝胶。

葡聚糖凝胶是由平均相对分子质量一定的葡聚糖和交联剂（如环氧氯丙烷）交联聚合而成。凝胶颗粒网孔大小取决于所用交联剂的量和反应的条件。加入的交联剂越多，网孔越紧密，孔径越小，吸水膨胀也越小；交联剂越少，网孔越大，吸水膨胀也越大。市售的凝胶型号是按交联度大小来分类的，并以吸水量多少表示。以 Sephadex G-25 为例，后附数字等于吸水量的 10 倍，故 G-25 表示此葡聚糖凝胶的吸水量为 2.5mL/g。

Sephadex G 型凝胶仅适合应用于水中，不同规格适合于分离相对分子量不同的物质。其性质如表 2—3 所示。

**表 2—3　　葡聚糖凝胶性质一览表**

| 型号 | 吸水量（mL/g 干胶） | 膨胀体积（mL/g 干胶） | 分离范围（分子量） | | 最短溶胀时间（小时） | |
|---|---|---|---|---|---|---|
| | | | 肽和蛋白质 | 多糖 | 20～25℃ | 90～100℃ |
| G-10 | 1.0±0.1 | 2～3 | <700 | <700 | 3 | 1 |
| G-15 | 1.5±0.2 | 2.5～3.5 | <1 500 | <1 500 | 3 | 1 |
| G-25 | 2.5±0.2 | 5 | 1 000～5 000 | 100～5 000 | 3 | 1 |
| G-50 | 5.0±0.3 | 10 | 1 500～30 000 | 500～10 000 | 3 | 1 |
| G-75 | 7.5±0.5 | 12～15 | 3 000～70 000 | 1 000～50 000 | 24 | 3 |
| G-100 | 10.0±1.0 | 15～20 | 4 000～150 000 | 1 000～100 000 | 72 | 5 |
| G-150 | 15.0±1.5 | | 5 000～400 000 | 1 000～150 000 | 72 | 5 |
| G-200 | 20.0±2.0 | | 5 000～800 000 | 1 000～200 000 | 72 | 5 |

(2) 羟丙基葡聚糖凝胶。

羟丙基葡聚糖凝胶是 Sephadex G-25 经羟丙基化处理后的产物。羟丙基与葡聚糖凝胶分子中的葡萄糖部分结合成醚键。与 Sephadex G 比较，Sephadex LH-20 分子中羟基总数不变，但碳原子的数目相对增加了，因此亲脂性增强，不仅可以在水中使用，也可以在极性有机溶剂或含水的混合溶剂中使用。

Sephadex LH-20 除了具有分子筛特性，可以根据分子质量大小分离物质外，还常常在极性与非极性溶剂组成的混合溶剂中起到反相分配色谱的效果。适合于不同类型化合物的分离，在天然产物的分离纯化方面得到越来越广泛的应用。使用过的 Sephadex LH-20 可以反复再生使用，而且柱子的洗脱过程往往就是凝胶的再生过程。

3. 应用

Sephadex LH-20 可用于多种天然成分的分离，如黄酮、生物碱、有机酸、香豆素等。它独特的亲脂和亲水的双重特性，使其在天然产物的分离纯化中具有独一无二的色谱选择性。同时它具有的多重色谱原理——分子筛、分配、吸附原理又使其在分离分子结构相似的化合物方面显示出得天独厚的优势，如许多同分异构体的分离。从产业化角度来说，凝胶过滤具有重现性好、纯度高、易于放大和自动化等优点，在天然产物的分离方面起到非常重要的作用。表 2—4 所示为葡聚糖凝胶的应用实例。

表 2—4　　葡聚糖凝胶的应用实例

| 化合物类别 | 凝胶类型 | | 参考文献 |
|---|---|---|---|
| | Sephadex | Sephadex LH-20 | |
| 黄酮类 | 橙皮素、山奈酚、槲皮素 | 灯盏花甲素、灯盏花乙素、黄芩素-7-O-β-D吡喃葡萄糖苷和 5，6，4′-三羟基黄酮-7-O-β-D 半乳糖醛酸苷；银杏黄酮苷；淫羊藿苷 | ①②③④ |
| 生物碱 | | 石蒜碱和高石蒜碱 | ⑤ |
| 有机酸和酚类 | | 琥珀酸、酒石酸和马来酸 | |

注：① Henke Hans，*Preparative Gel Chromatography on Sephadex LH*-20，Heidelgerg，Huthig Verlag，1995，p. 196.

②张卫东等：《灯盏花黄酮苷化学成分的研究》，载《中草药》，2000(8)。

③池静端等：《银杏叶中一黄酮甙成分的化学研究》，载《中国中药杂志》，1998(4)。

④郭宝林等：《雷公藤属 3 种植物遗传关系与遗传多样的 RAPD 分析》，载《中国中药杂志》，1996(5)。

⑤Labrana J，*et al*，Alkaloids from Narcissus bujei（Amaryllidaceae）. *phytochemistry*，1999(50) .

## 2.3.4　离子交换柱色谱

在天然产物中，有些化合物具有酸性、碱性或酸碱两性基团，在水中多呈解离状态，这些化合物可采用不同类型离子交换树脂进行分离。

1. 基本原理

离子交换柱色谱（Ion Exchange Chromatography）是以离子交换树脂为固定相，以水或含水溶剂为流动相。当样品随流动相流过交换柱时，中性分子和具有与离子交换基团相反电荷的离子将不被交换，从柱子下端随流动相一起流出，而具有与离子交换基团相同电荷的离子则被交换吸附到柱子上。吸附交换完毕后，改用其他溶剂洗脱，即可达到分离混合物的目的。离子交换原理如图 2—19 所示。

2. 离子交换树脂的类型

离子交换树脂是一种不溶于水的高分子化合物，外形为球形颗粒，在水中可膨胀。离子交换树脂由母核部分和离子交换部分组成。母核部分是苯乙烯通过二乙烯苯交联而成的大分子网状结构。网孔大小用交联度表示，交联度越大，网孔越小，越紧密，在水中膨胀越小；反之亦然。不同交联度适合于分离不同大小的分子。离子交换树脂分为阳离子型交换树脂和阴离子型交换树脂两种。

（1）阳离子交换树脂含有活泼的酸性基团，能交换阳离子。根据其活性基团解离度的不同，可分为强酸型和弱酸型。强酸型含有强酸性离子交换基团，如磺酸型；弱酸型含有弱酸性交换的离子基团，如羧酸型。

（2）阴离子交换树脂含有活泼的碱性基团，能交换阴离子。同样可分为强碱型和弱碱型，强碱型含有强碱性离子交换基团，如季铵型；弱碱型含有弱碱性离子交换基团，如伯胺型、仲胺型和叔胺型。

3. 应用

由于天然产物中许多化合物都具有弱酸性或弱碱性，或酸碱两性，如氨基酸、肽类、生物碱、有机酸和酚类等成分的分离纯化都可应用离子交换树脂。应用时，首先根据分离

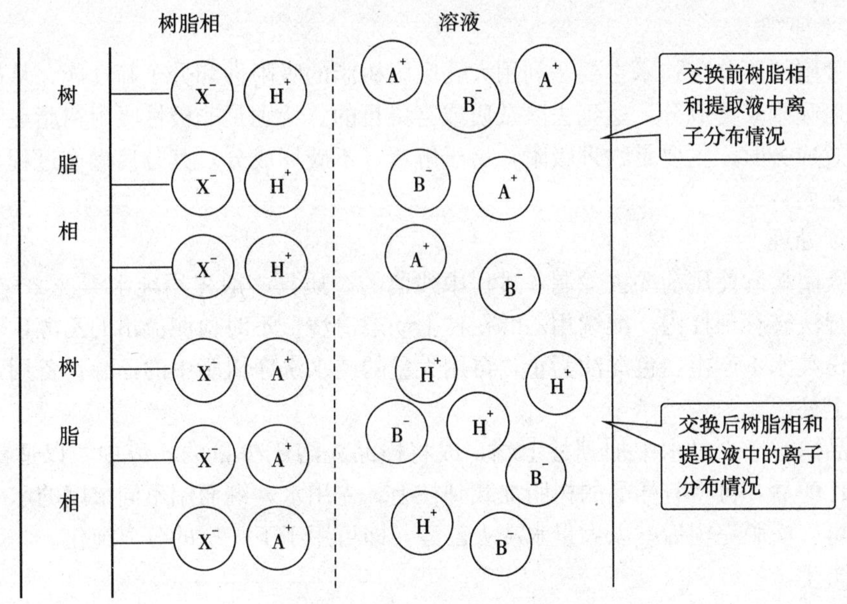


图 2—19　离子交换原理示意图

物质的电荷特性来选择离子交换树脂的类型，如待分离物质是阳离子，则选择阳离子交换树脂；反之，选择阴离子交换树脂。其次根据样品分子量的大小，选择合适的交联度，通常分离大分子时一般选用交联度小的离子交换树脂，而分离生物碱、有机酸、氨基酸等小分子时，则选用交联度大的离子交换树脂。如分离生物碱时，常选用交联度为 8%的强酸型阳离子交换树脂。对有机酸的分离，可将粗提液直接通过强碱型阴离子交换树脂。

## 2.3.5　大孔吸附树脂

大孔吸附树脂是 20 世纪 60 年代发展起来的一类新型高分子分离材料，是一种高聚物吸附材料，根据其孔径、比表面积及构成类型分为多种型号。20 世纪 70 年代末我国有学者开始用其进行天然产物的分离纯化研究，目前广泛应用于中药和天然药物的生产中，主要用于分离和纯化皂苷类、生物碱和黄酮类成分。常用的大孔吸附树脂型号及主要用途如表 2—5 所示。

表 2—5　几种常用的大孔吸附树脂型号及主要用途

| 型　号 | 类 别 | 主要用途 | 国内外对应牌号 |
|---|---|---|---|
| LSA-20、HPD-100、D101、XDA-5、HPD-300 | 非极性 | 银杏黄酮、辅酶 A、抗生素、色素、人参皂苷、绞股蓝皂苷等 | XAD-2、HP-20、Da-201、XAD-16、XAD-4 |
| LSA-10、HPD-400、YWD-03 | 中极性 | 甜菊糖苷、人参皂苷、三七皂苷、银杏黄酮等 | |
| XDA-1、LSA-7 | 极性 | 甜叶菊、茶多酚、银杏黄酮、蒽醌类、酚类 | XAD-6 |
| LSI-004 | 极性 | 生物碱、氨基酸、枳实 | |

1. 基本原理

大孔吸附树脂分离技术主要是利用大孔吸附树脂的吸附性和分子筛性能，从提取液中有选择性地吸附某类成分，达到去除杂质或富集目的。特别是非极性吸附树脂在吸附提取液中的有效成分时，主要是物理吸附，易于解析，不破坏成分。其分离操作过程主要包括以下三个方面：

(1) 预处理。

大孔吸附树脂使用前要去除制备过程中残留的杂质，一般先用纯水漂洗 2～3 次，然后以乙醇湿法转移到柱内，继续用乙醇在柱上动态清洗，不时检测流出的乙醇，至 1 份流出液加 5 份纯水不产生白色浑浊为止，再用大量的纯水洗净树脂中的乙醇，备用。

(2) 上柱。

将样品溶解于少量水中加到柱上端，或将样品先溶于少量的乙醇中，以适量树脂拌样，挥去乙醇后，再将有样品的树脂加载到柱上。先用水，继而用不同浓度的水—乙醇梯度洗脱即可。洗脱完毕后，以大量水洗去乙醇，即可用于下一次的分离纯化。

(3) 再生。

树脂经反复使用后，颜色会变深，吸附效果下降，可用 1mol/L 的氢氧化钠和盐酸分别洗涤、浸泡适当时间，至树脂颜色接近原色为宜，继而用水冲洗至中性即可再用。

2. 应用

大孔吸附树脂在中药和天然药物中黄酮类、生物碱类、苷类等有效成分的分离纯化中有着广泛的应用，尤其是针对皂苷类成分，不仅吸附快、解析也快，而且吸附容量大、洗脱下来的成分纯度高、易结晶、得率高。大孔吸附树脂在天然产物中的应用实例如表 2—6 所示。

**表 2—6　　大孔吸附树脂在天然产物中的应用实例**

| 化合物类型 | 应用对象 | 纯化成分 | 树脂型号 | 参考文献 |
|---|---|---|---|---|
| 黄酮类化合物 | 银杏 | 银杏黄酮 | D101 | |
| 生物碱类化合物 | 川草乌 | 总生物碱 | D101 | ① |
| 皂苷类化合物 | 三七 | 三七总皂苷 | D101 | ② |
| | 人参 | 人参总皂苷 | D201 | ③ |
| | 绞股蓝 | 绞股蓝皂苷 | D101 | ④ |

注：①杨桦等：《大孔吸附树脂用于川草乌中总生物碱的分离提取》，载《中成药》，2000(8)。

②唐弟光：《三七皂甙的提取精制》，载《中成药》，1990(3)。

③董林等：《薄层荧光扫描法测定中药白芷中欧芹属素乙的含量》，载《华西药学杂志》，1990(4)。

④陈刚等：《大孔吸附树脂—比色法测定绞股蓝及其制剂中皂甙含量》，载《华西药学杂志》，1992(3)。

## 2.3.6　制备型加压液相色谱

常压柱色谱因操作简单而得到广泛的应用，但其存在分离效率低的缺点。为了克服这一缺点，需要增加吸附剂的表面积，即降低其粒度，加压液相色谱应运而生。加压液相色谱是指施加一定压力于色谱柱进行的液相色谱，包括低压液相色谱（小于 0.5MPa）、中压液相色谱（0.5～2.0MPa）和高压液相色谱（大于 2MPa）。可分离的样品从毫克级到千克级，这里重点介绍用于分离制备目的的制备型高压液相色谱，以区别于分析型高压液相色谱。

1. 基本原理

加压液相色谱的原理和分离过程同常规的常压液相色谱一样，不同点在于所使用的填料的粒度更小，粒度范围更窄，分离效率更高。其装置组成如图 2—20 所示，其操作过程如下：

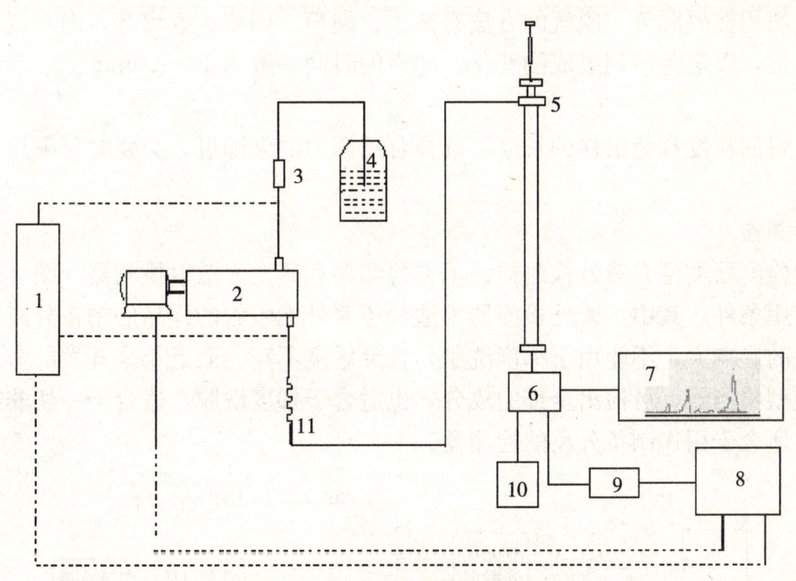


**图 2—20　加压液相色谱示意图**

1—梯度洗脱装置；2—输液泵；3—过滤器；4—储液瓶；5—色谱柱；6，9—检测器；7—记录纸；8—微处理机；10—自动收集装置；11—压力脉动阻滞器

（1）色谱柱的选择。

色谱柱是制备型加压液相色谱的关键部件，所选用色谱柱的长度和内径应取决于分离样品的量和待分离样品与杂质的分离程度（见表 2—7）。

**表 2—7　典型色谱柱的直径与上样量的关系**

| 选择性 / 分离度 \ 柱内径 | 4.6mm | 10mm | 25mm |
|---|---|---|---|
| 分离度小于 1.2 | 1mg | 20mg | 100mg |
| 分离度大于 1.2 | 10mg | 200mg | 1～5g |

增加色谱柱的直径，可以增加上样量，从而增加产量。增加色谱柱的长度，则可以增大上样量和分辨率，但同时也增加了柱压。

柱的填料最常用的是硅胶，通常采用的粒度大小为 10～40 μm。其他填料还有离子交换树脂、离子对色谱和凝胶过滤色谱等。

（2）上样。

首先将样品溶解，溶解样品的溶剂尽可能使用流动相，也可选用接近流动相的溶剂。

如果样品体积太大，分离效率就会下降；另一方面，样品不可太浓，否则会在柱顶部形成沉淀，最好是小体积的流动相溶解较多的样品。溶解后的样品可直接加入或注入柱顶端。

（3）流动相。

进行制备分离时，流动相的纯度非常重要，因为若存在少量不挥发性杂质，回收溶剂后，所得产物中杂质的浓度就会增加。正相色谱一般选用有机溶剂做流动相，如己烷、苯、氯仿、乙酸乙酯、甲醇及上述溶剂的混合溶剂等。反相色谱一般选用甲醇、乙腈、甲醇—水、乙腈—水等做流动相。绝大多数离子色谱在水溶液中进行。

流动相使用前要脱气，脱气的方法有减压、超声、回流、煮沸等，但对混合溶剂最好用超声的办法，以避免溶剂组成的变化，超声的时间一般为 10～20min。

（4）泵。

根据填料的粒度和色谱柱的长度，选择合适压力的泵即可，必要时可采用分析型液相色谱泵。

（5）检测器。

常用的检测器类型有紫外检测器、示差检测器和蒸发光散射检测器。图 2—21 所示为检测器的运用条件。其中，紫外检测器不适合于紫外无吸收的样品的制备分离，而示差检测器受环境的影响大，不能用于梯度洗脱，且灵敏度不高。而近年来开发的蒸发光散射检测器为质量型检测器，可检出全部的成分，也适合于梯度洗脱，适合于一切非挥发性成分的检测，很适合于用作制备分离的检测器。

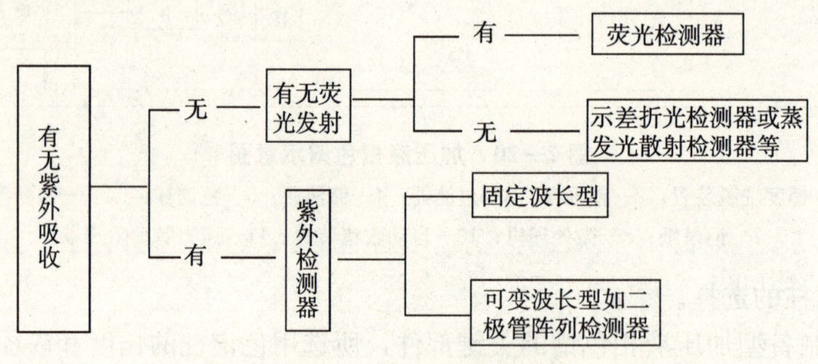


**图 2—21　检测器的选用**

（6）组分的收集。

在制备分离时，需要根据检测的结果对样品的流分进行针对性的收集，可手动或自动收集，但目前的发展趋势是进样与流分收集的全自动化，可实现连续的操作及反复的分离。

2. 低压液相色谱

在柱上施加的压力小于 0.5MPa 称为低压液相色谱。柱子一般用玻璃柱，可购买市售的制备型低压色谱柱。常用的有 Merck 公司的 Lobar 系列产品，颗粒度一般为 40～60 μm，因此可以在低压操作条件下进行分离，洗脱液可以保持较高的流速。Lobar 柱可反复使用，反相柱比正相柱寿命长。

Lobar 柱可分离克数量级的样品，为获得更大的分辨率和上样量，可将几根色谱柱串联。这种低压液相色谱分离技术应用非常广泛，其在天然产物分离中的应用如表 2—8

所示。

表 2—8　　低压液相色谱在天然产物分离中的应用

| 成分类别 | 色谱柱和填料 | 流动相 |
|---|---|---|
| 生物碱 | B Lichroprep RP-8 | 甲醇—0.02mol/L 乙酸铵（3：2） |
| 氯原酸衍生物 | B Lichroprep Diol | 氯仿—甲醇（93：7） |
| 查尔酮 | B Lichroprep RP-8 | 甲醇—水（17：3） |
| 香豆素 | B Lichroprep RP-8 | 甲醇—水［（5：5）→（7：3）］ |
| 黄酮醇 | B Lichroprep RP-8 | 甲醇—水（2：3） |
| 环烯醚萜苷 | B Lichroprep RP-18 | 甲醇—水［（4：6）→（6：4）］ |
| 二萜 | B Lichroprep RP-18 | 甲醇—水（95：5） |

3. 中压液相色谱

中压液相色谱采用柱长更长、内径更大的色谱柱，需要使用一套加压装置，得到比低压液相色谱更大的压力来维持适当的流速。最常用填料的粒度是 15～25 μm、25～40 μm 和 40～63 μm。可采用湿法和干法装柱。市售的中压液相色谱装置有 Büchi 公司 Büchi B-680 A 系统，可用于分离 0.1～100g 的样品。

与低压液相色谱柱比较，其具有更高的分离效率及更短的分离时间，该技术已被应用于药品、食品、化工领域，且被广泛应用于天然产物的分离（见表 2—9）。

表 2—9　　中压液相色谱在天然产物分离中的应用

| 成分类别 | 色谱柱和填料 | 流动相 |
|---|---|---|
| 生物碱 | Labomatic 100mm×100mm RP-18（40～60 μm） | 乙腈—水（24：76） |
| 黄酮醇苷 | Büchi 460mm×26mm RP-18（15～25 μm） | 甲醇—水（35：65） |
| 呋喃香豆素 | Labomatic 735mm×26mm silica gel（5～25 μm） | 己烷—乙酸乙酯—氯仿—乙醚（40：0.6：58.5：0.9） |
| 环烯醚萜苷 | Büchi 460mm×26mm RP-18（25～40 μm） | 甲醇—水（1：3） |
| 皂苷 | Büchi 460mm×26mm RP-8（15～25 μm） | 甲醇—水（7：3） |
| 单萜 | Büchi 460mm×36mm RP-8（15～25 μm） | 甲醇—水（65：35） |
| 二萜 | Büchi 460mm×26mm silica gel（6～36 μm） | 氯仿—甲醇（19：1） |

4. 高压液相色谱

高压液相色谱也称高效液相色谱，其色谱柱中填料的粒度范围较窄，常为 5～30 μm，故需要较高的压力，可获得较高的分离效率。在许多工作中，往往需要从大量的物质中分离微量的目标成分，这时高效液相色谱可作为其有效的分离手段。这种制备型高效液相和分析型高效液相已基本接近，只是流速较快，处理的样品量较大。该法常用于其他方法较难分离的情况，用于少量样品的制备，其方法可参考分析型高效液相，在此不做叙述。

## 思考题

1. 从天然药物中提取天然产物的方法主要有哪几种？
2. 在天然药物化学成分提取与分离过程中常用有机溶剂的极性强弱顺序是怎样的？
3. 溶剂法提取的方式有哪几种？
4. 简述各种色谱方法的原理。

# 第3章　糖和苷类化合物

## 学习要点

1. 单糖：化学组成、表达方式、理化性质；
2. 双糖：单糖间的连接方式、理化性质、常见双糖；
3. 多糖：常见多糖、理化性质、提取方法；
4. 苷：基本概念、苷键类型、苷键的水解 。

蜂蜜水会使我们感到甘甜无比，甜味不仅使人们的精神产生愉快感，而且甜味总与糖这个词联系在一起。现代科学证明蜂蜜中的主要甜味物质是葡萄糖和果糖，它们是日常生活中的主要甜味剂。从化学角度看，糖（Saccharides）是一种含多元醇羟基的醛或酮，是生命必需物质，是光合作用的产物。糖类是指天然存在的单糖、低聚糖和多聚糖以及它们的衍生物，糖在自然界中的分布非常广泛（见图3—1），除蜂蜜外还有甘蔗和甜菜中所含的蔗糖、牛乳中的乳糖、细胞外被中的糖层等。常见的与生命关系密切的单糖主要是五碳和六碳糖，六碳糖多具有甜味。单糖之间通过一定方式链接起来就构成寡糖（又称低聚糖）和多糖（又称多聚糖，Polysaccharides），低聚糖由2～9个单糖组成，多聚糖则指由10个以上单糖单位构成的糖。

显然，从科学的角度理解，糖已失去日常生活中“甜”的含义，如淀粉是分布非常广的一类多糖，但并不呈现“甜”味。研究初期人们发现糖主要由C、H和O三种元素组成，其分子结构符合 $C_m(H_2O)_n$ 通式，所以又称糖类为碳水化合物。但后来发现这种称谓不严谨，如一些去氧糖的分子式并不符合碳—水通式，现一般称之为糖类。

糖是构成机体的重要物质，如糖蛋白是细胞膜的组成部分，而糖脂是神经组织不可缺少的。糖类又是机体能量的来源和储存形式，体内葡萄糖过多时，多余部分将以糖原（多糖）的形式储存在肝脏内；当机体需要能量时，肝糖原再被转化为葡萄糖而被利用。过多的葡萄糖还可以转变为脂肪组织。

糖类是生物界中分布极广、含量最多的一类有机物质，几乎存在于所有的生命机体中，其中又以植物界为最多。据估计，在植物体中糖类约占其干重的 80%①，地球上的植物每年净产有机物在千亿吨以上，而纤维素就占据了约 1/2。糖在植物体内除以单糖和多糖形式存在外，还可与含羟基的其他类型的化合物结合形成苷。苷是植物体内最常见的一类结构，几乎所有类型的非糖物质都可以以苷的形式存在。

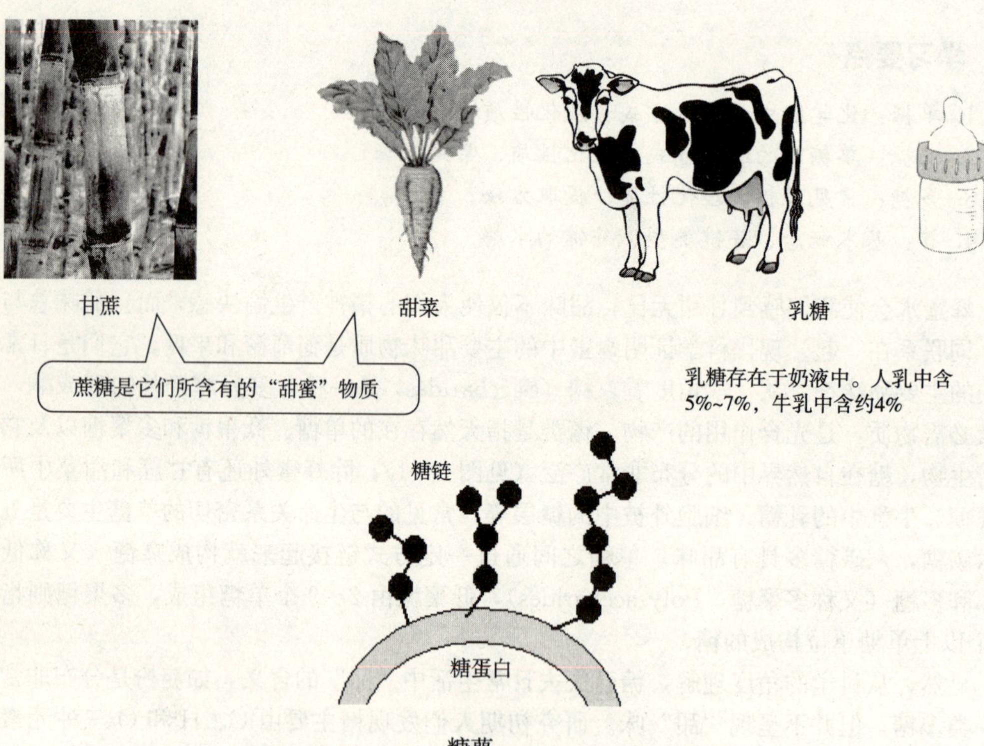


动物细胞表面存在着一层富含糖类物质的结构，称为细胞外被（Cell Coat）或糖萼（Glycocalyx）。它是细胞的“指纹”，为细胞识别的分子基础。

**图 3—1　存在于自然界中的糖**

① 倪沛洲：《有机化学》，4 版，383 页，北京，人民卫生出版社，1999。

# 3.1 单　糖

单糖（Monosaccharide）是含有 3～7 个碳原子的多羟基醛或多羟基酮，以戊糖（五碳糖）和己糖（六碳糖）最常见，如葡萄糖、果糖、半乳糖、核糖等。单糖结构表现为几乎每个碳原子上都连接有一个羟基。倘若某个碳原子上没有了羟基，则称为去氧糖（常见于 2 位或 6 位），倘若被氨基替换，则称之为氨基糖。单糖类物质易溶于水，并具有甜味。

在太阳光的照射下，植物、藻类和某些细菌通过叶绿素可将二氧化碳和水转化为糖（见图 3—2），并释放出氧气。因此植物被称为食物链的生产者，只有它们能够通过光合作用利用无机物生产有机物并且储存能量。通过食用，食物链的消费者可以吸收植物所储存的能量。

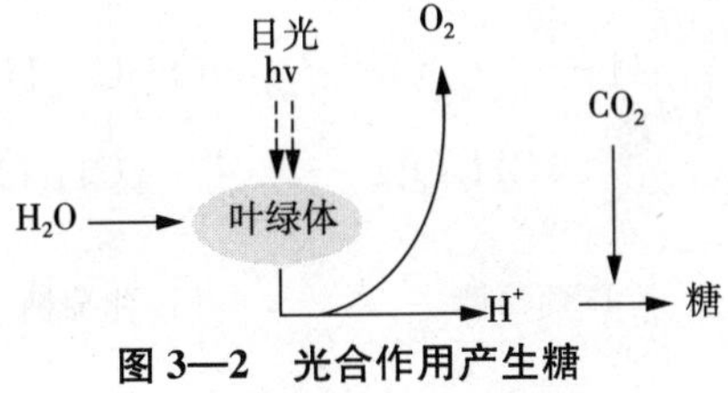

**图 3—2　光合作用产生糖**

## 3.1.1　单糖的立体化学

单糖是糖的最小单位，不能再被水解为更小的分子，一般指含有 3～7 个碳原子的多羟基醛或酮，常见的多为五碳或六碳糖。单糖的立体化学知识，首先来自于埃米尔·费歇尔（Emil Fischer）的开创性工作，他为此获得了 1902 年的诺贝尔奖。他对单糖立体化学结构的分类是依据最简单的糖——甘油醛的立体结构（见图 3—3）进行的。自然存在的甘油醛具有使平面偏振光向右偏转的性质，即所谓的右旋。这种物质的结构中含有一个手性碳原子，因此存在有两个立体异构。Fischer 发明了使用“纸面”方法表达糖的三维立体结构的方式，即 Fischer 投影式（见图 3—3）。对糖的早期研究表明单糖类具有链式结构，即碳原子一个接一个地排列成链状。仔细观察醛式六碳糖分子的链式结构，会发现除两端碳原子外，其余碳原子上连接的 4 个基团完全不同，这样的碳原子被称为手性碳。分

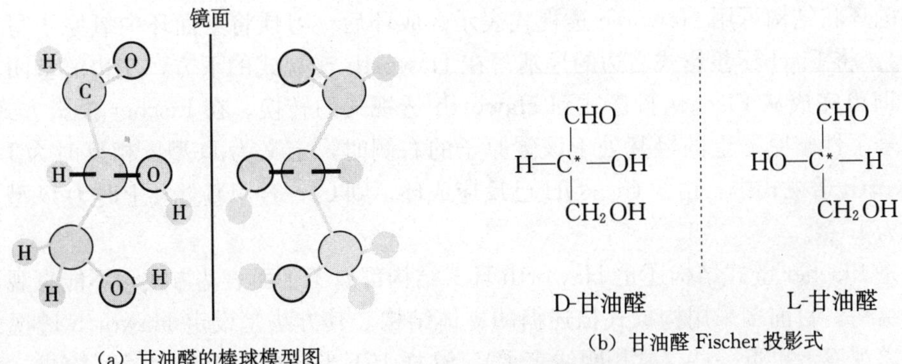

(a) 甘油醛的棒球模型图

(b) 甘油醛 Fischer 投影式

**图 3—3　甘油醛的表达**

子中存在手性碳时，称为分子手性，或者称手性分子。手性碳可引起分子构型异构（即分子的实物和镜像不能重合，也称对映异构，如同人的左右手）。在这些异构体中，非对映体（不是镜一像关系）具有不同的名称（如葡萄糖、半乳糖等，如图 3—4 所示），而一对对映体具有同一名称（如 D-葡萄糖、L-葡萄糖，如图 3—4 所示）。

| D-葡萄糖 | L-葡萄糖 | D-半乳糖 | L-半乳糖 |
| --- | --- | --- | --- |
| 1 CHO | CHO | CHO | CHO |
| H—2 C* —OH | HO—C—H | H—C—OH | HO—C—H |
| HO—3 C* —H | H—C—OH | OH—C—H | H—C—OH |
| H—4 C* —OH | HO—C—H | HO—C—H | H—C—OH |
| H—5 C* —OH | HO—C—H | H—C—OH | HO—C—H |
| 6 $CH_2OH$ | $CH_2OH$ | $CH_2OH$ | $CH_2OH$ |
| (a) | | (b) | |

**图 3—4　构型异构**

注：* 表示手性碳原子。编号最大的手性碳原子（$C_5$）上的－OH 在右边为 D-型，在左边为L-型。D-/L-为一对对映体，具有同一名称；葡萄糖和半乳糖为 $C_4$ 位非对映体，具有不同的名称。

1. 单糖的链式结构

采用 Fischer 投影式表示，其方法是使羰基具有最小编号，并置于结构式上端，使碳键都朝向纸平面的背面并进行投影，水平键表示羟基或氢（朝向纸平面的前面）。在葡萄糖链式结构中，单糖虽含有醛基，但却不能与 $NaHSO_3$ 发生加成反应，也不能发生希夫碱反应；尤其是采用不同溶剂所得到的结晶不但具有不同的熔点，而且比旋光度也不同，但把它们的水溶液放置一段时间后，原来不同的比旋光度又会变的一致（这种现象被称为变旋现象）。对于这些"异常现象"，人们从一般醛与醇相互作用生成半缩醛的反应中得到启示：糖分子可能发生了分子内反应，生成环状的半缩醛结构。随着现代分析技术的进步，环状半缩醛结构得到了各种新测定技术的证实。

2. 单糖的环状结构

单糖的环状结构可用 Haworth 透视式表示。成环后（习惯将平面环中氧原子写在环的右上角），将 Fischer 投影式右边的羟基写在 Haworth 透视式的下方，左边的基团写在环的上方即可完成从 Fischer 投影式到 Haworth 透视式的转换。在 Fischer 投影方式中，当最大编号手性碳原子上的羟基处于该碳原子的右侧时，定义为 D-型，相反时为 L-型；而在 Haworth 透视式中，由于 $C_5$—OH 已反应成环，则 $C_5$—羟甲基处环上时为 D-型，处于环下时为 L-型。

无论是 Fischer 链式结构还是 Haworth 环式结构都属于平面表达方式，不能直观反映糖的立体结构，目前多采用构象式描述糖的立体结构。其方法是设定 Haworth 透视式中下半环距离观察者更近一些（常用粗线表示），这样上下半环的 4 个碳原子可构成一垂直于页面的环平面，而环左右两端的两个碳原子就分别处于这个平面的上或下（如同环已烷结构)。

在成环过程中，可以形成含氧原子的五元杂环，也可形成六元杂环，前者称为呋喃型糖，后者称为吡喃型糖。更重要的是，原来的羰基碳原子（对醛糖而言是 $C_1$）也变成手性碳原子（所连接的 4 个基团完全不同)，结果，较原来的链式结构又多出一对对映异构体。用 α、β 区别非对映体：$C_1$ 位新生成的半缩醛羟基与 $C_5$ 位取代基（如羟甲基）处于同侧（环上或环下）时为 β 型，处于异侧时为 α 型。由于二者的区别在于端基碳原子上 ($C_1$)，故称这两种异构体为端基异构体（Anomer)。如葡萄糖有 β-D-吡喃葡萄糖、α-D-吡喃葡萄糖（见图 3—5)。

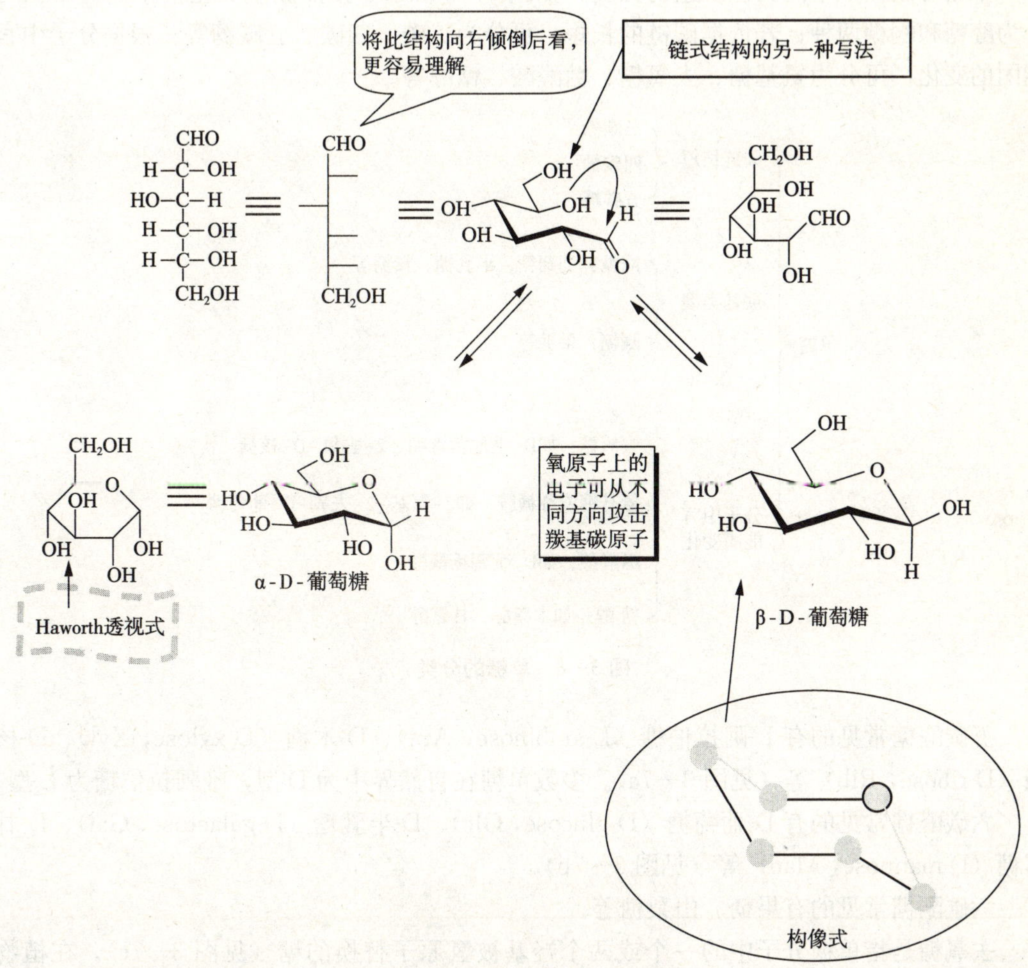


**图 3—5　单糖的环式结构表达**

注：上述反应是 D-葡萄糖在水溶液中的平衡反应。在溶液中，α-D-葡萄糖占 36%，β-D-葡萄糖占 64%，故平衡后比旋光度为+52°。另外，由于链式结构所占比例非常小，故而醛糖类不能与 $NaHSO_3$ 等羰基加成试剂反应。α-D-葡萄糖：mp. 145℃，$[\alpha]_D$= +113°；β-D-葡萄糖：mp. 148～150℃，$[\alpha]_D$= +19.7°。

其实分子都具有立体性，所以其化学性质、反应也必定具有立体性，只是由于需要借助书本的方式来表达和传播这些知识，所以才变成了现在的“纸面”化学。

### 3.1.2 单糖的分类

对多种动物、植物和土壤来源的样品的分析结果表明除了D-葡萄糖和D-果糖之外，其他游离单糖的含量是微乎其微的，多数单糖在生物体内呈结合状态。D-葡萄糖是最重要的单糖，是绿色植物光合作用固定$CO_2$的储能产物，也是动物重要的能量物质。在人的血液中，每升含0.5～1g葡萄糖，其含量的微小变化都有可能引起细胞的损伤，特别是损伤中枢神经系统。

单糖可以按照不同的性质进行分类，如图3—6所示。按照羰基类型的不同，单糖可分为醛糖和酮糖两种；若依据碳链的长短，可分为三碳、四碳、五碳糖等；根据分子中官能团的变化，可分为氨基糖、去氧糖、糖醛酸、糖醇等。

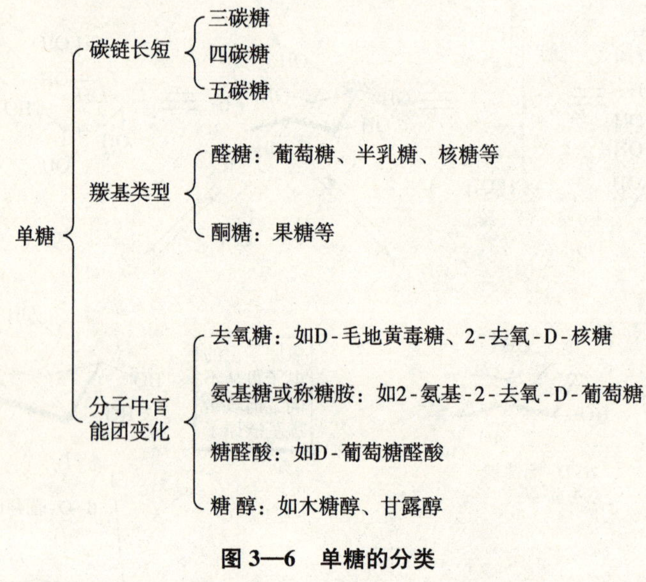


**图3—6 单糖的分类**

五碳醛糖常见的有L-阿拉伯糖（L-arabinose，Ara）、D-木糖（D-xylose，Xyl）、D-核糖（D-ribose，Rib）等（见图3—7a）。多数单糖在自然界中为D型，唯阿拉伯糖为L型。

六碳醛糖常见的有D-葡萄糖（D-glucose，Glc）、D-半乳糖（D-galactose，Gal）、D-甘露糖（D-mannose，Man）等（见图3—7b）。

六碳酮糖常见的有果糖、山梨糖等。

去氧糖是指单糖分子中的一个或两个羟基被氢原子替换的糖（见图3—7c）。在植物中这类糖多存在于强心苷类化合物中，也是检查植物中是否存在强心苷的指标之一。2-去氧-D-核糖是组成脱氧核糖核酸（DNA）的糖单位，有着重要的生物学意义。

氨基糖（或称糖胺）是指单糖分子中的一个或多个羟基被氨基置换的糖，自然界中存在的最多的氨基糖是2-氨基-2-去氧六碳醛糖，主要存在于动物和微生物中（见图3—7d）。

糖醛酸即单糖分子中的伯羟基（如葡萄糖$C_6$—OH）被氧化成羧基后的衍生物，主要以结合态存在于苷或多糖中。常见的糖醛酸有D-葡萄糖醛酸、D-半乳糖醛酸和D-甘露糖醛酸等。由于糖为多元醇结构，所以糖醛酸在溶液中会形成内酯，如D-葡萄糖醛酸与D-

葡萄糖醛酸-γ-内酯形成动态平衡，如图 3—7e 所示。

糖醇即单糖的醛或酮基被还原而形成的多元醇，分布较广泛，如滋补品冬虫夏草中甘露醇的含量就很高。常见的还有木糖醇、D-山梨醇、卫矛醇等。其中木糖醇是可替代糖中最甜的糖醇。如图 3—7f 所示。

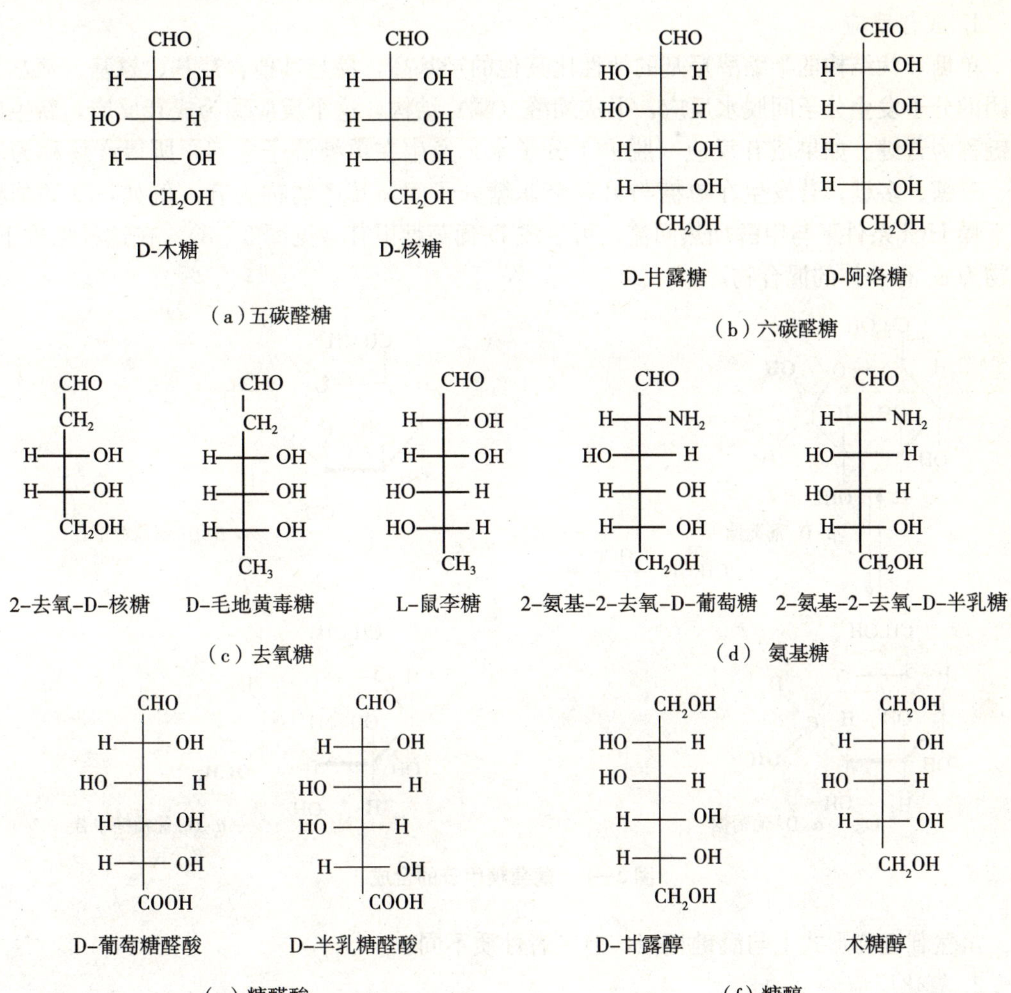


**图 3—7　常见单糖的结构**

### 3.1.3　单糖的理化性质

单糖多具有完好的晶体，但在非纯净状态下很难结晶。由于其结构中含有多个醇羟基，所以单糖易溶解于水而不溶于氯仿、乙酸乙酯等低极性有机溶剂，水—醇混合溶液常用于糖的重结晶。最重要的天然单糖是葡萄糖（D-glucose）。果糖也是一种常见单糖，它属于酮糖，是常用甜味剂中最甜的成分之一。葡萄糖和果糖是构成蜂蜜的主要成分。

手性分子具有使偏振光发生偏转的特性，所以大多数单糖具有旋光性，可利用这个原理作单糖的定性及定量分析。

单糖分子中含有多个羟基，因此可以在催化剂存在下，与酰化试剂反应生成相应酯（如葡萄糖与乙酸酐反应得到五乙酰葡萄糖，不溶于水）。此外，糖具有一些独特化学性质。

1. 成苷反应

单糖环状结构的半缩醛羟基的活性比其他的羟基高，易与其他含羟基、氨基、巯基等基团的分子发生分子间脱水反应，形成缩醛（酮）结构，这个反应称为成苷反应，新生成的键称为苷键。如果成苷反应（脱去 1 分子水）发生在单糖分子之间，所得产物称为双糖、三糖、多糖；若发生在单糖与另一个非糖分子间，其产物称为苷。例如，D-葡萄糖在干燥 HCl 条件下与甲醇加热回流，可生成 D-葡萄糖甲苷（见图 3—8），在这种条件下，产物为 α- 和 β-体的混合物。

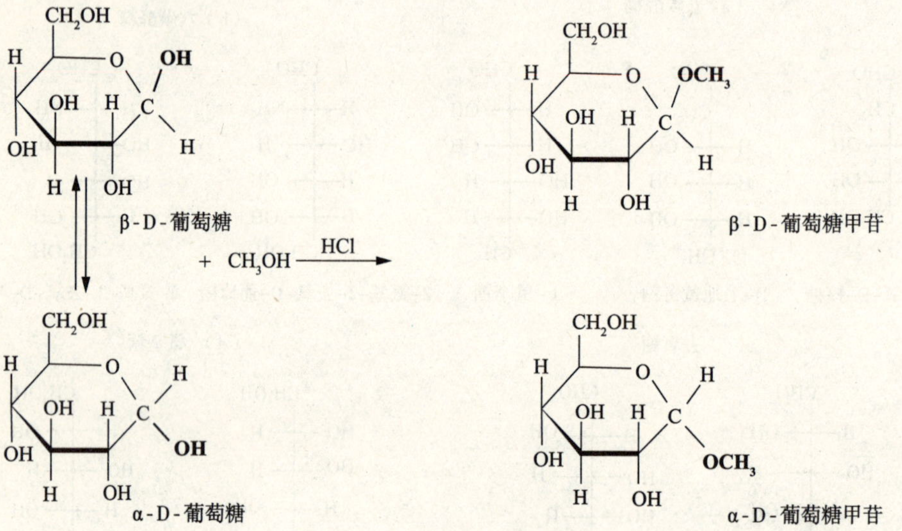

β-D-葡萄糖 + $CH_3OH$ —HCl→ β-D-葡萄糖甲苷

α-D-葡萄糖 α-D-葡萄糖甲苷

**图 3—8　葡萄糖甲苷的合成**

虽然苷键在形式上与醚键相似，但二者性质不同。

2. 氧化反应

在水溶液中，单糖的链式与环式结构处于动态平衡中，因此呈现出醛的性质，可被弱氧化剂土伦试剂（硝酸银的氨溶液）和斐林试剂（硫酸铜与酒石酸钾钠的碱溶液）所氧化，并还原银离子和铜离子。在银离子被还原成金属银时，若反应器壁足够光滑洁净，银就会均匀地沉淀在器壁上，形成银镜，故俗称银镜反应（见图 3—9）。许多制镜小作坊中制作镜子的常用方法就是利用葡萄糖和硝酸银的银镜反应。

与斐林试剂反应时可将 2 价铜离子还原为 1 价亚铜离子，为砖红色沉淀。能够被这些弱氧化剂所氧化的糖被称为还原糖。

3. 酸性条件下的脱水

在弱酸性条件下，具有 β-羟基的羰基化合物易发生 β-羟基与 α-氢的脱水反应，形成 α,β-不饱和羰基化合物。单糖具有这样的结构，因此在酸性条件下易脱水形成二羰基化合物，并继续反应下去。戊醛糖和己醛糖在浓酸条件下经多步脱水（失去 3 分子水），生成

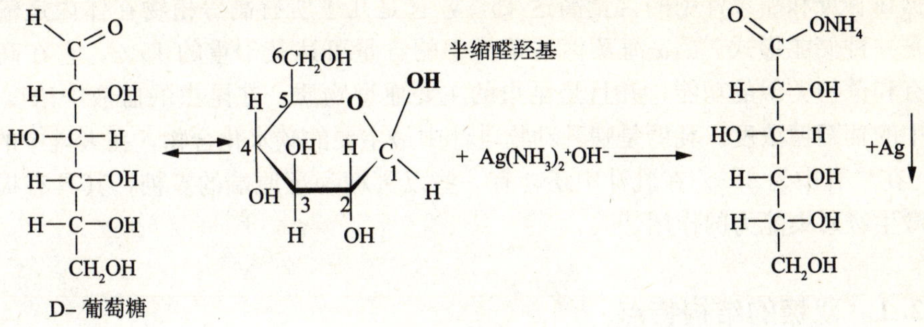

图 3—9 银镜反应

5-取代糠醛（见图 3—10）。糠醛呈黄色，可与许多芳胺、酚类缩合生成有色物质，是常用的糖鉴别方法。如中草药成分预试验时常进行的 Molish 反应就是在被检测样品中加入浓硫酸和 α-萘酚，当样品中存在有还原糖、多糖或者苷时，反应溶液会呈现出紫红色。

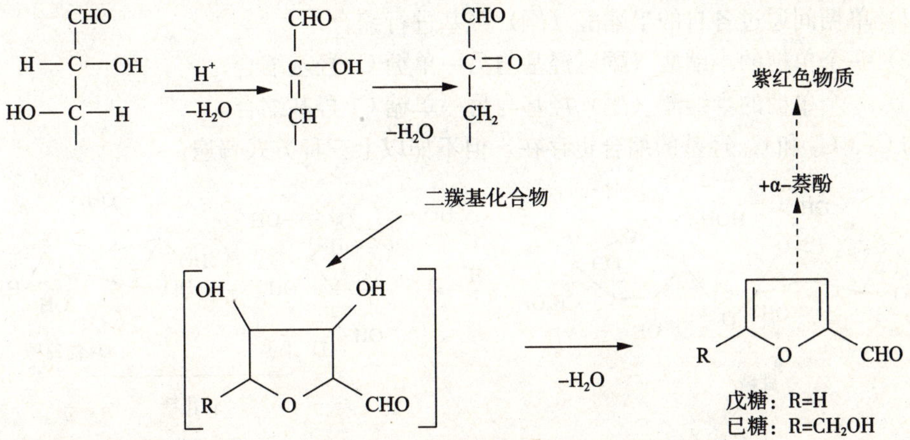

图 3—10 糠醛的形成

不同的单糖可形成不同的糠醛产物，如五碳糖的产物为糠醛，六碳醛糖则形成 5-羟甲基糠醛，甲基五碳糖（6-去氧糖）生成 5-甲基糠醛。

显色时常用的酚试剂除 α-萘酚外，还有 β-萘酚、苯酚、间苯二酚等。在薄层或纸色谱上显色时常用的试剂为邻苯二甲酸和苯胺，也可以使用其他胺如二苯胺、联苯胺和氨基酚等。

## 3.2 双 糖

自然界中以游离形式存在的双糖不多，大量存在的只有蔗糖、α,α-海藻糖、乳糖等双糖和一些含有蔗糖单元的寡聚糖。常见的双糖（Disaccharide）多由两个己糖（六碳糖）分子组成，具有 $C_{12}H_{22}O_{11}$ 通式。双糖是人类利用最多的糖，常出现在日常生活中，如蔗糖、乳糖。

蔗糖在甘蔗和甜菜汁中的含量高达16%，它是几乎所有高等植物在体内运输糖的形式，也是一种储能形式。α,α-海藻糖在蕈类中的含量可达其干重的15%，它在高昆虫和酵母中有和蔗糖类似的功能，并且是昆虫的主要血型物质，在昆虫的血液中浓度达2%，高于其中的葡萄糖浓度。乳糖是哺乳动物乳汁中最主要的碳水化合物，在人乳中的含量约为6%，在牛乳中为4%。在乳汁中还含有一些以乳糖为还原端的寡糖，其具有提高新生儿抵抗微生物感染能力的作用。[①]

### 3.2.1 双糖的结构特点

将蔗糖用酸（或酶）水解后可得到1分子葡萄糖和1分子果糖（见图3—11）；将乳糖水解后可得到1分子葡萄糖和1分子半乳糖；而将麦芽糖水解后可得到2分子的葡萄糖。将1分子双糖水解成单糖很容易，但这两个单糖相互间又怎样连接而形成原来的双糖呢？通过大量研究表明，天然双糖常见的连接方式有三种：

(1) 单糖间通过各自的半缩醛（酮）羟基进行缩合；

(2) 一个单糖的半缩醛（酮）羟基与另一单糖 $C_4$ 羟基缩合；

(3) 一个单糖的半缩醛（酮）羟基与另一单糖 $C_6$ 羟基缩合。

与 $C_2$、$C_3$ 和 $C_5$ 羟基的缩合也存在，但不如以上三种方式普遍。

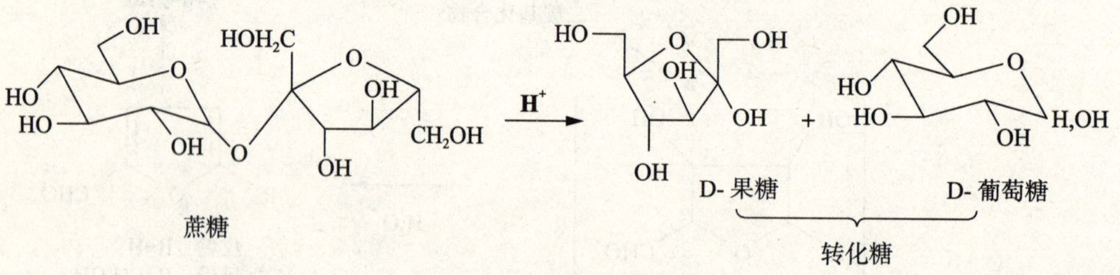

图3—11 蔗糖的水解

在“单糖”一节中已提到，单糖的醛（酮）基碳原子在形成环状结构后变为手性碳原子，并规定用α和β来表示半缩醛羟基在空间的取向。显然，当两个单糖相互间用这个羟基连接形成双糖时（第一种情况），就会有4种可能的连接方式：$\alpha_1 \rightarrow \alpha_2$，$\alpha_1 \rightarrow \beta_2$，$\beta_1 \rightarrow \alpha_2$，$\beta_1 \rightarrow \beta_2$。而后两种情形中只有两种连接方式，即 $\alpha \rightarrow C_4$，$\beta \rightarrow C_4$ 和 $\alpha \rightarrow C_6$，$\beta \rightarrow C_6$。

海藻糖为 $\alpha_1 \rightarrow \alpha_2$ 连接（第一种方式），乳糖为 $\beta \rightarrow C_4$ 连接（第二种方式）。常见的双糖结构如图3—12所示。

### 3.2.2 双糖的化学性质

当双糖是以第一种连接方式构成时，该双糖不具有还原性，即它不具有还原 $Ag^+$ 和 $Cu^{2+}$ 的能力，或者说它自身不能被土伦试剂和本尼迪特试剂所氧化（如蔗糖）。以后两种方式连接时，其中一个单糖分子保留了半缩醛羟基，因此具有还原性。

① 徐任生：《天然产物化学》，2版，500页，北京，科学出版社，2004。

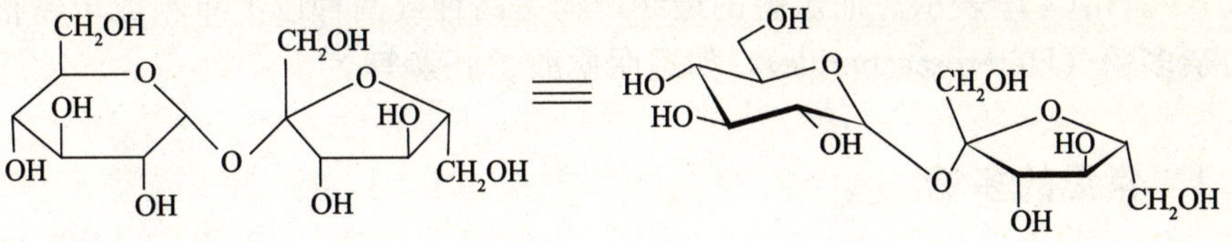

（+）-蔗糖

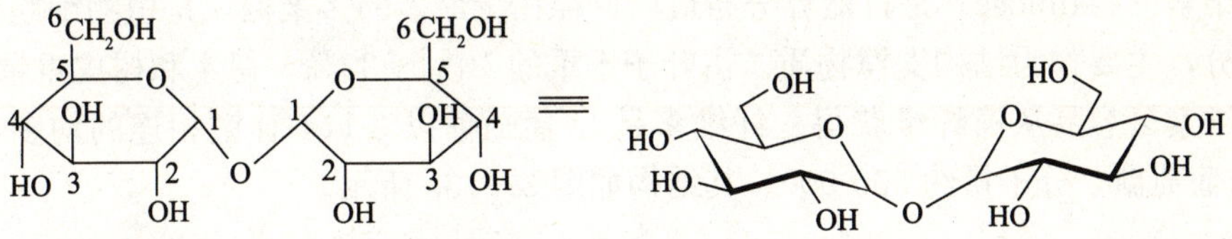

（α-D-葡萄糖）　（α-D-葡萄糖）

（+）-海藻糖

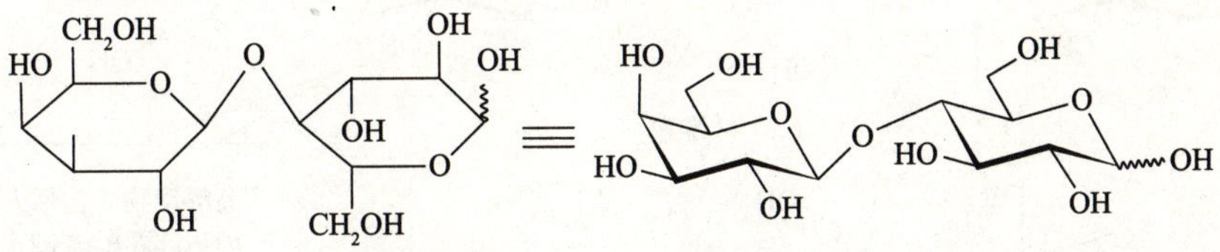

(β-D-半乳糖)　（D-葡萄糖）

（+）-乳糖

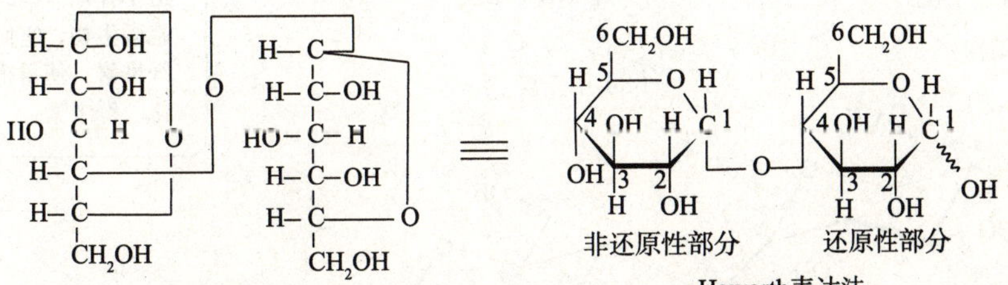

非还原性部分　还原性部分

Fischer表达方式　Haworth表达法

麦芽糖（由2个D-葡萄糖分子通过1，4-苷键连接而成）

**图 3—12　常见双糖**

# 3.3 多　糖

由 10 个以上单糖通过苷键方式连接而成的糖称为多聚糖，简称多糖（Polysaccharide)。事实上，天然多糖中的单糖数目都在几百个甚至几千个以上，其性质已大大不同于单糖。多糖在生物体内按功能可分为两类：一类为不溶于水的，主要是形成动植物的支持组织，分子呈直链型，如植物中的纤维素，无脊椎动物虾、蟹壳中的甲壳素；另一类为动植物的储藏养料，溶于热水成胶体溶液，借助生物体内酶的功能，水解释放出单糖以提供能量，如淀粉、糖原等，这类多糖结构有呈直链型的，但多数呈支链型。多糖能水解成很多单糖分子。自然界存在的多糖，水解后只生成一种单糖的称为均多糖（Homosaccharide)，例如淀粉、糖原、纤维素等，水解的最终产物是 D-葡萄糖，

可用通式 $(C_6H_{12}O_5)_n$ 表示。而水解的最终产物是两种或两种以上单糖或单糖衍生物的多糖称为杂多糖（Heterosaccharide），如透明质酸、肝素等。

### 3.3.1 常见的多糖

纤维素（Cellulose）是自然界分布最广，存在量最多的多聚糖，是植物细胞壁的主要结构成分，主要作为结构支撑物质。占叶子干重的10%～20%，树木和树皮重量的50%。纯的纤维素最容易从棉纤维获得。纤维素是D-葡萄糖以β-1,4-苷键相连的均多糖，约有3 000个葡萄糖，分子量约500 000。其结构如图3—13a所示。

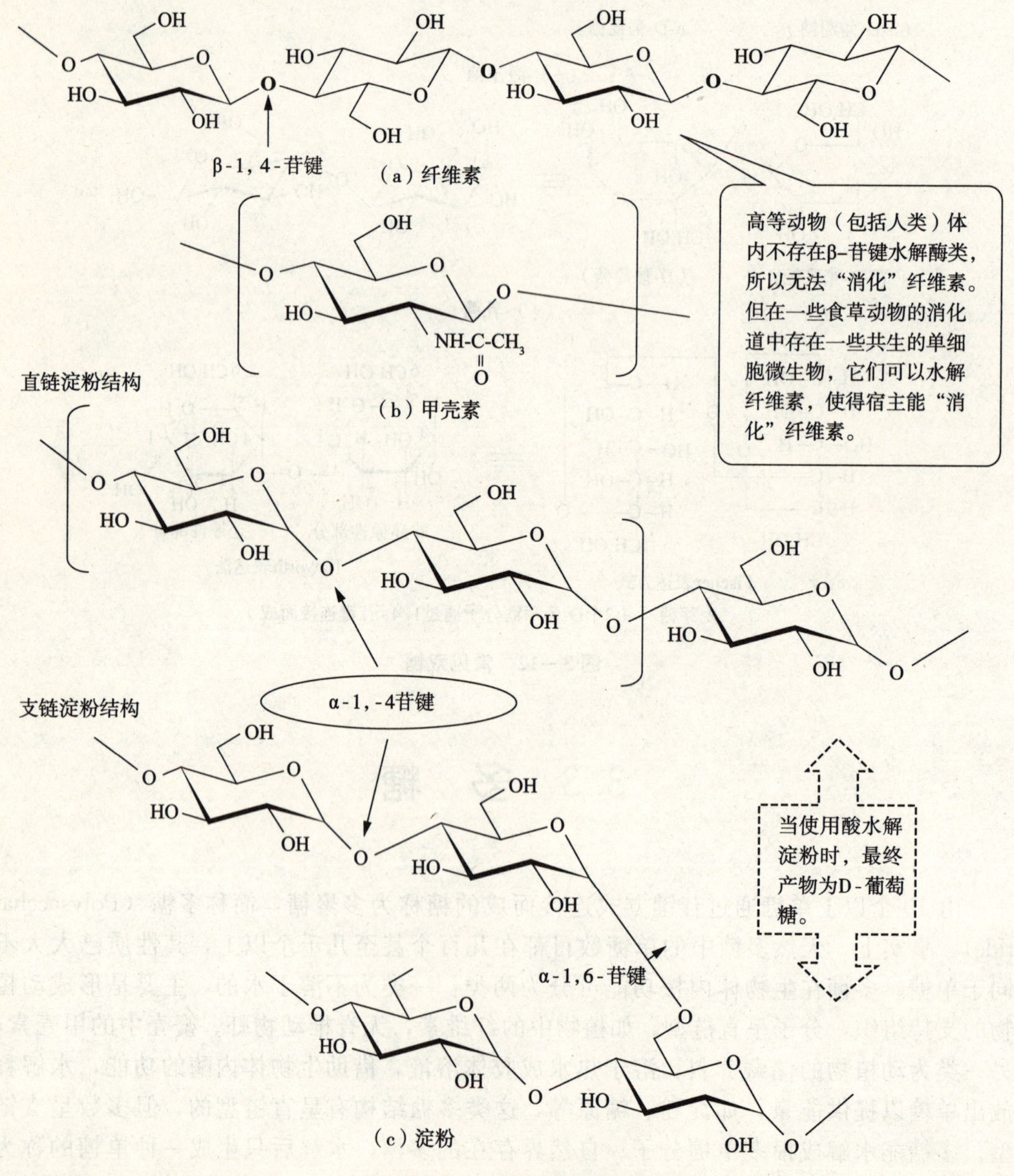


**图3—13 常见多糖的结构**

甲壳素又称几丁（Chitin），是发现于无脊椎动物如虾蟹等壳中的多糖（见图 3—13b）。对几丁的完全水解可得到乙酸和 D-氨基葡萄糖，X-衍射分析表明其结构与纤维素相同，只不过用 D-乙酰氨基葡萄糖替代了 D-葡萄糖而已。

淀粉（Starch）是人类饮食中最重要的糖源，土豆、大米、小麦以及各种谷类作物中都含有大量淀粉。供食用的淀粉为两种分子结构不同的淀粉组成：直链淀粉和支链淀粉（见图 3—13）。直链淀粉是由 250～300 个 D-葡萄糖通过 α-1,4-糖苷键连接而成的链状分子，在溶液中呈螺旋状。支链淀粉约含 6 000 个 D-葡萄糖残基，在 α-1,4-连接的长链上再通过 α-1,6-糖苷键形成侧链。支链化程度越高，越有利于水解。如果使用麦芽糖酶水解淀粉，则可以得到麦芽糖单位，当使用酸水解时，则最终得到D-葡萄糖。

糖原（Glycogen）是动物体内葡萄糖的主要储存形式。糖原的分子结构类似于支链淀粉的结构，其支链程度更高，支链的长度为 10～14 糖单位。与淀粉在植物体内的功能一样，当机体需要时，糖原就会在酶的作用下分解为葡萄糖以提供能量和碳源。糖原主要储存在肝脏。

### 3.3.2　多糖性质

常见多糖如淀粉、纤维素等，是单糖通过 α-1,4-苷键、α-1,6-苷键或 β-1,4-苷键连接起来的，因此，无论链有多长，某端基的单糖结构中总保留有半缩醛羟基，但是由于所占比重太小，且多糖类在水中溶解度有限，所以多糖不呈现还原性，也不发生变旋现象。多糖无甜味，在水中不能形成真溶液，只能形成胶体溶液。

淀粉不溶于冷水，但加热时却可极大地溶胀形成胶体溶液，也可看作淀粉“溶解”了。在这种“溶解”过程中，淀粉并非像分子结构示图那样呈直线型。对于直链淀粉而言，由于单糖构型和分子内多羟基间的相互作用，分子像弹簧样盘缠，恰似一中空的笼，能使 $I_2$ 分子进入，二者相互作用的结果会使溶液呈现出蓝色。这个反应很灵敏，可用于二者的相互检出。对于支链淀粉而言，由于各支链的长度没有直链淀粉长，所以常呈现紫红色（见图 3—14）。因此可以根据该反应的色泽，粗略判断糖链的长度。

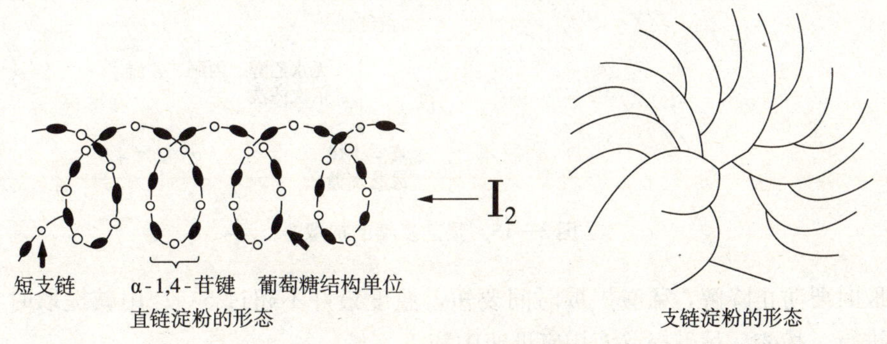


图 3—14　直链和支链淀粉

### 3.3.3 多糖的提取与分离

多糖广泛存在于动物、植物和微生物体内。尽管品种繁多，其分离纯化及鉴别的方法基本相似，即利用多糖可溶于水或酸、碱、盐溶液而不溶于醇、醚、丙酮等有机溶剂的特点，采用水提取，醇、醚沉淀方法获得。提取时一般先将原料物质进行脱脂处理，其方法是将物料粉碎后用甲醇或乙醇或乙醇乙醚混合液（1∶1）进行回流处理数次，然后将药渣用水提取，如可用冷水、热水、冷或热的 0.1～1mol/L NaOH 或 KOH 溶液、冷或热的 1%醋酸和 1%苯酚等溶剂提取。提取液经浓缩后以等量或数倍的甲醇或乙醇或丙酮等使多糖沉淀析出，所得粗多糖经反复溶解与醇析，可得到纯品。以灵芝多糖的提取为例，其过程如图 3—15 所示。

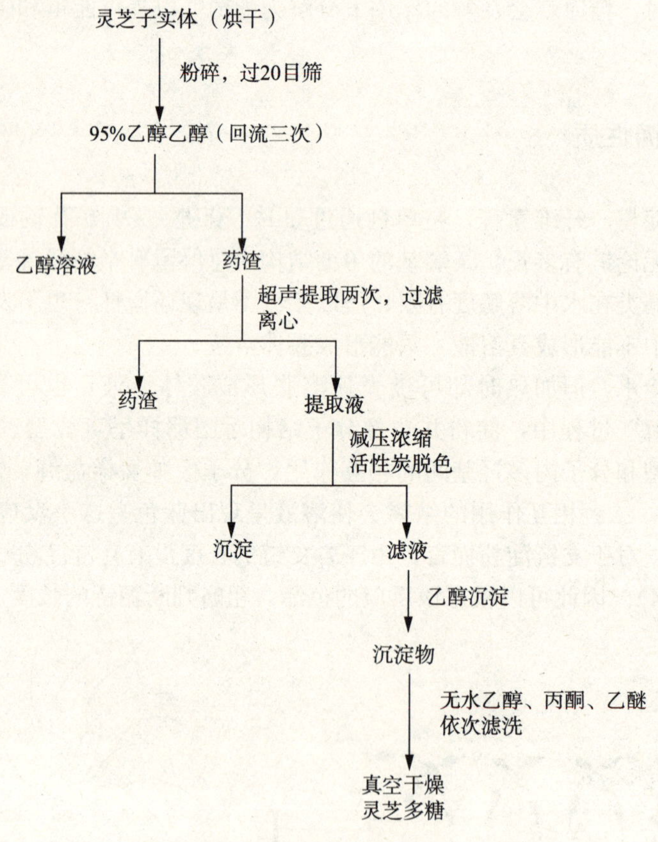


图 3—15 灵芝多糖的提取

提取时要防止降解，稀酸提取时间要短，温度最好不超过 5℃；用碱提取时常在 $N_2$ 气流下进行。稀酸、稀碱提取液均应迅速中和。

### 3.3.4 多糖的生物活性

20 世纪 60 年代以来逐渐发现多糖在抗肿瘤、肝炎、心血管病及抗衰老等方面呈现出独特的生物活性。

1. 抗肿瘤作用

人参多糖有明显的抗肿瘤及抗突变作用，体外细胞毒试验证明，人参多糖致敏的血清对人和鼠的肿瘤细胞胞株均有不同程度的杀伤和抑制作用。香菇既可作药品也是食品，香菇多糖也具有良好的抗肿瘤活性，实验表明香菇多糖还具有良好的免疫调节功能。加用香菇多糖的联合化疗组细胞免疫功能状态优于单纯联合化疗组。[①]

2. 抗衰老作用

多孔菌科多孔菌属紫芝子实体（灵芝）提取的多糖，对衰老的各种生理和生化表现都有一定的调整作用。黑木耳、银耳多糖均能明显延长果蝇平均寿命。

多糖类物质的生物活性还表现在增加机体免疫功能、对辐射损伤的保护作用、对肝脏的保护、降血脂、降血糖以及抗病毒等方面。

## 3.4 苷　类

苷类（Glycosides）旧称甙类，也称配糖体，是糖或糖的衍生物如单糖、寡糖、氨基糖、糖醛酸等与另一非糖物质通过糖的端基碳原子连接而成的化合物。非糖部分称为配基或苷元。糖端基碳原子上的半缩醛羟基因空间取向不同而有 α、β 之分，故所形成的苷键也有 α-苷和 β-苷之分。天然苷类由 D-糖形成的苷常为 β-苷，由 L-糖形成的常是α-苷，如 β-D-葡萄糖苷和 α-L-鼠李糖苷。

苷的共性在糖部分。几乎所有类型的天然产物都可与糖结合成苷类，如萜类、甾体、生物碱、黄酮、香豆素、木脂素等都有苷的形式。因此，可以说苷元部分是结构多变、性质各异。

### 3.4.1　苷的分类

就名称而言，可依据苷元的性质分别称其为黄酮苷、香豆素苷、甾体皂苷等。就其苷元与糖的结合形式而言，根据连接单糖基的个数不同可分为单糖苷、二糖苷等，一般可至六糖苷；根据连接糖链数的多寡则可分为单糖链苷、双糖链苷等（即在苷元的不同部位连接有糖链）；根据苷键的性质不同可分为氧苷（O-苷）、硫苷（S-苷）、氮苷（N-苷）、碳苷（C-苷）等，最常见的为 O-苷。苷的分类如图 3—16 所示。图 3—17 所示为一些常见苷类的分类。

根据苷在生物体内是原生的还是次生的（即因某种因素脱掉一个或一个以上单糖或基团），可将苷分为原生苷和次生苷。这种情形多见于强心苷类。

---

① 陈志和、黄灵珍、陈翠艳：《香菇多糖联合化疗治疗晚期肿瘤 20 例》，载《医学理论与实践》，2008 (10)。

根据连接糖的链数：

单糖的链苷
- 单糖苷：由一个单糖与苷元形成的苷
- 双糖苷：由一个双糖与苷元形成的苷
- 寡糖苷：由一个寡糖与苷元形成的苷

双糖链苷
- 两个单糖分别连接在苷元的不同位置
- 一个单糖，另一个是寡糖
- 两个位置上的糖均为寡糖

三糖链苷　较为少见

根据苷键的性质：

O-苷键
- 醇苷
- 酚苷
- 酯苷

S-苷键

N-苷键

C-苷键

图 3—16　苷的分类

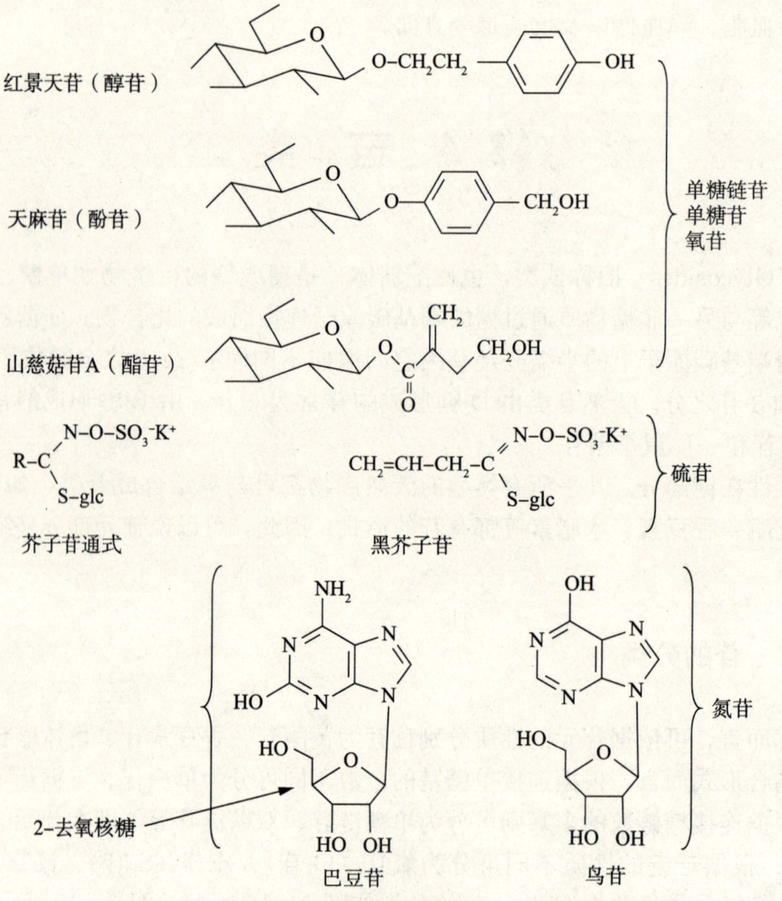

红景天苷（醇苷）

天麻苷（酚苷）

山慈菇苷A（酯苷）

单糖链苷
单糖苷
氧苷

芥子苷通式

黑芥子苷

硫苷

2-去氧核糖

巴豆苷

鸟苷

氮苷

图 3—17　常见苷类的分类

## 3.4.2　苷的理化性质

苷类多为固体，其中糖基少的可结晶，而多数苷类为无定型粉末。

苷类的溶解度与分子中糖基的数目有密切的关系。在水中的溶解度往往随着糖基数目的增多而增大，即单糖数目越多，分子中所含的极性基团——羟基就越多。当苷元的分子较大时，如萜醇、甾醇等的单糖苷就不易溶于水中，相反可以溶于具有一定极性的有机溶剂中；而当糖部分比例增大后，如萜醇的寡糖苷或多糖链苷，其水溶度会随之增加。

### 3.4.3　苷键的裂解

为了获得苷的组成信息或者为了获得更具生理活性的次生产物，常常通过苷键裂解反应将苷键切断。常用的苷键切断方式有酸水解、乙酰解、碱水解、酶水解以及氧化开裂等。

1. 酸催化水解

苷键属于缩醛结构，对酸不稳定，易被酸催化水解。酸催化水解常用的溶剂为水或稀醇，常用的酸为稀盐酸、稀硫酸、乙酸、甲酸等。其反应机理是稀酸质子（$H^+$）攻击苷键原子使其质子化，然后苷键断裂形成糖基正离子的中间体，该中间体再与水结合形成糖，并释放出催化剂质子（见图 3—18）。显然，在酸性条件下，苷键水解的难易与苷键原子的电子云密度及其空间环境直接有关。苷键原子的电子云密度越大，周围空间位阻越小，越有利于质子的攻击。有下述几条规律：

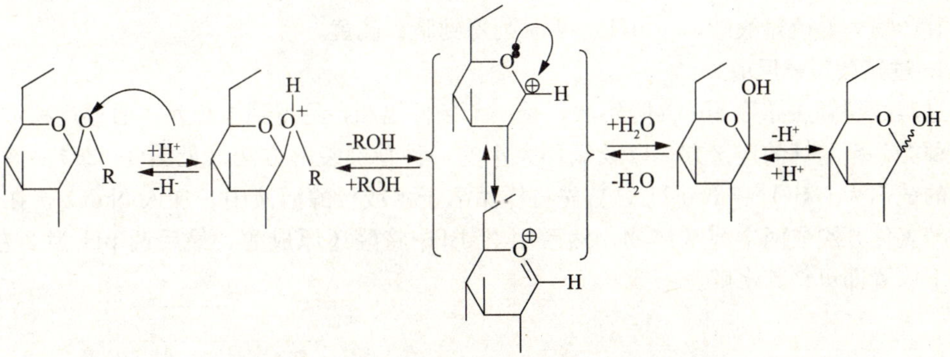

**图 3—18　酸水解反应**

（1）按苷键原子的不同，酸水解过程从易到难的顺序为：N—苷 ＞ O—苷 ＞ S—苷 ＞ C—苷。一般酸性条件下不易使 C—苷水解，确认为碳苷后，多采用其他方法获得结构信息。

（2）氮原子虽易质子化，但若处于酰胺或嘧啶环中时，则氮原子受到 p-π 共轭效应和诱导效应影响，几乎不呈现碱性，无法结合质子，故这种情形下很难被酸催化水解。

（3）对于 O—苷而言，呋喃糖苷较吡喃糖苷易水解。前者较后者的水解速率大 50～100 倍。

（4）酮糖较醛糖易水解，因为酮糖多为呋喃糖构型。

（5）2-去氧糖类易水解。其一般规律为 2,3-去氧糖＞2-去氧糖＞3-去氧糖＞羟基糖＞2-氨基糖。

2. 碱催化水解

一般的苷键对稀碱溶液是稳定的，故很少采用碱水解方法。仅酚苷、酯苷和烯醇型苷由于苷元结构的影响，使其易发生碱催化水解（见图 3—19）。

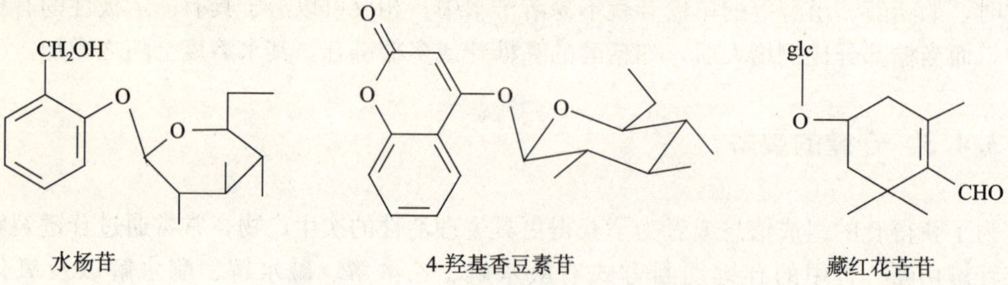

水杨苷　　4-羟基香豆素苷　　藏红花苦苷

**图 3—19　适合碱水解反应的苷类物质**

3. 酶催化水解

酶催化水解具有反应条件温和，专属性高的特点。酶的专属性是指一定的酶仅断裂某种类型的苷键，且产物单一。如转化糖酶只水解β-果糖苷键，对蔗糖、龙胆糖等只能脱掉1分子果糖，再如麦芽糖酶只水解α-D-葡萄糖苷键，产物为麦芽糖，纤维素酶只能水解β-D葡萄糖苷键，杏仁苷酶只水解β-六碳醛糖苷键，蜗牛酶只水解β-苷键。

在使用酶水解时需要注意，pH是影响酶解的一个重要因素，某些酶的酶解产物会随pH的改变而改变。如存在于十字花科植物中的芥子苷酶（Myrosinase）在pH＝7时酶解芥子苷产物为异硫氰酸酯，在pH3～4时则得到腈和硫黄。

4. 过碘酸裂解反应

过碘酸裂解法亦称Smith降解法，是一个条件温和，易得到原苷元，通过产物可推测糖的种类、糖与糖的连接方式以及氧环大小的一种苷键裂解方法（见图3—20）。该方法所用的试剂为$NaIO_4$和$NaBH_4$，首先将样品溶于水或稀醇溶液中，加入$NaIO_4$，在室温下将糖氧化开裂成两个醛基产物，然后用$NaBH_4$将醛还原成醇。最后调pH为2左右，室温下放置即可将其水解。

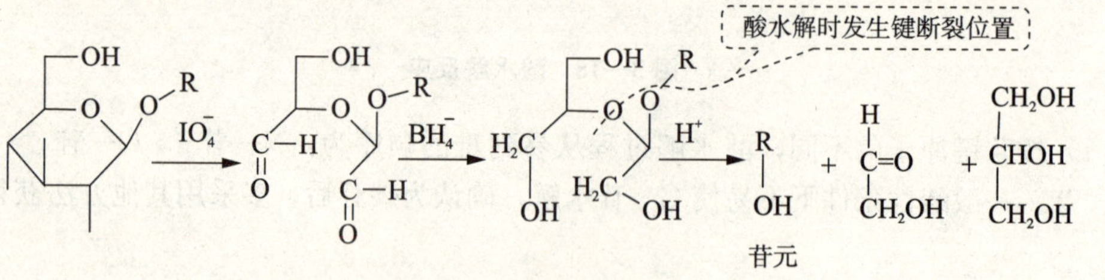

酸水解时发生键断裂位置

苷元

**图 3—20　过碘酸裂解反应**

# 3.5 氰　苷

许多植物的种仁含有氰苷（Cyanogentic Glycoside），如图3—21所示。氰苷进入人体后经水解产生氢氰酸，为极其强烈的细胞毒物质，致死量为50mg。其中毒机制是：氰苷在胃酸作用下，分解为糖及氢氰酸等物质，当氢氰酸被吸收后，其氰酸根离子可与细胞色素氧化酶的铁结合，抑制细胞呼吸使机体陷入缺氧状态，如图3—22所示为苦杏仁苷的水解。含氰苷类的毒性中药还有白果、桃仁、亚麻仁、瓜蒂、大枫子等，某些种类的植物根茎中也含有氰苷，如狭叶红景天、木薯等。许多牧草中也含有氰苷类物质，可造成牲畜中毒。

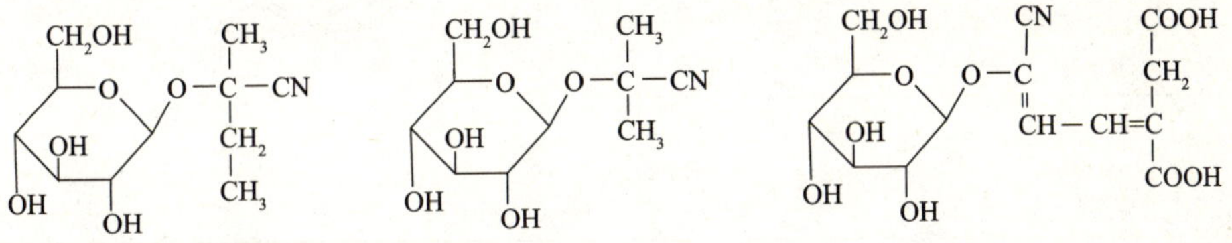

百脉根苷　木薯毒苷　海韭菜苷

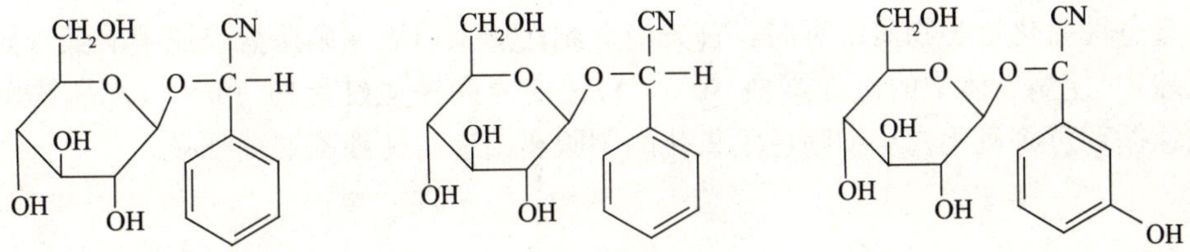

(-)-野樱苷　(+)-接骨木苷　间羟杏仁腈苷

**图 3—21　常见氰苷**

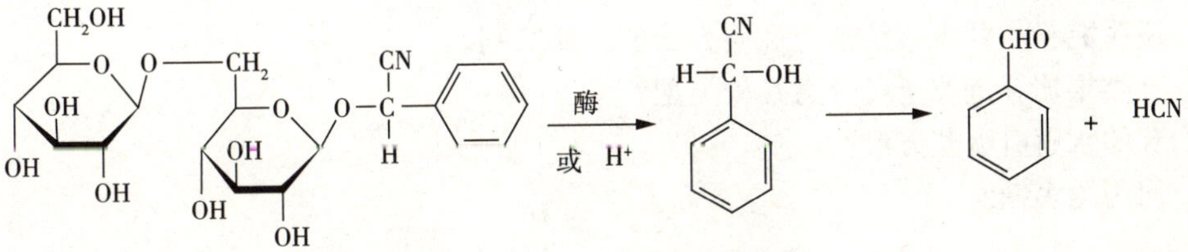

苦杏仁苷　α-羟基苯乙腈　氢氰酸

**图 3—22　苦杏仁苷及其水解产物**

(1) 氰苷的结构特点。

氰苷类物质是糖的半缩醛羟基与具有 α-羟腈结构的苷元形成的。苷元部分主要分为两种类型，一种是脂肪族羟腈，另一种是含芳香环的羟腈。

(2) 化学性质。

氰苷类物质的特点表现在其苷元的化学性质极不稳定，在苷键断裂的同时发生苷元脱 1 分子氢氰酸反应，生成碳链少 1 碳原子的羰基产物，这一反应可在酶或酸的催化下完成。

(3) 鉴别。

中药材或天然食品中是否存在有氰苷类物质，可采用苦味酸盐试验加以鉴别，其方法是：取原料适量（根据氰苷类物质量的多少做出粗略估计），置试管或三角瓶中，加水混合并加数滴硫酸（或加入配好的稀硫酸溶液），然后将预制好的苦味酸盐试纸条悬挂于瓶内，加盖软木塞，放在水浴锅上缓慢加热。如果苦味酸盐试纸条转呈红色（棕红色），表明原料中存在有氰苷类物质。其反应机理如图 3—23 所示。苦味酸试纸条的制备：将 1% 苦味酸水溶液加热至 60℃左右，混入 10%碳酸钠溶液，混合均匀后，将裁好的滤纸条浸入，取出试纸条用滤纸压干或吸去多余溶液即可。

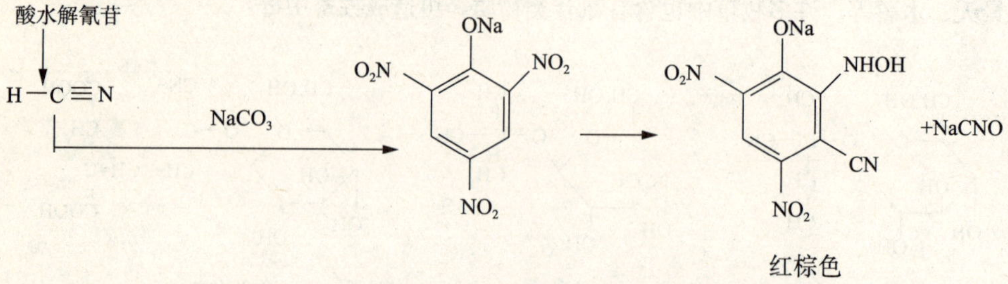

酸水解氰苷

H—C≡N

$NaCO_3$

ONa

$O_2N$

$NO_2$

$NO_2$

ONa

$O_2N$

NHOH

CN

$NO_2$

+NaCNO

红棕色

**图 3—23　植物中存在氰苷的定性鉴别反应机理**

处理急性氰化物类物质中毒时，首先应立刻让病人口服亚硝酸盐或亚硝酸酯（如亚硝酸异戊酯），使病人体中的血红蛋白（$Fe^{2+}$）转变为高铁血红蛋白（$Fe^{3+}$），高铁血红蛋白的加速循环可将氰化物从细胞色素氧化酶中脱离出来，使细胞继续呼吸。

## 思考题

1. 糖类根据聚合度不同，可分为哪几种类型？
2. 糖为何具有旋光性，α,β-异构体的含义是什么？
3. 说明淀粉与纤维素结构与性质方面的主要区别。
4. 苷类根据苷键原子可分为几种类型？
5. 苷的水解有哪些方法？
6. 何为均多糖？

# 第4章 醌类化合物

**学习要点**

1. 苯醌、菲醌、萘醌及蒽醌衍生物的结构特点；
2. 常见含醌结构的药物；
3. 醌类的理化性质及其鉴别反应；
4. 蒽醌类常见结构类型；
5. 羟基取代蒽醌中羟基位置对酸性的影响；
6. 醌类物质常见于哪些天然药物中；
7. 怎样确认天然药物中存在有羟基蒽醌类成分。

听说过氢醌吗？氢醌具有抗氧化作用，可直接作用于体内酪氨酸酶，阻断酪氨酸转化过程，从而干扰黑色素的合成，起到治愈色斑、增白皮肤的作用。但氢醌有高度诱发突变和细胞毒作用，过度使用会引起黄褐病等，长期下来会留下可怕的疤痕，还可能对肝、肾有影响，因此《化妆品卫生规范》(2002年版）规定，氢醌在祛斑类化妆品中是被禁止使用的。[①] 但常有违法者在这类化妆品中添加氢醌。

更重要的是氢醌并非真正的“醌”，它是对苯二酚的别称。当对苯二酚被氧化时，会生成最简单的醌：对苯醌。天然醌类主要有苯醌、萘醌、菲醌和蒽醌等类型。其中蒽醌及其衍生物种类较多。例如，中药芦荟是一种集医药、食用、美容和观赏于一体的重要经济植物，其中含有的主要有效成分就是蒽醌类衍生物。维生素k类药物属萘醌衍生物，是常用止血药，其 $Vk_1$ 首先从植物中分离获得，而 $Vk_3$ 则是合成药品。

醌类衍生物在植物界分布广泛，高等植物中约有50多科植物含有醌类，主要集中在蓼科、茜草科、鼠李科、豆科等科属以及低等植物地衣类型和菌类的代谢产物中。常见的天然药物紫草、丹参、芦荟、大黄、何首乌、虎杖、决明子、核桃皮等药材中都含有醌类成分。

醌是具有共轭体系的环已二烯二酮类化合物，因为具有较长的共轭结构，多数醌衍生

① 伍嘉亮：《谈谈美白祛斑类化妆品中添加氢醌的问题》，载《化工之友》，2007 (11)。

物为有色结晶体，如具有扩张冠状动脉作用的丹参醌类衍生物常具有漂亮的红色。

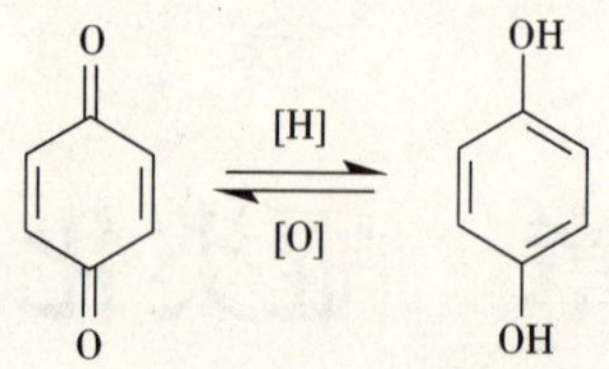

对苯醌　　　　氢醌（对苯二酚）

图 4—1　醌的结构特征

注：1. 虽然对苯二酚被称为氢醌，但它不是真正意义上的醌；
2. 合理利用氢醌会产生有益的作用，而滥用会造成对人体的伤害。

# 4.1　苯醌、萘醌和菲醌

## 4.1.1　基本结构

苯醌（Benzoquinone）是最简单的醌。无论苯醌、萘醌或者菲醌都存在有对醌和邻醌两种结构形式。对于苯醌而言，邻醌不稳定，故中草药中存在的苯醌色素多为对醌的衍生物。萘醌类（Naphthoquinones）虽然从结构上考虑可能存在有邻醌，但在 20 多科植物中发现的萘醌主要为对醌形式。菲醌类（Phenanthraquinones）则有两种邻醌形式，即邻菲醌（Ⅰ）、邻菲醌（Ⅱ），后者也称为 9,10-菲二酮（见图 4—2）。从中药丹参中分离得到的许多菲醌物质具有扩张冠状动脉和抗菌作用，以邻醌Ⅰ型和对醌型为常见。醌的类型可以按其母体烃来记忆，如图 4—3 所示。

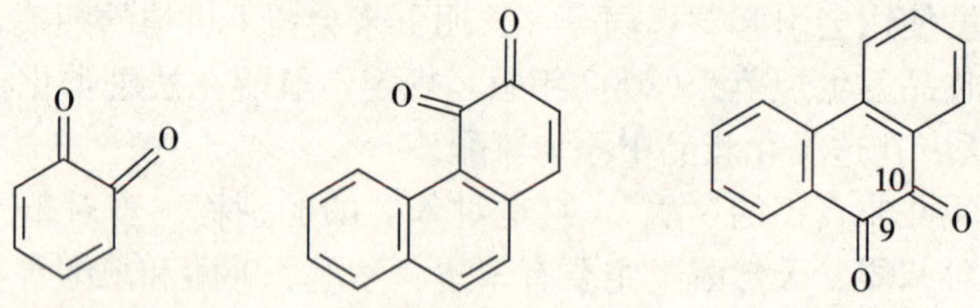

邻苯醌　　　　邻菲醌（Ⅰ）　　　　邻菲醌（Ⅱ）

图 4—2　邻醌类结构

1. 苯醌衍生物

天然苯醌类化合物多为黄色或橙色的结晶体。醌核上常见的取代基有羟基、甲基、甲氧基和侧链烃基。如 2,6-二甲氧基苯醌（见图 4—4a）为黄色结晶，存在于中药凤眼草 *Ailanthus Altissima* Swingle 的果实中，具有较强的抗菌作用。

广泛存在于生物体内的泛醌类（Ubiquinone）物质是一类脂溶性的苯醌衍生物，在呼吸链中起递氢体的作用，对一系列酶有激活作用，能参与生物体内的氧化还原过程，表现

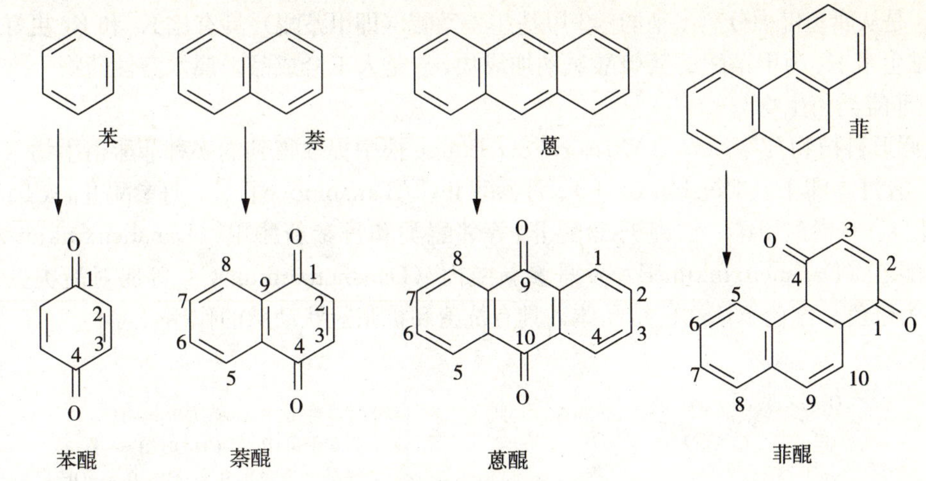

苯 萘 蒽 菲

苯醌 萘醌 蒽醌 菲醌

图 4—3 醌的主要类型

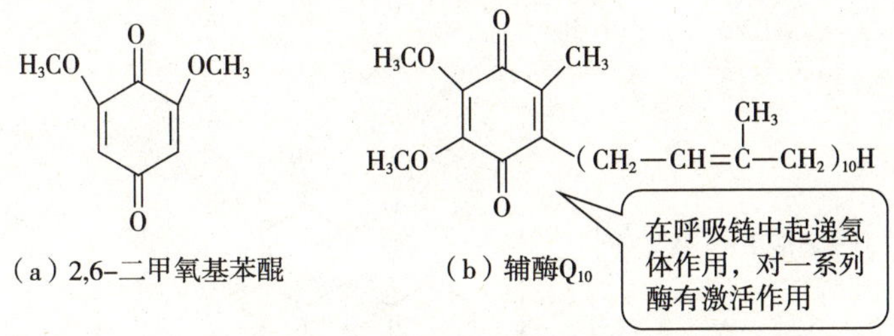

(a) 2,6-二甲氧基苯醌 (b) 辅酶$Q_{10}$

在呼吸链中起递氢体作用，对一系列酶有激活作用

图 4—4 苯醌型生物活性成分

出辅酶性质，又称辅酶 Q 类（Coenzyme Q）。辅酶 $Q_{10}$ 的结构（见图 4—4b）中含有由 10 个异戊烯单位组成的侧链烃基，辅酶 $Q_{10}$ 为黄色或橙黄色结晶性粉末（$C_{59}H_{90}O_4$），已广泛应用于心脏病、高血压以及癌症的临床治疗中，有注射剂、胶囊剂和片剂等多种剂型。

2. 萘醌类衍生物

天然萘醌衍生物多为橙色或橙红色晶体，个别为紫色晶体。在紫草科、柿科、蓝雪科植物中含量较丰富，且主要为 1,4-萘醌型，如图 4—5 所示。

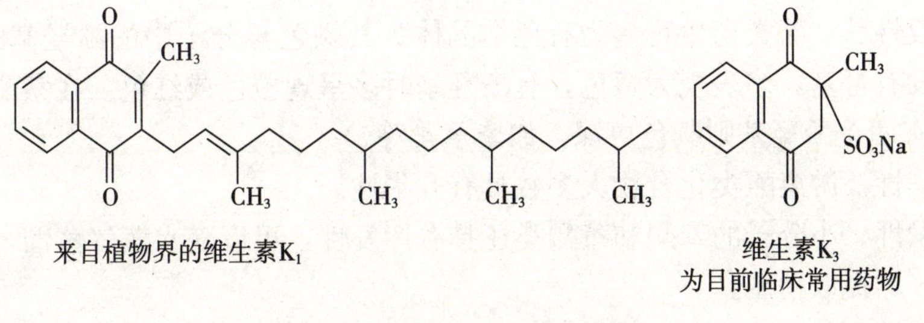

来自植物界的维生素$K_1$

维生素$K_3$
为目前临床常用药物

图 4—5 萘醌类生物活性成分

维生素 K 是一些脂溶性凝血物质的总称，广泛存在于绿色植物界，以菠菜、苜蓿和白菜中含量最丰富。维生素 K 能维持肝内凝血酶原的合成，以供正常凝血的需要。缺乏维生素 K，能使凝血酶原降低，延长凝血时间。维生素 $K_1$ 是从植物中分离出的凝血物质，维

生素 $K_2$ 是从腐鱼肉中分离出来的。2-甲基-1,4-萘醌（即甲萘醌）具有比 $K_1$ 和 $K_2$ 更好的效果。[①] 维生素 $K_3$ 为甲萘醌的亚硫酸氢钠加成物，[②] 是人工合成品，属水溶性药物。

3. 菲醌类衍生物

从唇形科植物丹参 *Salvia Miltiorrhiza* Bunge 根中提取得到的多种菲醌衍生物（见图 4—6），有丹参醌Ⅰ（TanshinoneⅠ）、丹参醌Ⅱ$_A$（TanshinoneⅡ$_A$）、丹参醌Ⅱ$_B$（TanshinoneⅡ$_B$）、丹参酸甲酯、羟基丹参醌Ⅱ$_A$等邻醌类和丹参新醌甲（Danshenxinkun A）、丹参新醌乙（Danshenxinkun B）及丹参新醌丙（Danshenxinkun C）等属对醌类。丹参醌类多为橙色、红色至棕红色结晶体，具有抗菌和扩张冠状动脉的作用。

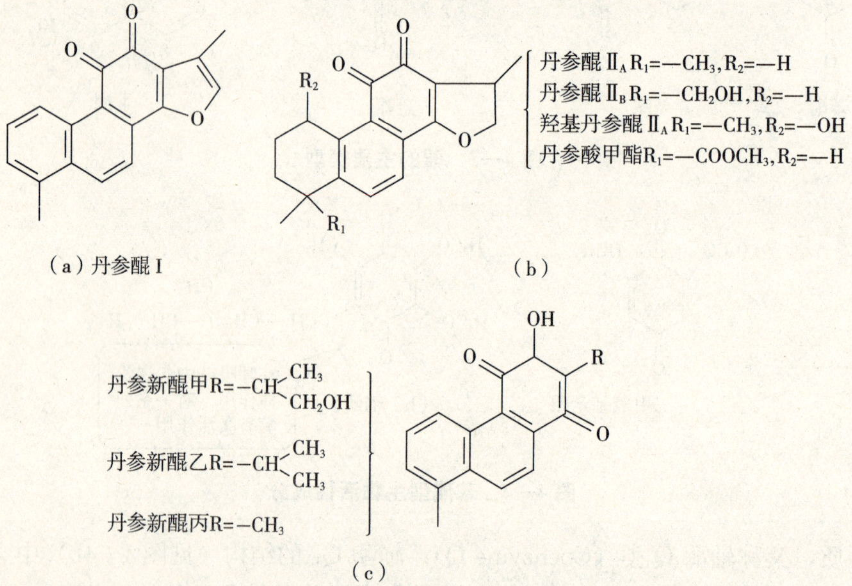

（a）丹参醌Ⅰ

丹参醌Ⅱ$_A$ $R_1$=—$CH_3$, $R_2$=—H
丹参醌Ⅱ$_B$ $R_1$=—$CH_2OH$, $R_2$=—H
羟基丹参醌Ⅱ$_A$ $R_1$=—$CH_3$, $R_2$=—OH
丹参酸甲酯 $R_1$=—$COOCH_3$, $R_2$=—H

（b）

丹参新醌甲 R=—CH($CH_3$)($CH_2OH$)
丹参新醌乙 R=—CH($CH_3$)($CH_3$)
丹参新醌丙 R=—$CH_3$

（c）

**图 4—6 菲醌类生物活性成分**

## 4.1.2 苯醌、萘醌、菲醌的理化性质

1. 物理性质

（1）一般性状。醌类衍生物多为有色结晶体，其颜色与分子中的酚羟基有一定关系。如果分子中没有羟基，多表现为黄色，有酚羟基时多呈现橙色或红色。在萘醌分子中，如果 5-及 8-位有两个酚羟基则颜色更深，如紫草素等。

（2）升华性。游离醌类化合物大多数具有升华性。

（3）挥发性。小分子的苯醌和萘醌类还具有挥发性，可以随水蒸气蒸馏，这种性质可用于此类成分的提取精制。

（4）溶解性。苯醌、萘醌及菲醌常以游离态存在于植物体内，可溶于乙醇、乙醚、苯等有机溶剂而不溶或微溶于水。

---

① I. L. Finar，*Organic Chemistry*，5th edition，1973，p. 859.

② 南京药学院：《药物化学》，560 页，北京，人民卫生出版社，1978。

2. 化学性质

（1）酸性。

当醌核上有羟基取代时，如 2-羟基苯醌、2-羟基萘醌，将呈现很强的酸性，这是因为这种结构实际上为插烯酸结构，表现出与羧基相似的酸性，可溶于碳酸氢钠水溶液中。萘醌在 β-位羟基的酸性次之，可溶于 $Na_2CO_3$ 水溶液中，α-位羟基因能与羰基形成分子内氢键而只能溶于 NaOH 水溶液中。在醌类的提取和分离过程中，常常利用酸性差异而获得不同物质的分离。

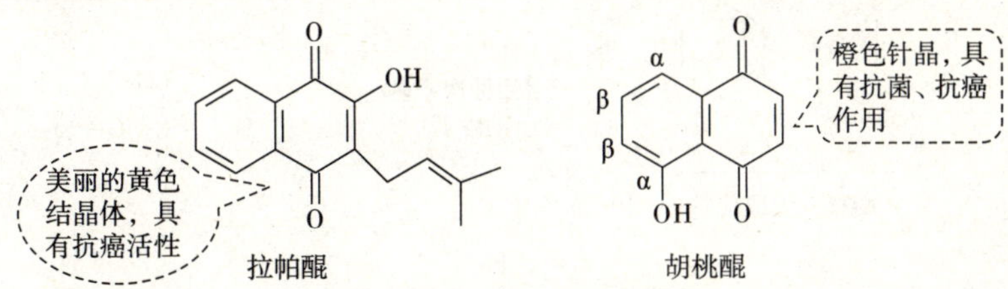


**图 4—7　酸性醌类物质**

（2）显色反应。

醌类有多种显色反应可供做定性鉴别用。

1）菲格尔（Feigl）反应。醌类化合物（包括苯醌、萘醌、菲醌和蒽醌）具有电子传递作用，即在一些化学反应中扮演电子载体角色，使得反应中的电子转移速度加快，起到促进作用。例如在碱性条件下，甲醛能与邻二硝基苯反应生成有色物质，但这个反应进行得非常慢。当在反应液中加入醌类衍生物后，上述反应就可在短时间（1～4min）内完成。反应原理如图 4—8 所示。

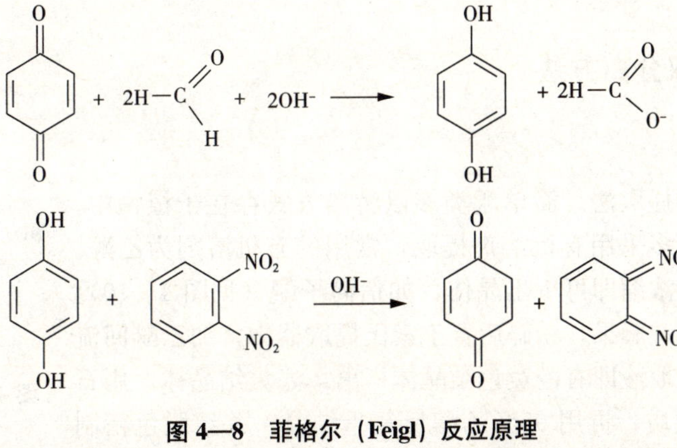

**图 4—8　菲格尔（Feigl）反应原理**

在这个反应中，醌在反应前后并没有发生变化，仅仅起到传递电子的作用，所以反应溶液中醌类成分的含量越高，反应速度就越快。

**小试验：**醌类衍生物的水溶液或苯溶液 1 滴，加入 25%$Na_2CO_3$ 水溶液、4%甲醛及 5%邻二硝基苯溶液各 1 滴，混合后置水浴上加热，于 1～4min 内产生显著紫色。

2）活性次甲基试剂反应。对于苯醌和萘醌以及菲（对）醌而言，醌环上不存在取代时，在碱性条件下，可与一些含亚甲基试剂（如乙酰乙酸乙酯、丙二酸酯、丙二腈等）的醇溶液反应，变成蓝绿色或蓝紫色，此鉴别方法也称为 Kesting-Craven 法（见图 4—9）。而蒽醌无此反应，因此可作为它们的区别方法。

3）无色亚甲蓝显色试验。无色亚甲蓝溶液可用于纸色谱和薄层色谱的显色剂，是检出苯醌和萘醌的专用显色剂。试样在白色背景上呈现蓝色斑点，蒽醌无此反应。

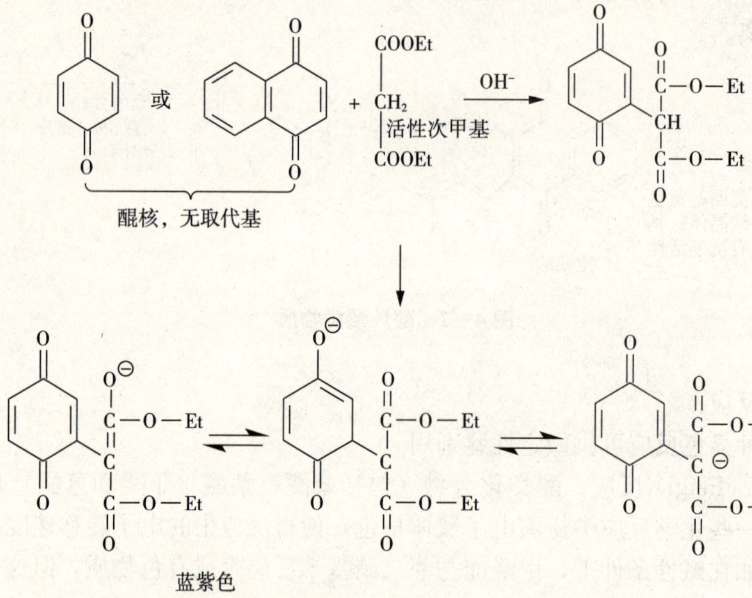

醌核，无取代基

活性次甲基

蓝紫色

图 4—9　与活性次甲基试剂的反应（Kesting-Craven 法）

### 4.1.3　提取分离方法

1. 提取方法

（1）有机溶剂提取法。简单醌类多以游离方式存在于植物中，其水溶度差，故而多采用有机溶剂提取，常用的有机溶剂为乙醇。有些醌类经提取后浓缩即可析出晶体，如信筒子醌（见图 4—10）。其方法是：取白花酸藤果，粉碎后置于索氏提取器中，加乙醚回流提取一天，浓缩提取液即有橙黄色结晶体析出，滤集结晶体，用石油醚洗去黏附的杂质，再用 95%乙醇反复重结晶，并经脱色精制后即得到信筒子醌。

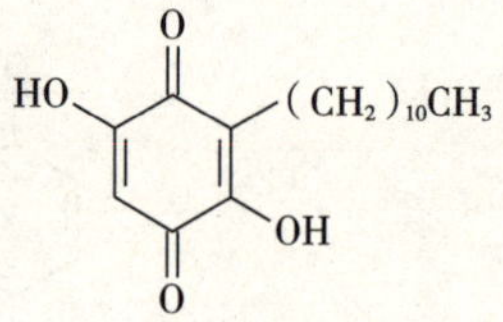

图 4—10　信筒子醌

（2）碱提取—酸沉淀法。具有酚羟基的醌类衍生物可溶解于碱性水溶液中，加酸酸化后又沉淀析出。尤其是在醌核上具有羟基结构时酸性更强，故可用碱提取—酸沉淀的方法提取含酚羟基的醌类成分，这种方法也可用于分离过程中，如丹参醌类的分离。

（3）水蒸气蒸馏法。分子量较小的游离醌类衍生物具有挥发性，故可用水蒸气蒸馏法提取。如蓝雪醌（见图 4—11）的提取：将七星剑根用水浸泡使皮层组织吸水变软后，进行水蒸气蒸馏。收集蒸馏液，液中有极少量黄色结晶析出。蒸馏液用氯仿萃取，所得氯仿提取液用无水硫酸钠脱水干燥，回收氯仿即得红黄色结晶体。用石油醚重结晶，将所得结晶体再进行硅胶色谱，用苯洗脱。收集黄色苯洗脱液，蒸去溶剂，用乙醇重结晶得到的黄色针状结晶体为蓝雪醌。蓝雪醌具有升华性，熔点为 75～76℃。

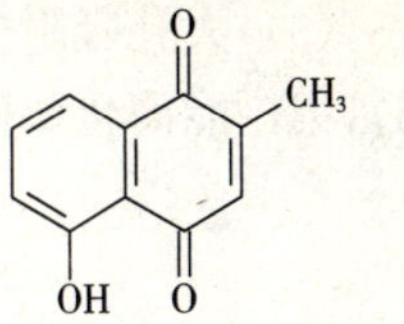

图 4—11　蓝雪醌

新提取技术也在醌类提取中得到应用，如采用超临界二氧化碳提取技术[①]提取丹参醌类；采用超声波和微波提取技术加速提取过程中有效成分的溶出，可缩短操作时间。

2. 分离方法

(1) 萃取法。利用醌核上取代羟基的酸性，采用碱水萃取，可将此类物质与其他类型的醌类分离。

(2) 色谱法。醌类成分的分离目前多采用色谱方法，特别是对那些亲脂性较强的化合物运用吸附色谱法分离效果较为理想。例如从丹参中分离各种非醌类衍生物时即采用了柱色谱及制备型薄层色谱技术，如图 4—12 所示。

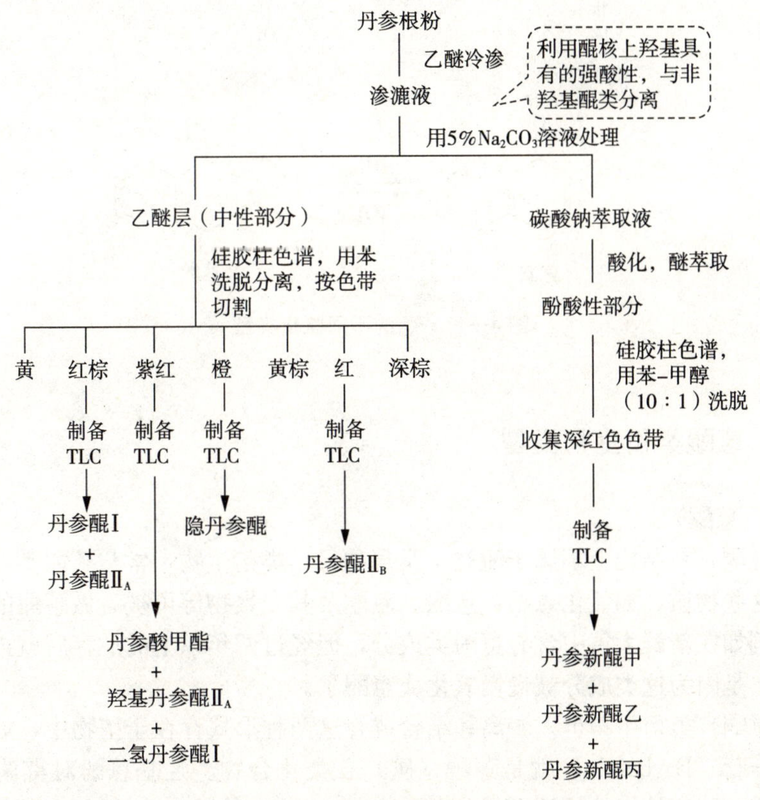


图 4—12　丹参中菲醌成分的提取分离

① 李迎春、曾健青、刘莉玫等：《丹参中 3 种丹参酮的超临界二氧化碳萃取及液相色谱分析》，载《色谱》，2002(1)；莫尚志、李菁、史庆龙等：《超临界 $CO_2$ 萃取绒毛鼠尾草脂溶性活性成分的研究》，载《中药材》，2004(10)。

(3) 大孔吸附树脂法。大孔吸附树脂是一种新的分离技术，可用于提取物中醌类物质的富集，能简化萃取过程。

## 4.2 蒽醌类

存在于植物中的蒽醌类（Anthraquinone）成分是蒽的一种氧化产物，也称9,10-蒽二酮（9,10-Anthracenedione）。蒽的不同氧化类型可参见图4—13。蒽醌类化合物大致分布在30余科的高等植物中，含量较多的有蓼科、鼠李科、茜草科、豆科、百合科、玄参科等，在地衣类和真菌中也有发现。

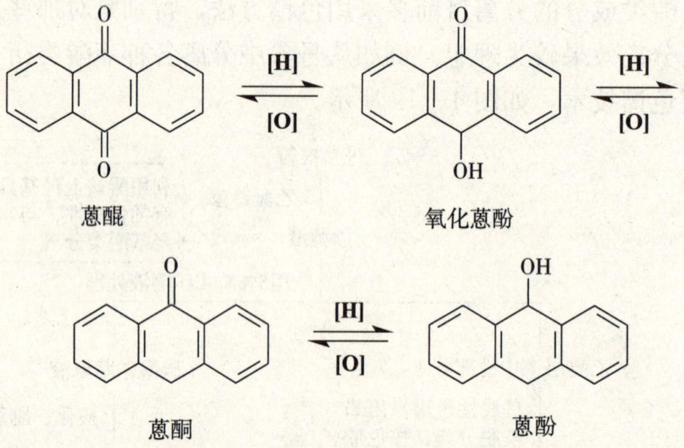

蒽醌 [H]/[O] 氧化蒽酚 [H]/[O]

蒽酮 [H]/[O] 蒽酚

图4—13 蒽的不同氧化类型

### 4.2.1 蒽醌类衍生物类型

1. 蒽酚（蒽酮）

蒽酚（蒽酮）在结构上不属于醌类，是蒽的另一类衍生物，常与蒽醌类成分共存于同一植物中。这些物质，如氧化蒽酚、蒽酚、蒽酮及其二聚物等可被看做蒽醌的不同程度的还原形态。例如在新鲜大黄中含有蒽酚类成分，但经过两年以上的贮存后就再也检查不出这些成分了，是因为这类成分被慢慢氧化成蒽醌了。

蒽酚（蒽酮）类衍生物也以游离和结合成苷这两种形式存在于植物中，如芦荟致泻的主要成分芦荟苷（Barbaloin）就是蒽酮（碳）苷类化合物。羟基蒽酚对霉菌有较强的杀灭作用，治疗皮肤病较好的外用药，例如柯桠素（Chrysarobin）又称去氧大黄酚，其溶液中存在有互变异物体（见图4—14）。前者是剧烈的泻药，有较强的杀霉菌作用，可用于治疗疥癣等症，存在于豆科决明 *Cassia Tora* 的种子、鼠李科药鼠李 *Rhamnus Purshiana*、蓼科皱叶酸模 *Rumex Crispus* 等植物中。

2. 二蒽酮

大黄及番泻叶中致泻的主要成分为番泻苷A、B、C和D，属于二蒽酮衍生物。番泻

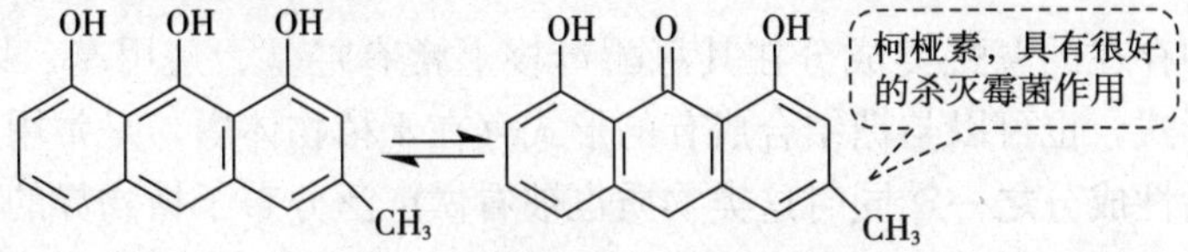

柯桠素，具有很好的杀灭霉菌作用

图 4—14　柯桠素（去氧大黄酚）

苷 A（Sennoside A）是黄色片状结晶，酸水解后生成 2 分子葡萄糖和 1 分子番泻苷元 A（Sennidin A）。番泻苷元 A 是 2 分子的大黄酸蒽酮通过 $C_{10}-C_{10'}$ 相互结合而成的双蒽酮类衍生物，其 $C_{10}-C_{10'}$ 为反式连接。番泻苷元 B 与番泻苷元 A 的区别在于 $C_{10}-C_{10'}$ 为顺式连接。这个 $C_{10}-C_{10'}$ 键与通常的 C—C 键不同，易于断裂，生成稳定的蒽酮类物质。番泻苷 A 致泻的机理就是在体内发生了 $C_{10}-C_{10'}$ 键的断裂，所生成的大黄酸蒽酮是产生泻下的主要原因。

二蒽酮类衍生物除发生像番泻苷元 A 那样的连接外，还有其他方式，如从金丝桃属植物贯叶连翘 *Hypericum Perforatum* L. 中分离得到的金丝桃素（Hypericin），为紫黑色晶体物，具有抗病毒、抗抑郁等作用。从结构上看，金丝桃素不但存在有 $C_{10}-C_{10'}$ 位连接，同时发生了 $C_4-C_{4'}$、$C_5-C_{5'}$ 位连接，形成萘骈二蒽酮结构。近期研制成功的一种以金丝桃素为主要活性成分的蛋白络合物，其体内外实验证明对禽流感病毒具有显著的杀灭作用。[①]

如图 4—15 所示为番泻苷、大黄酸蒽酮及金丝桃素的结构。

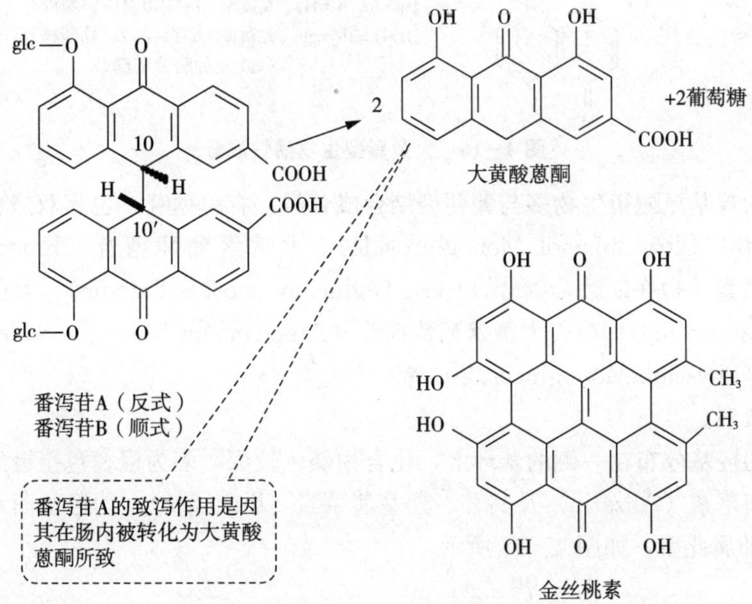


图 4—15　二蒽酮衍生物

① 赵晓虹、梁剑平、祝艳华等:《金丝桃素蛋白络合物体外抗 H5N1 亚型禽流感病毒的活性研究》，载《中兽医医药杂志》，2006(3)。

3. 蒽醌

天然药物中存在的蒽醌类成分在其蒽醌母核上常有羟基、羟甲基、甲氧基和羧基取代，可呈游离形式，也可以与糖结合成苷的形式存在于植物体内，是常用天然药物中应用最广泛的生物活性成分之一，同时这类物质也被看做广泛分布于植物界的一类色素。在以决明子、芦荟、大黄、何首乌等为原料的药品、保健食品中，蒽醌类成分常是受到监测的有效成分之一。

天然蒽醌最常见的类型为 9,10-对醌形式，按其结构和来源可以分成两个次级类型以便于学习和记忆：在蒽醌母核两侧的苯环上都分布有羟基时，称为大黄素型；而只在单侧苯环上有羟基取代时称为茜草素型。

(1) 大黄素型。

常用中药大黄中的主要蒽醌衍生物多属大黄素型，羟基分布在醌核两侧的苯环上，化合物多呈黄色，如图 4—16 所示。由于羟基蒽醌类所呈现的理化性质与两侧苯环上羟基的取代位置有关联，故将这些位置分为两类：1、4、5、8 位称 α 位，2、3、6、7 位称为 β 位，如 1-羟基可另称为 α-羟基。

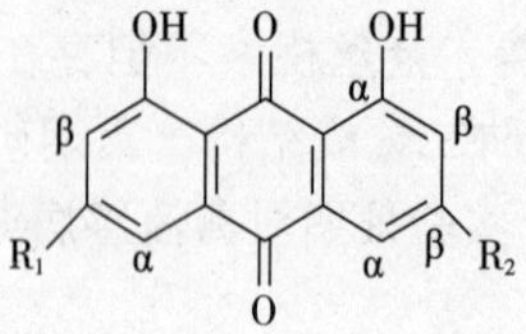

$R_1=CH_3$, $R_2=H$ 大黄酚
$R_1=CH_3$, $R_2=OH$ 大黄素
$R_1=CH_3$, $R_2=OCH_3$ 大黄素甲醚
$R_1=H$, $R_2=CH_2OH$ 芦荟大黄素
$R_1=H$, $R_2=COOH$ 大黄酸

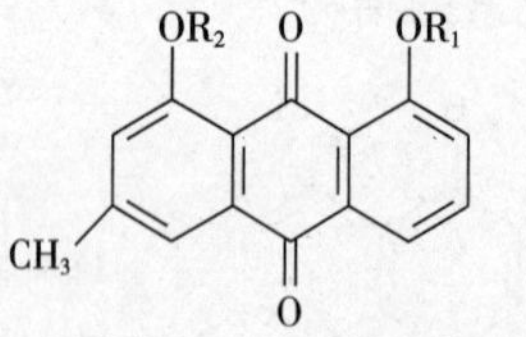

$R_1$=glc, $R_2=H$, 大黄酚-1-O-β-D-葡萄糖苷
$R_1=H$, $R_2$=glc, 大黄酚-8-O-β-D-葡萄糖苷
或大黄酚葡萄糖苷

**图 4—16 大黄素型生物活性成分**

大黄中的羟基蒽醌衍生物多与葡萄糖结合成苷类，有单糖苷，也有双糖苷。主要有大黄酚葡萄糖苷（Chrysophanol Monoglucoside）、大黄素葡萄糖苷（Emodin Monoglucoside）、大黄素-1-O-β-D-葡萄糖苷（1-O-β-D-glucopyranoside Emodin）、大黄酸葡萄糖苷（Rhein Monoglucoside）、芦荟大黄素葡萄糖苷（Aloe-emodin Monoglucoside）、大黄素甲醚葡萄糖苷（Physcion Monoglucoside）等。

(2) 茜素型。

分子中的羟基分布在一侧的苯环上，化合物颜色较深，多为橙黄色至橙红色。例如中药茜草中的茜草素（Alizarin）及其苷、羟基茜草素（Purpurin）、伪羟基茜草素（Pseudopurpurin）即属此型，如图 4—17 所示。

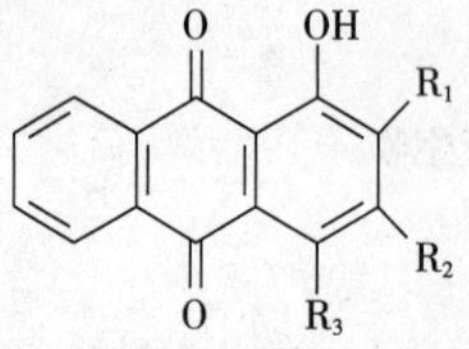

$R_1=OH$, $R_2=H$, $R_3=H$ 茜草素
$R_1=OH$, $R_2=H$, $R_3=OH$ 羟基茜草素
$R_1=OH$, $R_2=COOH$, $R_3=OH$ 伪羟基茜草素

**图 4—17 茜草素型生物活性成分**

### 4.2.2　蒽醌类化合物的理化性质与显色反应

1. 物理性质

(1) 性状。蒽醌类物质多为黄色至橙色的固体，游离的蒽醌衍生物多有完好的结晶形状。多数的蒽醌苷类则较难得到完好的结晶体。

(2) 紫外吸收。蒽醌类化合物高度不饱和的母核使其在紫外和可见光区具有多个吸收带，其吸收峰的位置和吸收强度与蒽醌类化合物的取代有一定的关系。如醌样结构在272nm 和 405nm 处有吸收峰，苯样结构和苯甲酰结构分别在 252nm 和 325nm 处有吸收峰(见图 4—18)。羟基蒽醌衍生物的紫外吸收与上述母核相似，此外，多数在 230nm 附近还有一强吸收峰，故羟基蒽醌类化合物有 5 个吸收带。当加入碱或者 $Mg^{2+}$ 时，能生成有色物质，可用于含量测定。

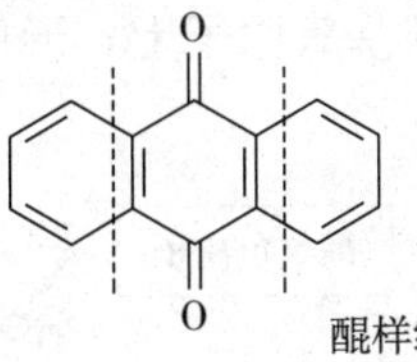

醌样结构

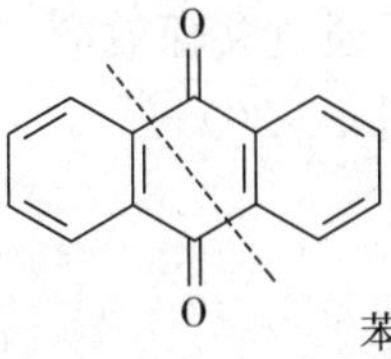

苯样结构或
苯甲酰结构

**图 4—18　蒽醌的生色团**

(3) 升华性。小分子游离蒽醌类常具有升华性，常压下加热即能升华。此性质可用于精制。

(4) 溶解性。游离蒽醌可溶于丙酮、甲醇及乙醇中，几乎不溶于冷水。蒽醌苷类的极性较大，易溶于甲醇、乙醇中，也能溶于水，在热水中更易溶，但在冷水中溶解度则减小。

2. 化学性质

(1) 酸性。

蒽醌衍生物在分子结构中存在有羧基和酚羟基而具有酸性，可溶解于碱性强度不同的碱水溶液中，酸化后可重新析出。其酸性的强弱有如下规律：

1) 带有羧基的蒽醌衍生物的酸性强于不带羧基者。如大黄酸（含－COOH）的酸性强于大黄中其他不含羧基的游离蒽醌衍生物。

2) β-羟基蒽醌的酸性强于 α-羟基蒽醌衍生物（见图 4—19），这是因为在 β-羟基蒽醌中，羟基受羰基的吸电子影响，使羟基上氧原子的电子密度降低，故质子解离度增高，酸性较强。而在 α-羟基蒽醌中，由于羟基上的 H 与相邻羰基形成分子内氢键，降低了质子的解离度，故酸性很弱。

3) 羟基数目增多时，酸性也增强。

综上所述，可将蒽衍生物的酸性按强弱顺序排列如下：

－COOH ＞2 个 β-酚羟基＞1 个 β-酚羟基＞1 个以上 α-酚羟基＞1 个 α-酚羟基。

根据蒽醌衍生物酸性强弱的不同，可用于萃取分离工作，其称为梯度 pH 萃取。

(2) 显色反应。

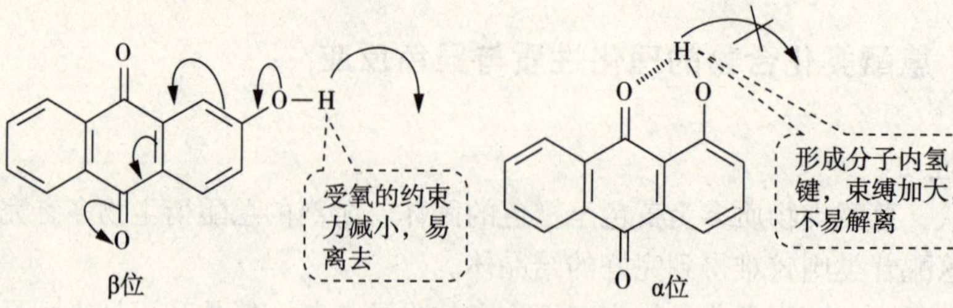

图 4—19　β 位与 α 位羟基蒽醌

1）碱液反应。羟基蒽醌类化合物在碱性溶液中会显示红—紫红色，这个反应简单易做，也称为 Bornträger's 反应（取 1～2mL 羟基蒽醌醇提取物，加入数滴 10%NaOH 水溶液）。

在碱性反应中，蒽醌结构上的酚羟基在碱性溶液中形成酚氧负离子，其酚氧负离子受羰基的影响，氧原子的电子通过共轭效应，转移至羰基氧原子上，形成新的共轭体系，因而发生了颜色的变化（见图 4—20）。

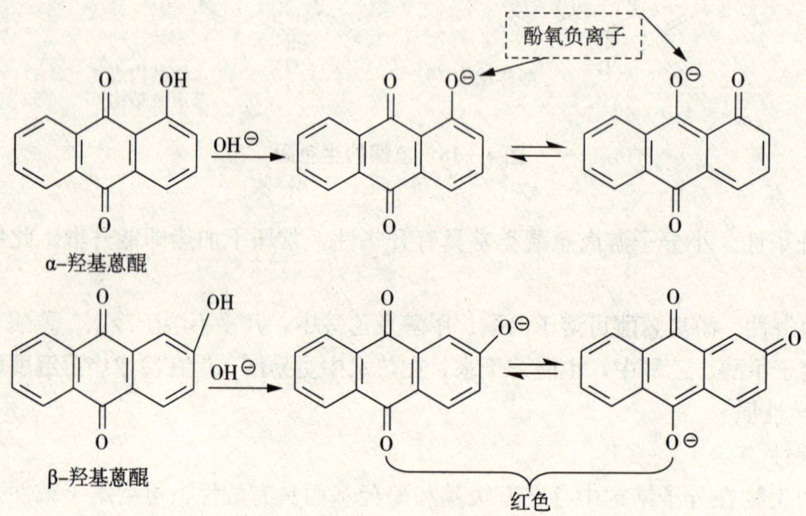


图 4—20　碱性反应的原理

2）与金属离子的反应。羟基蒽醌类成分能与醋酸镁的甲醇溶液反应生成橙红色、紫红色或紫色络合物（见图 4—21）。当改用 $Pb^{2+}$ 时，在一定 pH 下还会形成沉淀，此为经典分离方法之一。

3）菲格尔反应。与其他醌类一样，蒽醌类物质也可发生菲格尔反应（见图 4—8）。

### 4.2.3　蒽醌类化合物的提取与分离

1. 提取

从植物中提取蒽醌类衍生物，一般多以乙醇为溶剂。无论是游离的蒽醌衍生物或蒽醌苷类都可溶于乙醇而被提取。所得总蒽醌类衍生物可根据其一般理化性质作进一步纯化与

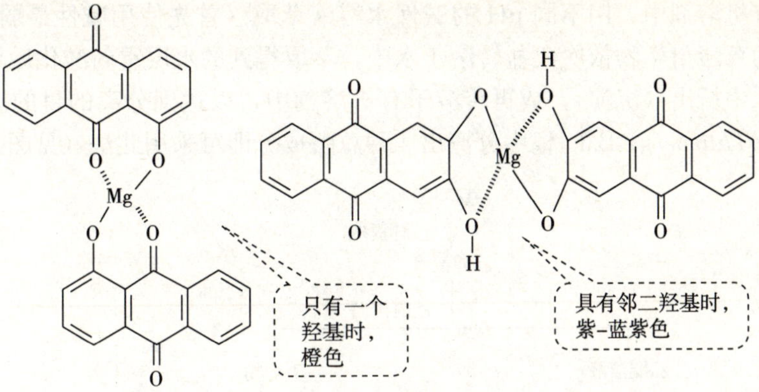

只有一个羟基时，橙色

具有邻二羟基时，紫-蓝紫色

**图 4—21　乙酸镁反应机理**

分离。如若直接提取蒽醌苷元类物质，可采用酸水一氯仿回流提取方法。[①] 该方法可使得提取和水解过程同步完成，节约了工序和时间。

碱提取一酸沉淀法也是常用方法之一，其原理是利用醌类含有的游离酚羟基，与碱成盐而溶于碱水中，酸化后可沉淀析出。

2. 分离

(1) 一般萃取法。

一般萃取法适合于蒽醌苷类和游离蒽醌衍生物的分离。苷元极性较小，对于苯、乙醚、氯仿等有机溶剂有一定的溶解度，难溶或几乎不溶于水；而苷则能溶于水，难溶于上述有机溶剂中（见图 4—22）。故而可利用苷和苷元在两相溶剂系统中溶解度不同的特性将二者分离。需要注意的是一般羟基蒽醌类在植物体内多通过酚羟基或羧基结合成钾、钠、镁、钙盐形式存在，为充分萃取，必须先酸化使之游离后再行萃取。采用正丁醇等极性大的有机溶剂时，可将蒽醌苷类从水溶液中萃取出来。

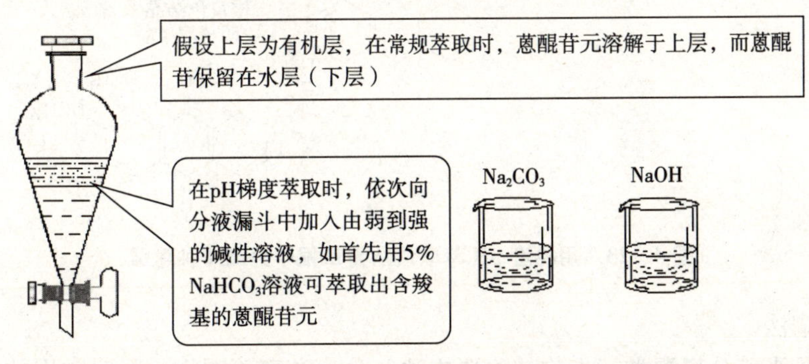


**图 4—22　萃取分离法**

(2) 梯度 pH 萃取法。

梯度 pH 萃取法适合于不同酸性的蒽醌苷元类的分离，其方法是：将总蒽醌苷元混合

① 陈琼华、戴汉松、苏学良：《中药大黄的综合研究 XXXI. 大黄蒽醌衍生物系统分离的改进方法》，载《天然产物研究与开发》，2001(3)。

物溶于适当有机溶剂中，用不同 pH 的碱性水溶液萃取（首先使用碱性最弱的溶液）。酸性强弱不同的蒽醌衍生物依次成盐转溶于水中，萃取得到的水层重新酸化后可使蒽醌衍生物游离而从水中析出（沉淀），或再转溶于有机溶剂中，以达到分离的目的。例如从萱草 *Hemerocallis Thunbergi* Bal. 根中分离出 4 种蒽醌成分即可采用此法（见图 4—23）。

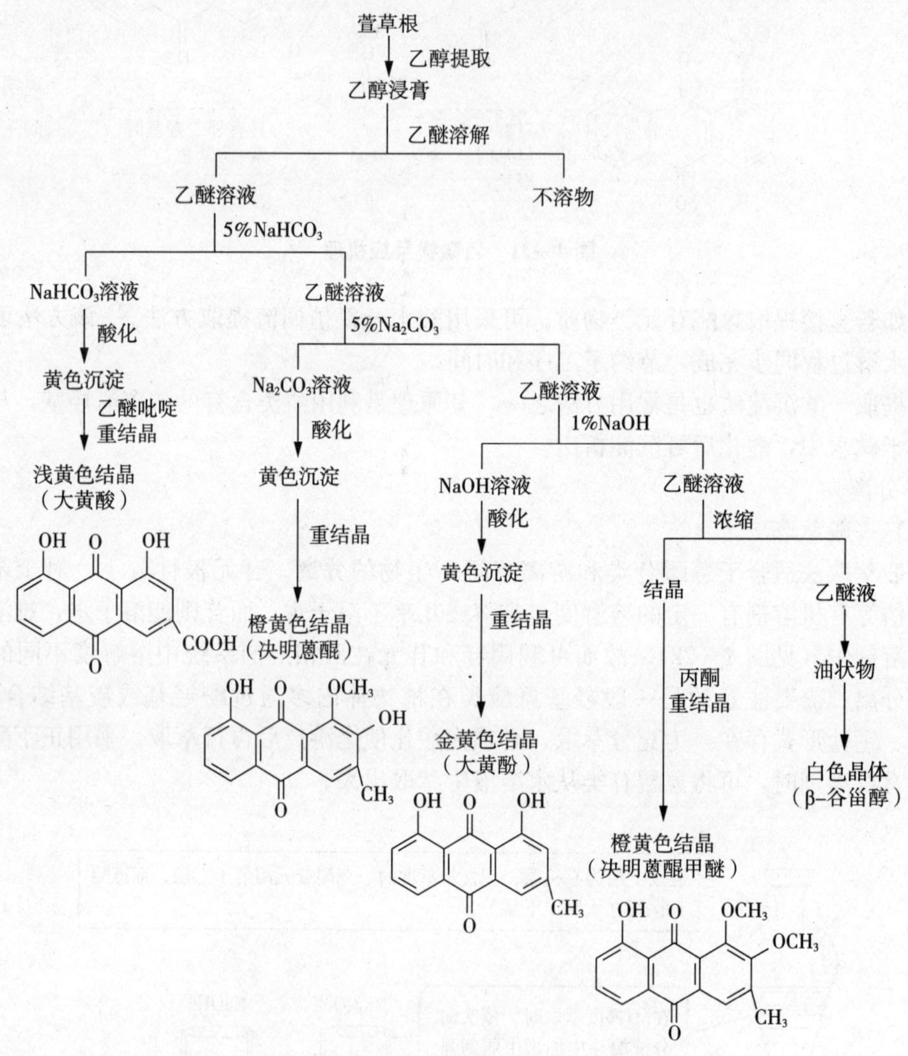


**图 4—23 用梯度 pH 萃取法从萱草根中分离 4 种蒽醌**

（3）色谱法。

色谱法是当前分离醌类衍生物的主要方法。分离游离蒽醌衍生物时常用的吸附剂为硅胶、磷酸氢钙、聚酰胺、纤维素以及葡聚糖凝胶等，一般不用氧化铝，尤其是碱性氧化铝更不宜采用，因为蒽醌的羟基衍生物具有一定酸性，被氧化铝吸附后难以洗脱。

色谱法分离蒽醌苷元的效果较好，萃取法难以分离的化合物，改用色谱法往往可以解决问题。如大黄酚及大黄素甲醚的酸性几乎相同，不能用梯度 pH 萃取法分离，但用磷酸氢钙色谱柱，则易于分开，当用石油醚洗脱时，先流出者为大黄酚，其后为大黄素甲醚。这是由于后者在结构中较前者多一个含氧取代基（$-OCH_3$），极性略大，吸附力较前者稍强。

1）聚酰胺色谱法。不同的羟基蒽醌类成分，其羟基的数目和位置不同，与聚酰胺形成氢键的能力也不同，因而吸附强弱也不相同。

2）葡聚糖凝胶色谱法。葡聚糖凝胶色谱法可用于蒽醌苷类成分的分离，例如用 Sephadex LH-20 凝胶柱分离大黄蒽醌苷：将大黄的 70%甲醇提取液，加到凝胶柱上，并用 70%甲醇洗脱，分段收集，先后得到二蒽酮苷（番泻苷 B、A、D、C）→蒽醌二葡萄糖苷（大黄酸、芦荟大黄素、大黄酚的二葡萄糖苷）→蒽醌单糖苷（芦荟大黄素、大黄素、大黄素甲醚及大黄酚的葡萄糖苷）→游离苷元（大黄酸、大黄酚、大黄素甲醚、芦荟大黄素及大黄素）。上述化合物是以分子量由大到小的顺序先后流出柱体的。

3）大孔吸附树脂法。选择合适的树脂型号，将蒽醌提取液通过树脂，可有效富集蒽醌衍生物于树脂柱内，再选用适当浓度的乙醇洗脱，可得到高含量蒽醌提取物。此方法更适合于蒽醌类物质含量测定时的样品前处理过程。

### 4.2.4　生物活性

蒽醌类化合物的生物活性有：泻下作用、抗菌抗炎作用、心血管系统作用、抗肿瘤作用、抗氧化作用、雌激素样作用等，如图 4—24 所示。

1. 泻下作用

天然蒽醌类物质多具有致泻作用，其作用强度和结构有如下关系：苷类强于苷元；苷元蒽酚类强于相应的蒽醌类；分子中含羧基的蒽苷强于不含羧基的蒽苷；含羧基的蒽苷中，二蒽酮苷的活性强于蒽醌苷。蒽醌苷的作用强于苷元是由于糖核的保护，使其不能被吸收或破坏，从而能到达大肠而发挥致泻作用。

2. 抗菌、抗炎作用

某些蒽醌类化合物，如大黄酸、大黄素、芦荟大黄素等具有抑菌作用，苷元的作用强于苷类。柯桠素为蒽酚结构，具有较强的抗霉菌作用。实验结果还表明大黄素在体内易吸收，对炎症早期的渗出、毛细血管通透性增高、白细胞游走等有较好的对抗作用，对急性炎症有明显对抗作用。

3. 抗氧化作用

利用多种产生和检测活性氧的化学发光体系来检测大黄清除多种活性氧的作用，并以抑制各体系发光强度 50%的大黄浓度（$IC_{50}$值）作为指标，结果表明大黄能有效消除 $O_2$、$H_2O_2$ 和其他活性氧，抑制脂质过氧化。①

4. 抗肿瘤作用

柔红霉素是由放线菌产生的抗生素。从我国河北省正定县土壤中获得的此放线菌株，并得到的同类物质，称为正定霉素，可用于治疗急性白血病，并具有很好的抗菌活性，但毒性大，不作为抗菌素使用。

5. 雌激素样作用

观察虎杖、好望角芦荟、蜈蚣掌、药用大黄、决明子及何首乌等含有蒽醌的生药以及

① 陈季武、胡天喜：《大黄清除活性氧的作用》，载《中国药学杂志》，1996(8)。

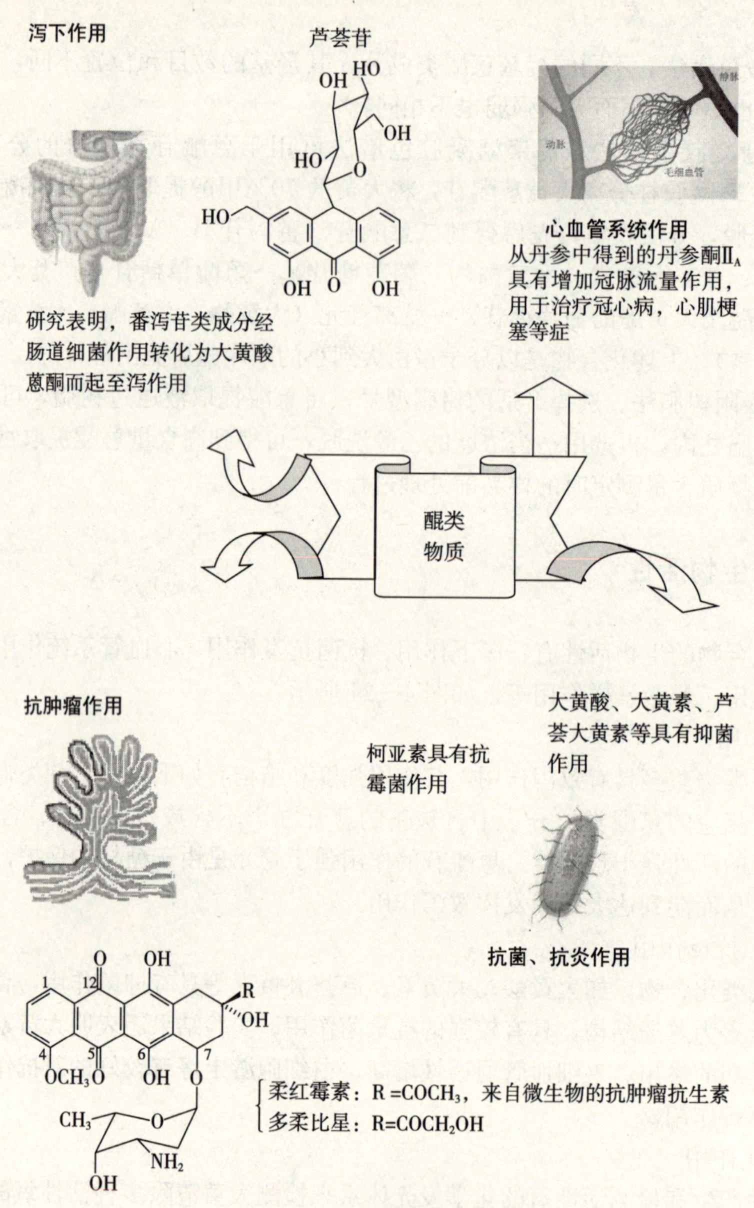


**图 4—24　醌类的生物活性**

各种生药的甲醇提取物对源于人乳腺癌的雌激素依赖型增殖细胞株 MCF-7 的雌激素样活性，结果表明虎杖提取物的活性最强。以活性为指标进行分离纯化，发现其活性成分之一为大黄素。

**小实验：**可取大黄、决明子等粉末 0.1～0.5g，加 10%硫酸水溶液 5mL，置水浴上加热 2～10min。放冷后，加 2mL 乙醚振摇，静置后分取醚层溶液，加 1mL5%氢氧化钠水溶液，振摇。如有羟基蒽醌存在，则醚层应由黄色褪为无色，而水层显红色。

## 思考题

1. 醌类化合物主要分为哪几个类型?
2. 梯度 pH 萃取法常用于哪种类型醌类物质的分离? 首先应该使用哪种碱溶液?
3. 如果某样品中存在有羟基蒽醌类物质，怎样做快速鉴别?
4. 在采用色谱法分离蒽醌类物质时，主要采用哪类色谱填料?
5. 天然蒽类衍生物有哪几个类型?
6. 为什么 β-羟基蒽醌的酸性强于 α-羟基蒽醌?

# 第5章　黄酮类化合物

## 学习要点

1. 黄酮类化合物的基本结构和分类；
2. 黄酮和黄酮醇类、异黄酮类、查尔酮；
3. 黄酮类化合物的理化性质（色泽、酸碱性、溶解性、鉴别反应）；
4. 提取与分离（碱提酸沉淀、梯度pH萃取原理及规律、聚酰胺色谱分离）。

万紫千红的花色给我们这个世界增添了无限精彩！但这些五颜六色来自何方，这些缤纷多彩的花朵又由什么构成？植物化学成分研究表明，妖艳的花色主要受到一类称为花青素的物质的影响，它们在花冠中的含量以及所处环境的酸碱性是决定花色的主要因素。在酸性条件下，花青素类可呈红色，碱性时通常呈蓝色，而在中性条件下常显紫红色。这类奇妙的物质具有 $C_6-C_3-C_6$ 骨架结构，是植物中一类分布十分广泛的化学成分，是我们日常食用蔬菜中的重要成分，也是对人体健康十分有益的化学成分，这类成分被称为黄酮(Flavonoids)，或类黄酮。几种常见的花青素的结构如图5—1所示。

黄酮类化合物是一类含有氧杂环的物质，花青素类物质只是其中一个小类型。在植物体中黄酮类既有与糖结合成苷的形式，也有游离态形式。多分布于高等植物及蕨类植物中，其中豆科、唇形科和菊科所含的黄酮类化合物较为丰富。苔类中含有的黄酮类化合物为数不多，而藻类、微生物、细菌中没有发现黄酮类化合物的存在。这类化合物一般都有明显的色泽。

药学科研工作者的长期研究表明，黄酮类化合物具有多种多样的生理活性。例如早在1929年就发现芸香苷（芦丁，在槐花米中含量较高）、槲皮素等成分具有降低血管通透性及抗毛细血管脆性的作用。近年来研究表明，葛根素、金丝桃苷等具有扩张冠状动脉血管的作用。中药葛根中的总黄酮提取物已作为治疗心脑血管疾病的药物供临床使用。大豆中获得的异黄酮类也作为保健品用于缓解女性更年期不适。人们还从这类物质中寻找到比蔗糖甜1 000倍的新甜味剂——新橙皮苷二氢查尔酮。总之，黄酮类化合物的新成分、新活性有待进一步发现。

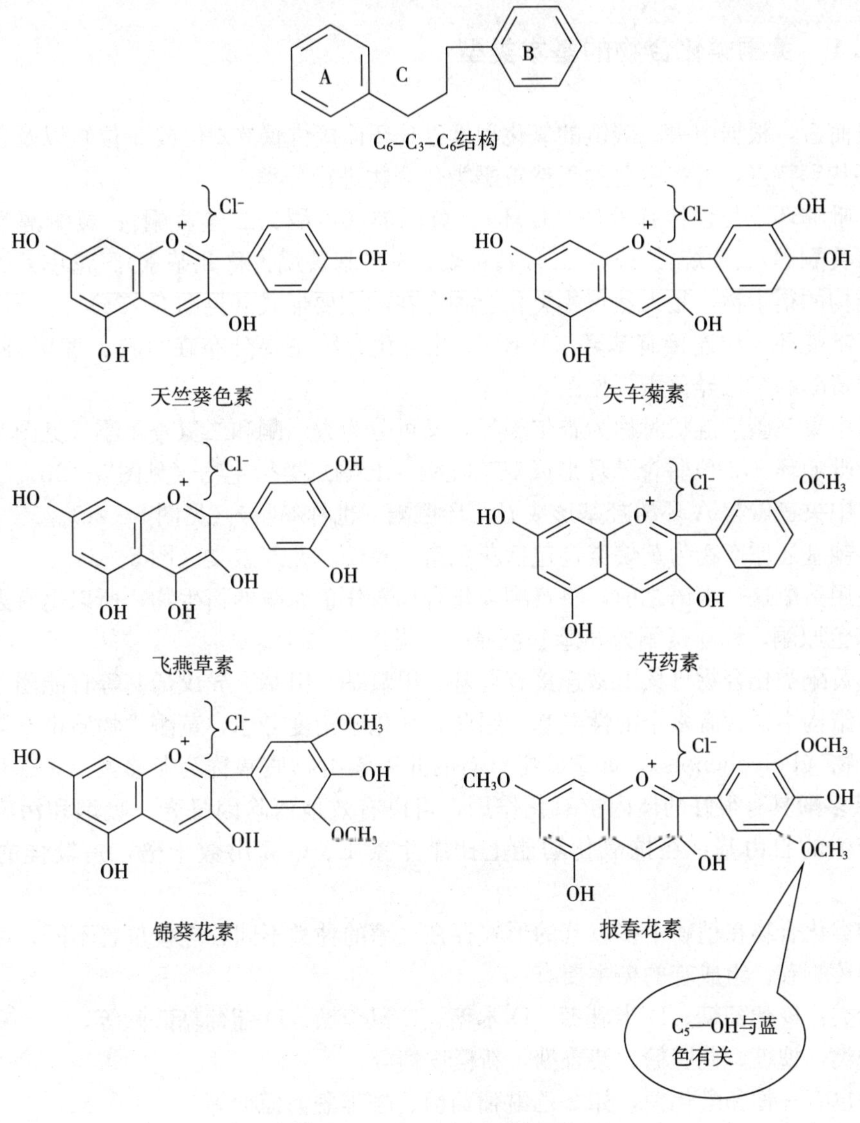

A　C　B

$C_6$–$C_3$–$C_6$结构

天竺葵色素　矢车菊素

飞燕草素　芍药素

锦葵花素　报春花素

$C_5$—OH与蓝色有关

**图 5—1　几种常见花青素的结构**

# 5.1　黄酮类化合物的结构与分类

黄酮类化合物在植物界分布广泛，其结构类型也变化多端。从结构上看，C 部分形成吡喃环后，B 环可以连接在 C 环的不同位置上（2-位或 3-位）；C 环既可以是六元环，也可以形成五元环，还可以是链状的；两个芳香环（A、B 环）上的取代羟基可多可少，位置也可发生较大变化。

### 5.1.1 黄酮类化合物的基本类型

一般而言，根据中央三碳链的氧化程度、B环连接位置（2-位或3-位）以及三碳链是否构成环状等特点，可将主要的天然黄酮类化合物进行分类。

(1) 吡喃环2-位连接有苯环（B环）。黄酮类（黄酮、二氢黄酮）、黄酮醇类（黄酮醇、二氢黄酮醇）、黄烷类（3,4-二羟基黄烷，3-羟基黄烷也称儿茶素）、花色素类都可看作这类结构的衍生物，是天然黄酮类化合物存在的主要形式（见图5—2a）。

(2) 吡喃环3-位连接有苯环（B环）。此类化合物主要分布在豆科、鸢尾科植物中，可分为异黄酮和二氢异黄酮（见图5—2a）。

(3) 中央三碳呈链状时称为查尔酮类，又可分为查尔酮和二氢查尔酮（见图5—2a）。

(4) 吡喃环2,3-位骈合苯环形成双苯吡酮（𠮙酮）类衍生物（见图5—2b）。

(5) 中央三碳与A环酚羟基形成五元环橙酮（也称噢哢）（见图5—2c）。

(6) 羰基还原产物为黄烷类，包括花色素、黄烷、儿茶素类（图5—2a）。

在使用黄酮这一术语之前，将黄酮类化合物看作色原酮的衍生物，所以也有人称黄酮为2-苯基色原酮，称异黄酮为3-苯基色原酮（见图5—2d）。

天然黄酮类化合物母核上常连接有羟基、甲氧基、甲基、异戊烯基等官能团。许多黄酮类物质结构中常含有多个酚性羟基，因此，从化学角度考虑，黄酮类物质也常被称为多酚类化合物（Polyphenols），如茶叶中含有的儿茶素类物质常称为茶多酚（Tea Polyphenols）。茶多酚具有很好的体内抗氧化作用，可以有效地清除因日光、吸烟和污染等因素在体内产生的自由基，在抗氧化功能上比维生素E、C高出数十倍，是较佳的抗氧化物质。

黄酮类化合物在植物中多以苷的形式存在。糖的种类不同、连接位置不同，可形成各种各样的黄酮苷。组成苷的糖主要有：

单糖类：D-葡萄糖、D-半乳糖、D-木糖、L-鼠李糖、D-葡萄糖醛酸等。

双糖类：槐糖、龙胆糖、芸香糖、新橙皮糖等。

另外也有三糖和酰化糖，如2-乙酰葡萄糖、咖啡酰葡萄糖等。

黄酮苷元与糖形成苷时，多以氧苷形式存在。但也发现许多物质是以C-苷键构成的，如从葛根中获得的葛根素以及存在于山楂叶中的牡荆素（4′,5,7-三羟基黄酮-8-C-α-D-葡萄糖苷）等，且多发生在A环的6,8位置。

### 5.1.2 黄酮与黄酮醇类

当色酮2位上连接苯环后称为黄酮，若其3位上同时连接一羟基，则称为黄酮醇。当其结构中2,3位间呈饱和烃结构时，称为二氢黄酮（醇）。黄酮与黄酮醇及其二氢衍生物（二氢黄酮与二氢黄酮醇）是最常见的黄酮类化合物。

1. 黄酮与黄酮醇

构成黄酮与黄酮醇类母核的所有碳原子均为 $sp^2$ 杂化，从而形成大的共轭体系，使得这类化合物呈现平面结构特点。

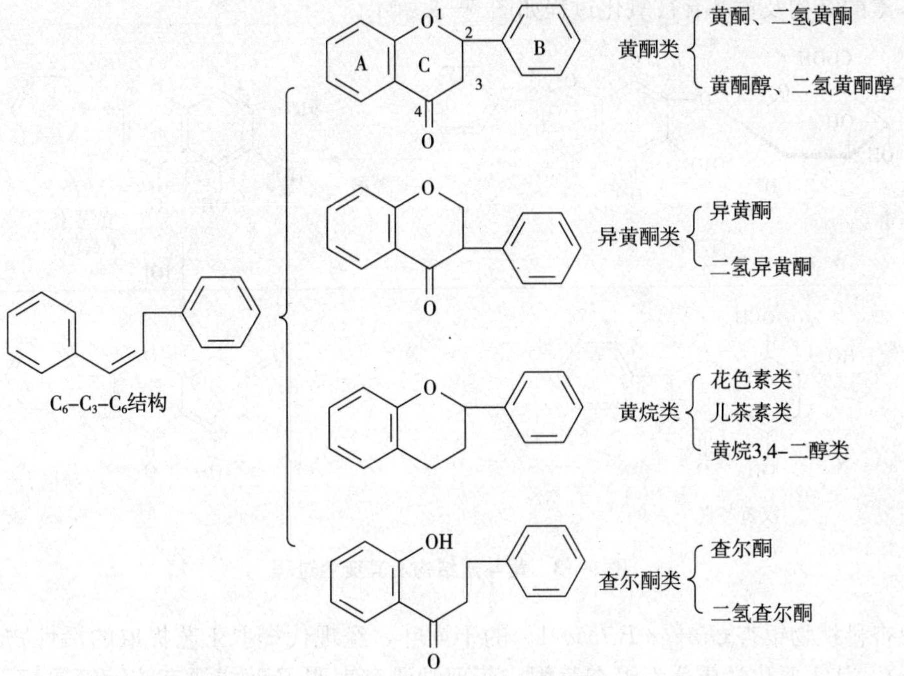

$C_6$–$C_3$–$C_6$结构

黄酮类｛黄酮、二氢黄酮；黄酮醇、二氢黄酮醇｝

异黄酮类｛异黄酮；二氢异黄酮｝

黄烷类｛花色素类；儿茶素类；黄烷3,4–二醇类｝

查尔酮类｛查尔酮；二氢查尔酮｝

（a）

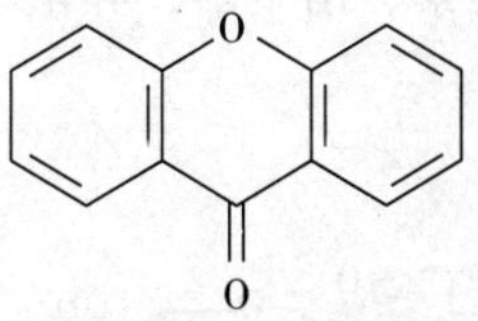

（b）双苯吡酮（屾酮）

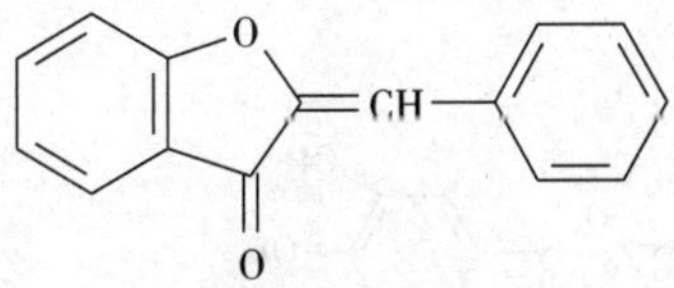

（c）橙酮（噢呀）

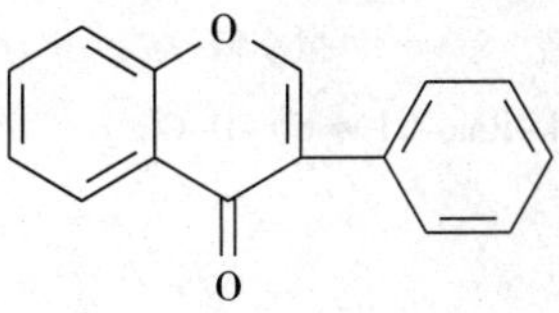

3–苯基色原酮（异黄酮） 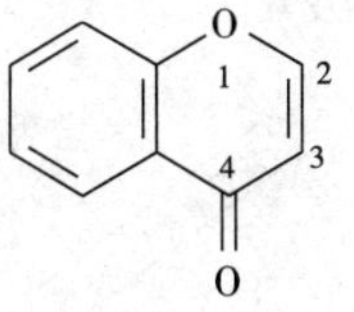　　色原酮 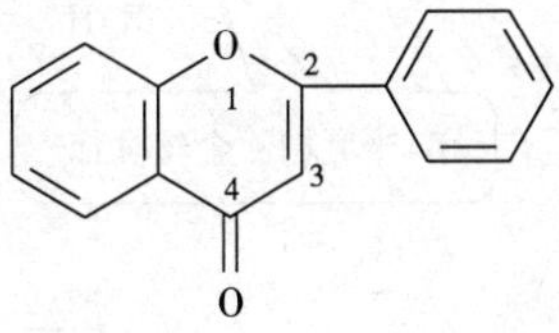　　2–苯基色原酮（黄酮）

（d）

**图 5—2　黄酮类化合物的基本分类**

植物黄芩 *Scutellaria Baicalensis* Georgi 的根，为清热解毒类中药。含有较大量的黄酮类衍生物，其主要成分黄芩苷（Baicalin）、汉黄芩素（Wogonin）等均有一定程度的抗菌作用。黄芩苷水解可生成葡萄糖醛酸与苷元——黄芩素（Baicalein）。黄芩素在 A 环上具有相邻的三个酚羟基，易氧化为醌类而显绿色，这是药材黄芩在贮存过程中变绿的原因。黄芩变绿后，有效成分受到破坏，质量随之降低。黄芩苷具有抗菌、降压、解毒作用，是成药银黄片、银黄胶囊的主要成分。此外黄芩苷还有降低转氨酶的作用。黄芩苷和汉黄芩素的结构及黄芩苷被氧化过程如图 5—3 所示。

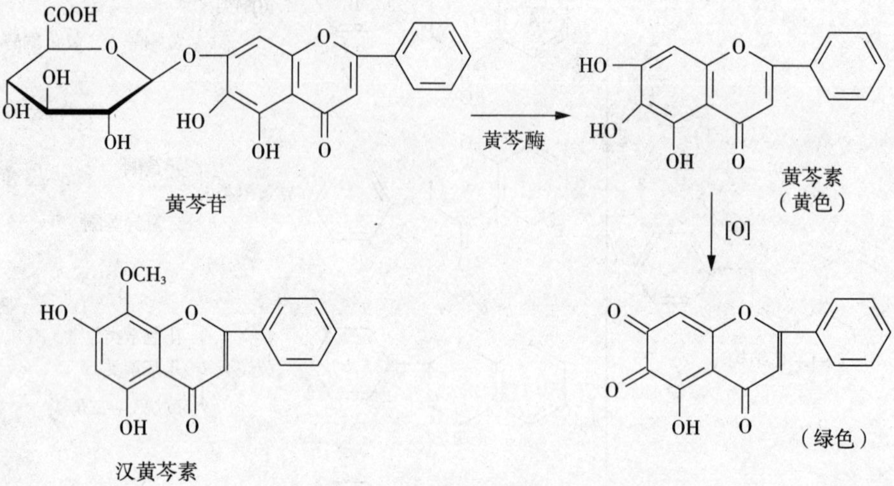

**图 5—3　黄芩素结构及其变色过程**

银杏科植物银杏 *Ginkgo Biloba* L. 的干燥叶，经现代提取工艺提取的活性物质（简称 Egb)，其主要化学成分为银杏黄酮。药理学研究表明 Egb 主要有防治糖尿病、肾病、拮抗血小板活化因子、改善脑循环、抗氧化、抗肿瘤等药理作用。银杏叶提取物所含黄酮类化合物在 30 种以上，主要的黄酮类化合物有芦丁、槲皮素、山柰酚、异鼠李素等（见图 5—4)。

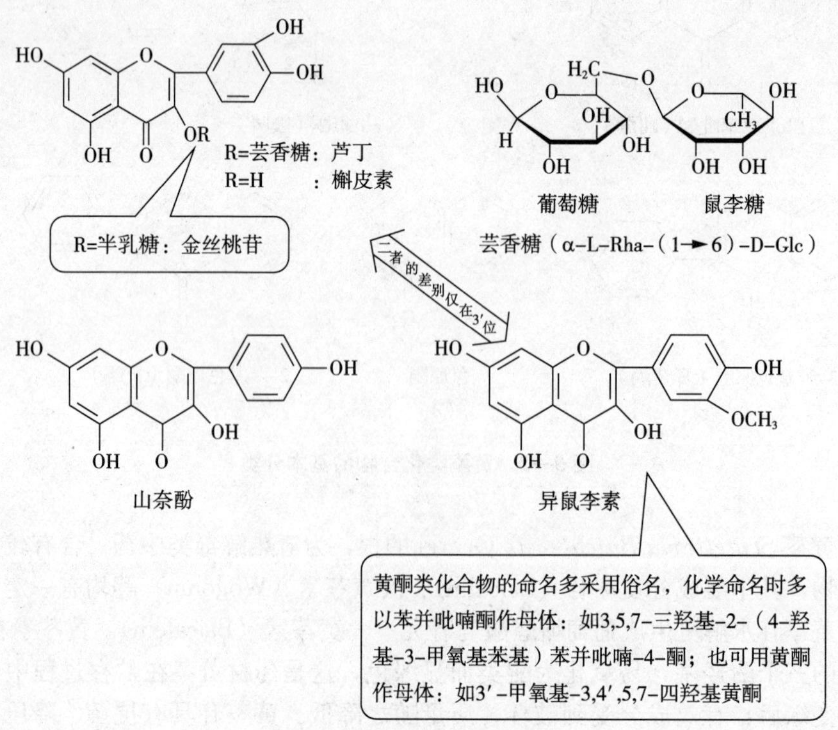


**图 5—4　银杏叶中的提取物**

槲皮素（Quercetin）及其苷类是植物界中分布最广的黄酮醇类化合物，化学名为 3,5,7,3′,4′-五羟基黄酮（3,5,7,3′,4′-Pentahydroxyflavone），具有较好的祛痰、止咳作用，并有一定的平喘作用；还有降低动脉血压、增强毛细血管的抵抗力、降低其渗透性、减少高血压患者毛细血管脆性等作用，比芦丁的功效强三分之一以上。槲皮素还具有很强的抗氧化、螯合金属离子、清除自由基和防止低密度脂蛋白氧化等作用。红酒中存在的槲皮素、山奈酚和花青素类物质以及茶叶中含有的儿茶酚和儿茶酚没食子酸酯被认为是有效的抗氧化物质。

芦丁（Rutin）又称芸香苷，是槲皮素-3-O-芸香糖苷，与橙皮苷（Hesperidin）一起被俗称为维生素 P，或称生物类黄酮，存在于许多植物中。芦丁在中药槐花米中含量较高，实验室提取芦丁常采用槐花米做原料。它具有降低毛细血管通透性的功能，可用于治疗毛细血管脆弱引起的出血病，也作为高血压的辅助治疗剂，但迄今对其疗效并无定论。

金银花为忍冬科植物忍冬 *Lonicera Japonica* Thunb 的干燥花蕾，是中药中应用最广的一种清热解毒药，具有抗菌、抗炎、抗病毒、护肝等多种功效，其主要成分为绿原酸、黄酮、皂苷等。带叶的枝茎称为金银藤或忍冬藤，功效与金银花相似。叶中黄酮类物质的含量更高一些，如忍冬苷、忍冬黄素（Loniceraflavone，5,6,4′-三羟基黄酮）和木犀草素（Luteolin，5,7,3′,4′-四羟基黄酮）。

2. 二氢黄酮与二氢黄酮醇

二氢黄酮类（包括异黄酮类）与黄酮类有着明显的区别：$C_2$、$C_3$ 为 $sp^3$ 杂化的正四面体结构，呈立体而非平面结构；$C_2$ 为手性碳，使得分子具有旋光性；较长的共轭体系被割断，其色泽较淡甚至无色。

槲皮素的二氢化产物称为花旗松素（Taxifolin，或二氢槲皮素），具有一定的抗炎和抗肿瘤活性。由于氢化后破坏了原结构中的桂皮酰共轭系统，所以色泽较槲皮素淡，为无色或淡黄色固体。

从杜鹃科植物中分离得到的法尔杜鹃素（Farreol）、紫花杜鹃甲素（Matteucinol）等物质具有止咳作用。

水飞蓟 *Silybum Marianum* Gaertn. 原产欧洲，为民间的一种治疗肝炎疾病的草药。可从其种子中分离出数种有效成分，主要是黄酮类物质，包括：水飞蓟宾（Silybin）A 和 B、水飞蓟宁（Silydianin）、水飞蓟亭（Silychristin）、异水飞蓟宾（Isosilybin）A 和 B 等，总称为水飞蓟素（Silymarin），[①] 是二氢黄酮与苯丙素衍生物缩合成的黄酮木脂素类成分。此外种子中还含有次水飞蓟素等物质，也是二氢黄酮类物质。

水飞蓟素具有较强的保肝作用，临床上用于治疗急、慢性肝炎、肝硬化及代谢中毒性肝损伤等。

常见二氢黄酮与二氢黄酮醇的结构如图 5—5 所示。

**【小贴士】**

黄酮类化合物多以苷的形式存在，有许多是双糖苷，根据单糖间连接方式的不同，所形成双糖的理化性质是不同的，即为不同的双糖（见表 5—1）。

① 闫玉峰、于健东：《水飞蓟的化学成分及药理研究进展》，载《中国药事》，2000(5)。

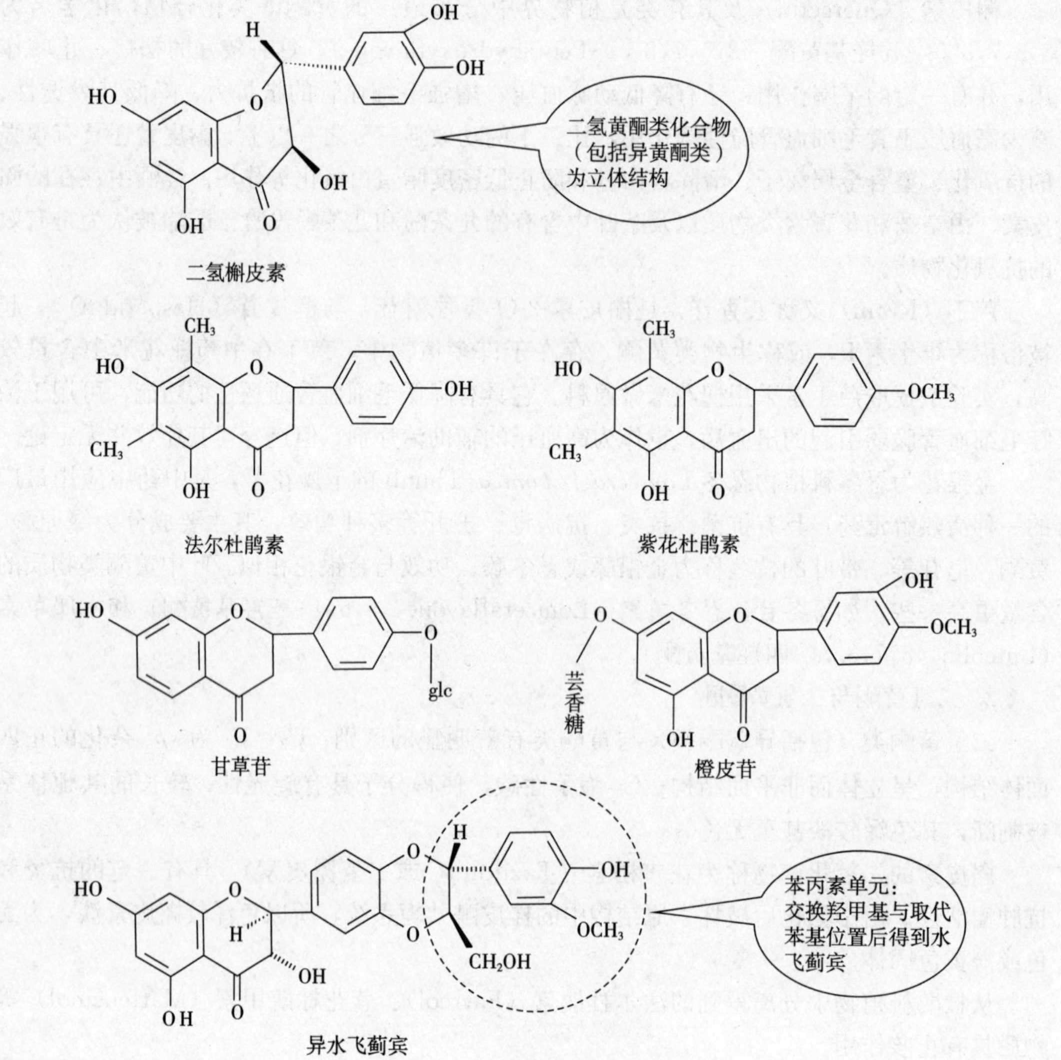

二氢黄酮类化合物（包括异黄酮类）为立体结构

二氢槲皮素

法尔杜鹃素　　紫花杜鹃素

甘草苷　　橙皮苷

苯丙素单元：交换羟甲基与取代苯基位置后得到水飞蓟宾

异水飞蓟宾

图 5—5　二氢黄酮与二氢黄酮醇

表 5—1

| 双糖名称 | 单糖 1 | 单糖 2 | 连接方式 |
|---|---|---|---|
| 芸香糖 | 鼠李糖（Rhamnose） | 葡萄糖（Glucose） | α-L-鼠李糖-（1→6）-D-葡萄糖→苷元 |
| 新橙皮糖 | | | α-L-鼠李糖-（1→2）-D-葡萄糖→苷元 |
| 明萼草糖 | | | α-L-鼠李糖-（1→3）-D-葡萄糖→苷元 |

### 5.1.3　异黄酮

当苯环连接到色酮吡喃环的 3 位时得到的一系列 3 位取代衍生物，称为异黄酮（见图 5—6）。2,3-位间呈饱和状态时称为二氢异黄酮。其生物合成途径是首先生成二氢异黄酮，然后脱氢得到异黄酮。

异黄酮类化合物的生物合成系经查尔酮合成黄酮后由苯基（B 环）发生移位而生成

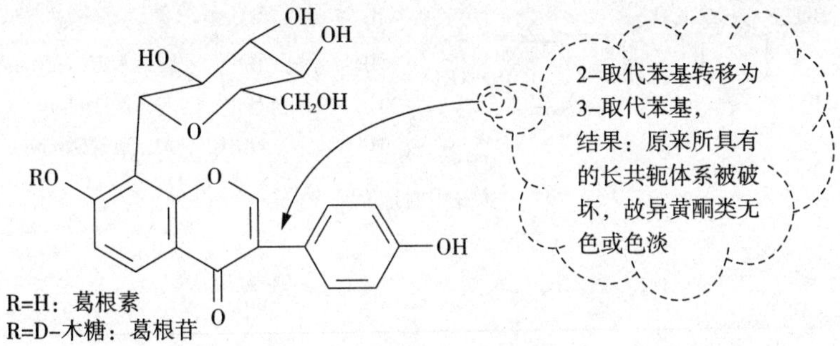

2-取代苯基转移为
3-取代苯基，
结果：原来所具有
的长共轭体系被破
坏，故异黄酮类无
色或色淡

R=H：葛根素
R=D-木糖：葛根苷

**图 5—6　异黄酮及其结构特点**

的，故在植物界中的分布没有黄酮、黄酮醇类那么广泛，仅限于几科植物中，常见于豆科、菊科、鸢尾科、蔷薇科、桑科、罗汉松科及苋科中，其中以豆科为主。

葛根为豆科植物野葛 *Pueraria Lobata*（Willd.）Ohwi. 的根，能解热透疹、止痢，主治外感发热、口咳无汗、麻疹初起。葛根中的有效成分为异黄酮类，主要成分为大豆素（Daidzein，7,4′-二羟基异黄酮）、葛根素（Puerarin，8-β-D-葡萄吡喃糖-4′,7-二羟基异黄酮）、大豆苷（Daidzin，大豆素-7-葡萄糖苷）、大豆素 4′,7-二葡萄糖苷、葛根苷（Xylopuerarin）等。葛根素是大豆素的 8-C-葡萄糖苷，具有碳苷结构，较为稳定。葛根苷被稀酸水解后生成葛根素和 D-木糖。葛根中的总黄酮成分具有扩张冠状动脉，增加冠状动脉血流量以及降低心肌耗氧量等作用。葛根素注射液可用于辅助治疗冠心病，心绞痛，心肌梗死，视网膜动、静脉阻塞，突发性耳聋及缺血性脑血管病，小儿病毒性心肌炎，糖尿病等。

中药甘草为豆科多种植物的根，是常用的中药材之一。中医常用其治疗溃疡性疾病，近代研究表明包括甘草利酮（Licoricone）在内的多种黄酮类物质在体外对幽门螺旋杆菌的生长具有很好的抑制作用，① 表明这些成分可能是甘草治疗溃疡病的药效物质基础。如图 5—7 所示为甘草西定和甘草利酮的结构。

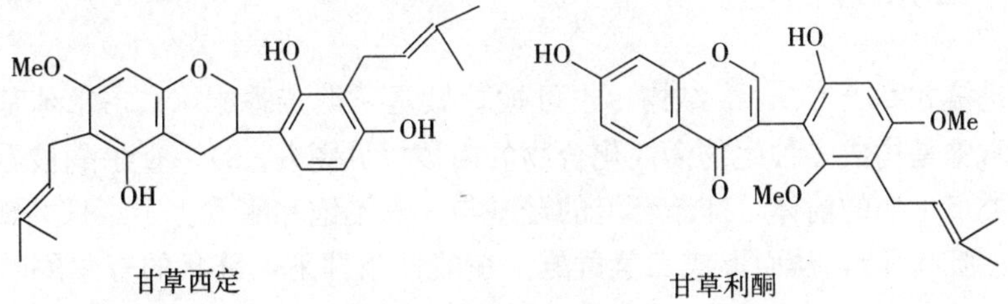

甘草西定　　甘草利酮

**图 5—7　甘草中的异黄酮**

从植物大豆中分离得到的异黄酮类化合物主要由 3 种苷元组成，即大豆素、染料木素（Genistein，也称金雀异黄酮，5,7,4′-三羟基异黄酮）和大豆黄素（4′,7-二羟基-6-甲氧基异黄酮）。这类异黄酮及其苷衍生物在体内呈现雌激素样作用，这可能与它们在结构上与已烯雌酚相似的缘故（见图 5—8）。

① Toshio Fukaia，Ai Marumoa，Kiyoshi Kaitoub *et al.*：Anti-helicobacter Pylori Flavonoids from Licorice Extract. *Life Sciences*，2002(12).

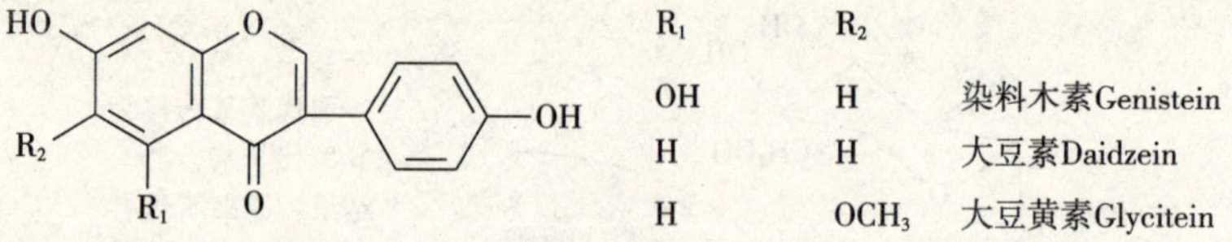
HO
R2
R1
O
O
OH
R1
R2
OH
H
染料木素Genistein
H
H
大豆素Daidzein
H
OCH3
大豆黄素Glycitein

大豆中的异黄酮

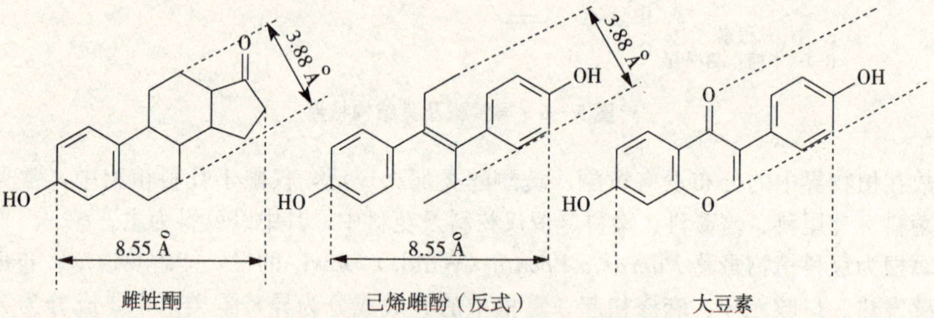
3.88 Å
3.88 Å
OH
OH
HO
HO
HO
O
O
O
8.55 Å
8.55 Å
雌性酮
己烯雌酚（反式）
大豆素

图 5—8 异黄酮与雌激素

大豆是重要的食品，人们对其保健功能进行了大量研究，除雌激素样作用外，还发现大豆异黄酮的摄取量与乳癌、前列腺癌、结肠癌、直肠癌等癌症的发病率呈负相关。另外，在对抗老年骨质疏松和预防心血管疾病方面也显示出良好的保健价值。①

黄芪是常用中药，研究表明具有抗氧化、保肝、钙离子通道阻断等活性，从中分离得到许多异黄酮类化合物，并将其作为特征性成分用于药材黄芪质量控制研究。② 这些异黄酮成分包括毛蕊异黄酮及其 7-O-β-D-葡萄吡喃糖苷、芒柄花素及其 7-O-β-D-葡萄吡喃糖苷（Ononin）。

## 5.1.4 查尔酮

查尔酮是链式 $C_6-C_3-C_6$ 结构，也可被看做是一类芳香酮（1,3-二苯基丙烯酮）物质，芳香酮常常是构成多种生物活性化合物的内核（见图 5—8）。查尔酮被看做是植物界中多数黄酮类衍生物的前体，即苯环上的羟基与 α,β-不饱和酮发生了亲核共轭加成而产生了六元杂环（吡喃环），从而形成二氢黄酮。在酸性条件下，链状的查尔酮转化为杂环形式（吡喃环），而在碱性条件下，吡喃环又开裂而形成查尔酮。但在植物体内，环化反应则是在酶的催化下完成的。

查尔酮类可根据中央 3 碳链的饱和程度分为两类：查尔酮和二氢查尔酮。查尔酮保留有桂皮酰的共轭结构，具有较长的共轭体系，因此其衍生物具有较深的色泽。另外在酸性条件下查尔酮可转为二氢黄酮类，并使色泽变浅，故二者为互变异构体（见图 5—9）。

查尔酮类物质常具有抗肿瘤活性、抗寄生虫活性、抗 HIV 活性、抗菌活性、抗炎活

① 张炳文、宋永生、郝征红等：《大豆异黄酮生物活性》，载《中国食物与营养》，2006(6)。

② Xin-Gang Du，Yan-Jing Bai，Bin Wang *et al*：Analysis of principal isoflavone glycosides and aglycones in Radix astragali，*Journal of Chinese Pharmaceutical Sciences*，2008 (17) .

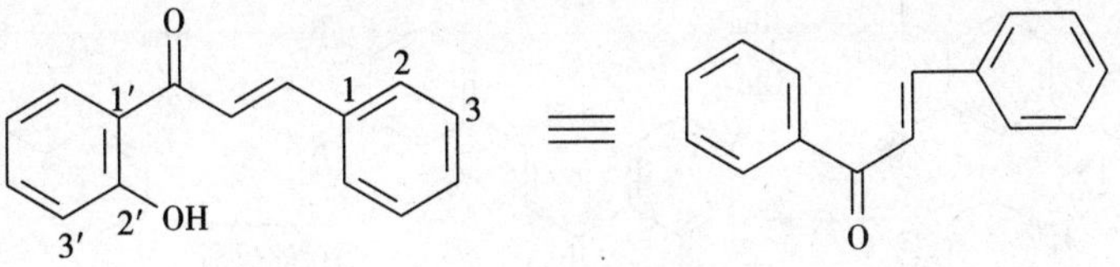

图 5—8　查尔酮

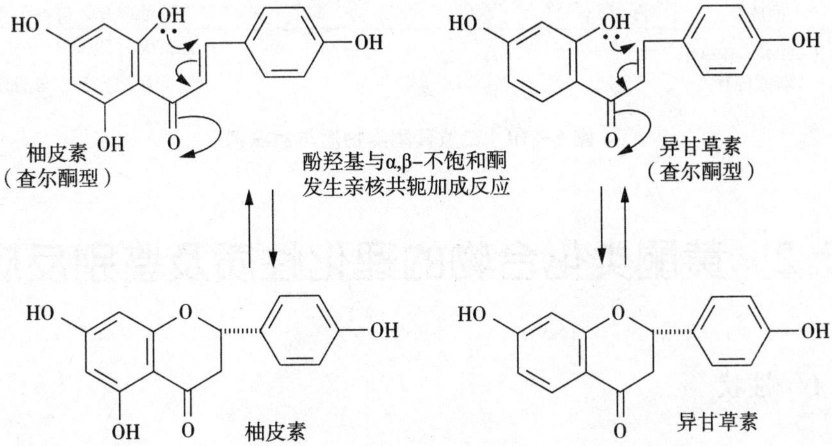

图 5—9　查尔酮与二氢黄酮类的转变

性、抗血小板凝集活性等①，也可以改善糖尿病人对胰岛素的响应。

异甘草素（Isoliquiritigenin，ISL）是从甘草中提取的一种查尔酮类物质，具有抗肿瘤、抗病毒、抗自由基、抑制脂质过氧化等生物活性。其中抗肿瘤作用是近年来的研究热点，它能够抑制结肠癌等肿瘤的诱发和转移，显著抑制宫颈癌细胞的体内外增殖。②

血竭为伤科用药，在《雷公炮炙论》、《圣惠方》、《滇南本草》、《唐本草》、《本草纲目》等历代医药书中都有记载，作为中药使用已有 1 500 多年的历史。该药有活血祛瘀、消肿止痛、收敛止血之功效，主要用于外伤出血、溃疡不敛、跌打损伤、瘀滞作痛等症。国产血竭由剑叶龙血树 *Dracaena Cochinchinensis*（Lour.）S. C. Chen 树脂所制，目前国产血竭已替代进口血竭在各地区广泛使用。从国产血竭中分离的 9 个查尔酮类化合物包括三个查尔酮和三个二氢查尔酮和一个双查尔酮。

柚皮苷和新橙皮苷分别来自植物柚、葡萄柚籽 *Citrus Paradisi* 和苦橙 *Citrus Aurantium*；Rutaceae 中，属二氢黄酮类化合物，柚皮苷异名有柑橘苷、柚苷、异橙皮苷等。除具有一定的药用功效外，在碱性条件下，柚皮苷和新橙皮苷的吡喃酮环发生开裂，再经氢化处理等反应可制备成新型的甜味剂柚皮苷二氢查尔酮（Naringin Dihyrdochalcone）和新橙皮苷二氢查尔酮（Neohesperidin Dihyrdochalcone），其甜味为蔗糖的 300～1 000 倍。这类物质有望成为“非糖”甜味剂，正在受到广泛的关注，如图 5—10 所示。

① 郑洪伟、牛新文、朱君等：《查尔酮类化合物生物活性研究进展》，载《中国新药杂志》，2007(18)。

② 张晶、杨静、汤宏斌：《异甘草素对人宫颈癌细胞增殖的抑制作用》，载《中国药理学与毒理学杂志》，2005(6)。

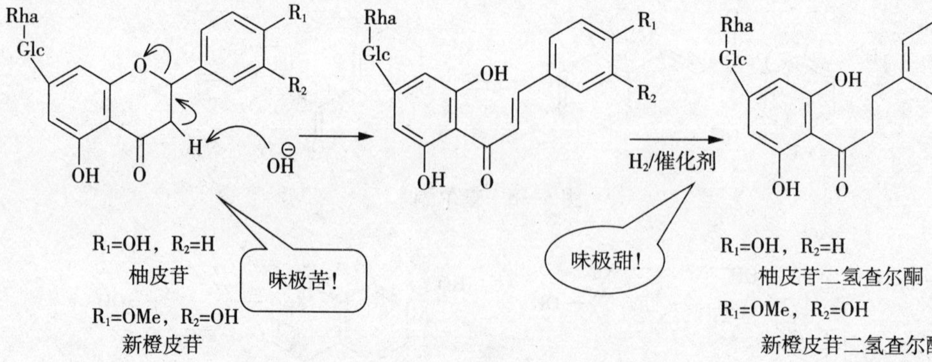

Rha
Glc
R₁
R₂
OH
O
H
OH
H₂/催化剂
R₁=OH，R₂=H
柚皮苷
R₁=OMe，R₂=OH
新橙皮苷
味极苦！
味极甜！
R₁=OH，R₂=H
柚皮苷二氢查尔酮
R₁=OMe，R₂=OH
新橙皮苷二氢查尔酮

**图 5—10　二氢黄酮类物质与甜味剂**

# 5.2　黄酮类化合物的理化性质及鉴别反应

## 5.2.1　性状

黄酮类化合物多为结晶性固体，少数（如黄酮苷类）为无定形粉末。顾名思义，黄酮类化合物多具颜色，且以黄色为多见。之所以能呈色，与黄酮分子中存在的交叉共轭体系有关。通过电子转移、重排、使共轭链延长，因而表现出颜色。当在 4′-或 7-位引入供电子基团（如－OH、$-OCH_3$），基团上的孤对电子与芳香体系形成 p-π 共轭，促进电子转移、重排，使得化合物的颜色加深（见图 5—11）。供电子基团引入到芳环的其他位置时则影响较小。

色酮
苯甲酰系统
桂皮酰系统
色酮本无色，产生交叉共轭后呈色，且-OH、-OCH₃等取代基使色泽加深

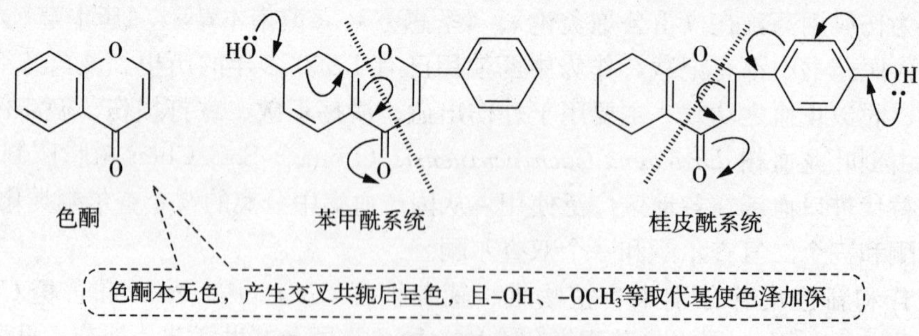

**图 5—11　黄酮类化合物中的共轭**

通常黄酮、黄酮醇及其苷类多显灰黄—黄色，查尔酮为黄—橙黄色，而二氢黄酮、二氢黄酮醇、异黄酮类，因桂皮酰共轭体系的破坏，多不呈色或呈微黄色。

在二氢黄酮、二氢黄酮醇、二氢异黄酮以及黄烷醇等的衍生物中，因含有手性碳原子，故具有旋光性；其他黄酮因不含手性中心，故无旋光性；但它们与糖成苷后，因糖分子部分中含有手性碳原子，故又可具有旋光性，且多为左旋体（见图 5—12）。

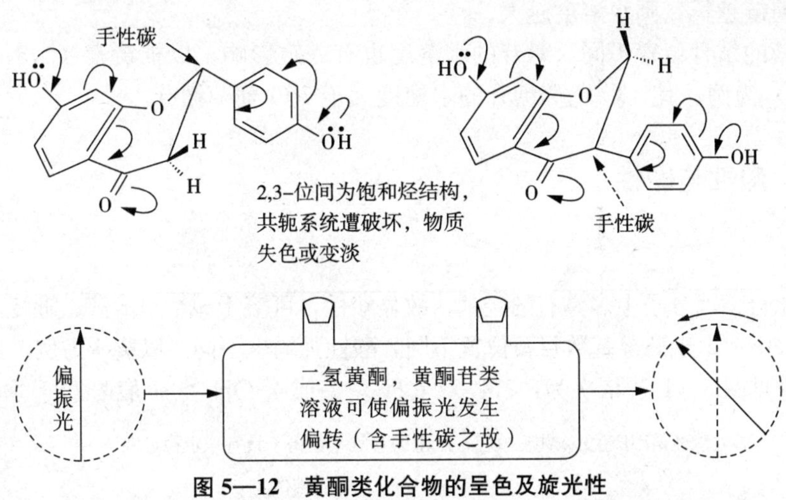


图 5—12　黄酮类化合物的呈色及旋光性

## 5. 2. 2　溶解度

黄酮类化合物的溶解度因结构及存在状态（苷或苷元、单糖苷、双糖苷或三糖苷）不同而有很大差异。

一般游离苷元难溶或不溶于水，易溶于甲醇、乙醇、醋酸乙酯、乙醚等有机溶剂及稀碱水溶液中。其中黄酮、黄酮醇、查尔酮等平面性强的分子，因分子与分子间排列紧密，分子间引力较大，故更难溶于水；而二氢黄酮及二氢黄酮醇等，因系非平面性分子，故分子与分子间排列不紧密，分子间引力减小，有利于水分子进入，溶解度稍大。其原理如图 5—13 所示。

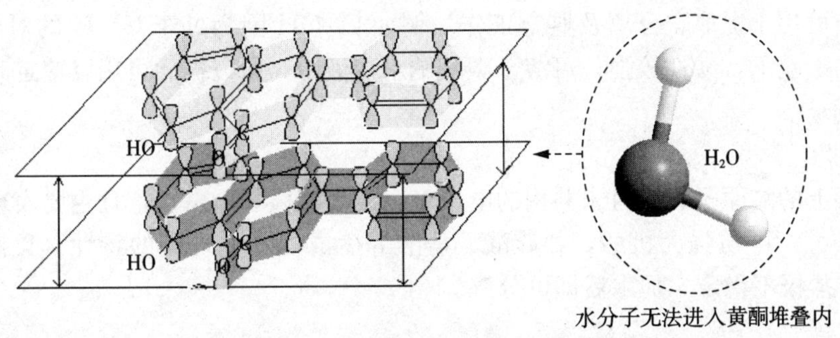


图 5—13　黄酮类物质溶解性质

至于花色苷元（花青素）类虽也为平面结构，但因以离子形式存在，具有盐的通性，故水溶度较大。

黄酮类苷元分子中引入羟基，将增加在水中的溶解度；而羟基经甲基化后，则增大在有机溶剂中的溶解度。例如，一般黄酮类化合物不溶于石油醚中，故可与脂溶性杂质分开，但川陈皮素（5,6,7,8,3′,4′-六甲氧基黄酮）却可溶于石油醚。

黄酮类化合物的羟基糖苷化后，水溶度即相应加大，而在有机溶剂中的溶解度则相应减小。黄酮苷一般易溶于水、甲醇、乙醇等强极性溶剂中，但难溶或不溶于苯、氯仿等有机溶剂中。糖链越长，则水溶度越大。

另外，糖的结合位置不同，对苷的水溶度也有一定影响。以棉黄素（3,5,7,8,3′,4′,-六羟基黄酮）为例，其 3-O-葡萄糖苷的水溶度大于 7-O-葡萄糖苷。

### 5.2.3 酸性与碱性

1. 酸性

黄酮类化合物因分子中多具有酚羟基，故显酸性，可溶于碱性水溶液、吡啶、甲酰胺及二甲基甲酰胺中。由于酚羟基数目及位置不同，酸性强弱也不同。以黄酮为例，其酚羟基酸性强弱顺序（见图 5—14）依次为：7,4′-双-OH ＞ 7-或 4′-OH ＞ 一般酚-OH ＞ 5-OH。

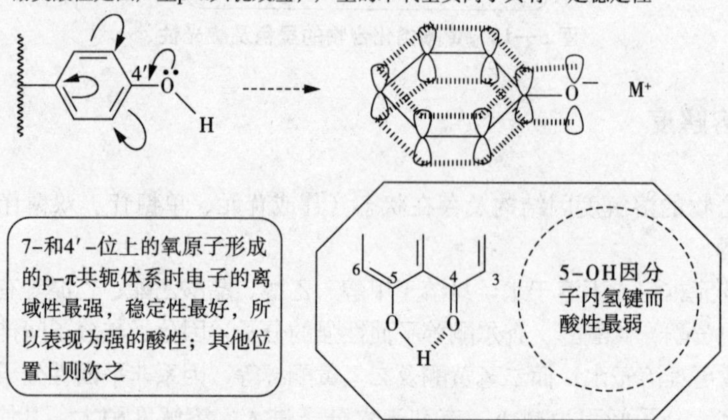


图 5—14　酚羟基酸性

此性质可用于提取、分离及鉴定工作。例如 $C_7$-OH 因为处于 C＝O 的对位，在 p-π 共轭效应的影响下，酸性较强，可溶于碳酸钠水溶液中，所以据此可用以鉴定和区别不同取代的黄酮。

2. 碱性

吡喃环上的氧原子，因有未共用的电子对，故表现微弱的碱性，且主要表现在吡喃酮环的氧原子上，可与强无机酸，如硫酸、盐酸等生成盐，呈现盐的特性（见图 5—15）。但生成的鉾盐极不稳定，加水后即可分解。

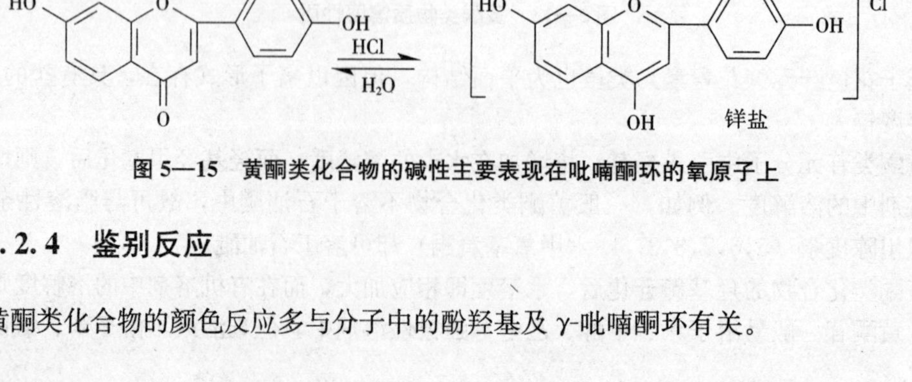

图 5—15　黄酮类化合物的碱性主要表现在吡喃酮环的氧原子上

### 5.2.4 鉴别反应

黄酮类化合物的颜色反应多与分子中的酚羟基及 γ-吡喃酮环有关。

1. 还原反应

（1）盐酸—镁粉（或锌粉）反应。

该反应为鉴定黄酮类化合物最常用的颜色反应，其反应机制如图5—16所示。方法是将试样溶于1.0mL甲醇或乙醇中，加入少许镁粉（或锌粉）振摇，滴加几滴浓盐酸，1～2min内（必要时微热）即可显色。多数黄酮、黄酮醇、二氢黄酮及二氢黄酮醇类化合物显橙红—紫红色，少数显紫—蓝色，当B-环上有—OH或—$OCH_3$取代时，呈现的颜色亦即随之加深。但查尔酮、橙酮、儿茶素类则无反应。异黄酮类除少数特例外，也不显色。

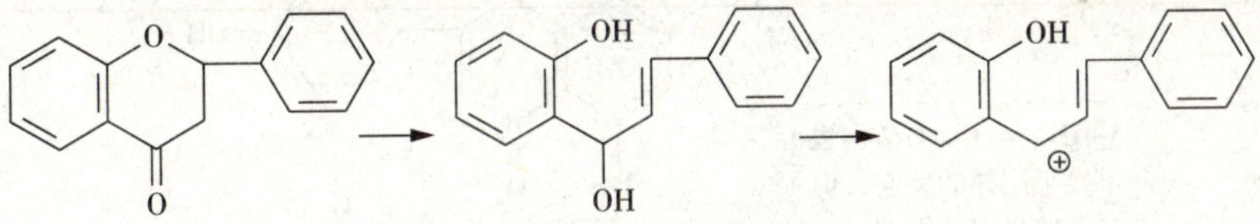

**图5—16　盐酸—镁粉反应机制**

注：过去解释为由于生成了花色苷元所致，现在认为是生成了阳碳离子的缘故。

由于花青素及部分橙酮、查尔酮等在单纯浓盐酸条件下也会发生色变，故须预先作空白对照实验（即在供试液中仅加入浓盐酸进行观察）。

另外，在用植物粗提取液进行预试时，为了避免提取液本身颜色的干扰，可注意观察加入浓盐酸后升起的泡沫颜色。如泡沫为红色，即示阳性。

（2）四氢硼钠（钾）反应。

$NaBH_4$是对二氢黄酮类化合物专属性较高的一种还原剂。与二氢黄酮类化合物产生红—紫色。其他黄酮类化合物均不显色，可与之区别。方法是在试管中加入1.0mL含有试样的乙醇液，再加等体积2%$NaBH_4$的甲醇液，一分钟后加浓盐酸或浓硫酸数滴，显紫—紫红色。

另外，近来报道磷钼酸试剂可与二氢黄酮反应呈现棕褐色，其也可作为二氢黄酮类化合物的特征鉴别反应。

2. 金属盐类试剂的络合反应

黄酮类化合物分子中常含有邻二酚羟基、4-酮-3-羟基、4-酮-5-羟基等结构单元，故常可与铝盐、铅盐、锆盐、镁盐等试剂反应，生成有色络合物（见图5—17）。

（1）铝盐。常用试剂为1%三氯化铝或硝酸铝溶液，生成的络合物多为黄色（$\lambda_{max}$=415nm），并有荧光，可用于定性及定量分析。

（2）铅盐。常用1%醋酸铅及碱式醋酸铅水溶液作为试剂，可生成黄—红色沉淀。黄酮类化合物与铅盐生成沉淀的色泽，因羟基数目及位置不同而异。其中，醋酸铅只能与分子中具有邻二酚羟基或兼有3-OH、4-酮基或5-OH、4-酮基结构的化合物反应生成沉淀，但碱式醋酸铅的沉淀能力要大得多。一般酚类化合物均可被沉淀，据此不仅可用于鉴定，也可用于提取分离工作。

（3）锆盐。多用2%二氯氧化锆甲醇溶液作为试剂。黄酮类化合物分子中有游离的3-或5-OH存在时，均可与该试剂反应生成黄色的锆络合物，但两种锆络合物对酸的稳定性不同。3-OH、4-酮基络合物的稳定性比5-OH、4-酮基络合物的稳定性强（二氢黄酮醇除外），故当反应液中接着加入枸橼酸后，5-羟基黄酮的黄色溶液显著褪色，而3-羟基黄酮溶液仍呈鲜黄色（锆—枸橼酸反应）。方法是取试样0.5～1.0mg，用10.0mL甲醇加热溶

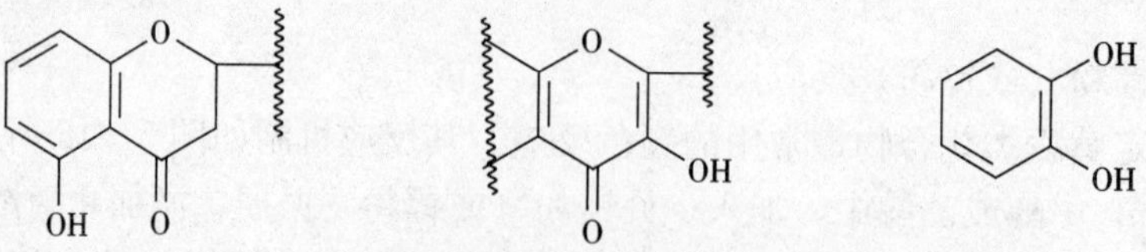

（a）可发生金属盐络合反应的化合物结构

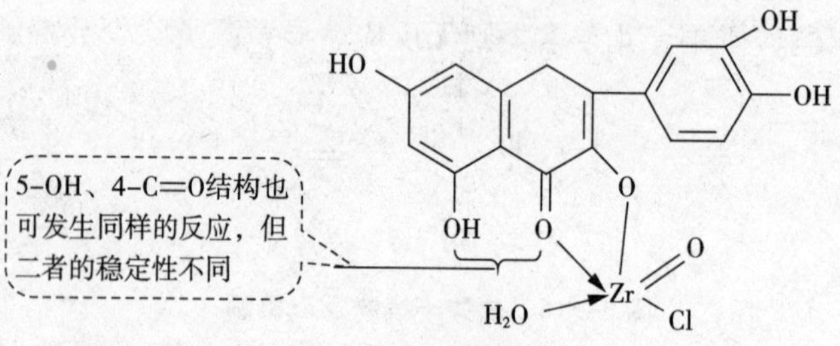

5-OH、4-C=O结构也可发生同样的反应，但二者的稳定性不同

（b）与锆盐（二氯氧锆）的络合

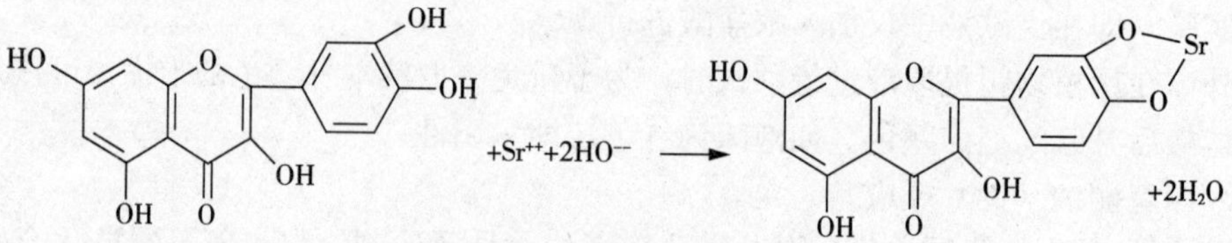

（c）与锶盐的络合反应（邻二羟基结构）

**图 5—17　金属盐的络合反应**

解，加 1.0mL2%二氯氧化锆（$ZrOCl_2$）甲醇液，呈黄色后再加入 2%枸橼酸甲醇溶液，观察颜色变化。上述反应也可在纸上进行，得到的锆盐络合物多呈黄绿色，并带荧光。

（4）镁盐。常用乙酸镁甲醇溶液为显色剂，本反应可在纸上进行。试验时在滤纸上滴加一滴供试液，喷以乙酸镁的甲醇溶液，加热干燥，在紫外光灯下观察。二氢黄酮、二氢黄酮醇类可显天蓝色荧光，若具有 $C_5$－OH，色泽更为明显。而黄酮、黄酮醇及异黄酮类等则显黄—橙黄—褐色。

（5）氯化锶（$SrCl_2$）。氨性甲醇溶液中，可与分子中具有邻二酚羟基结构的黄酮类化合物生成绿—棕色乃至黑色沉淀。试验时，取约 1.0mg 检品置小试管中，加入 1.0mL 甲醇使溶（必要时可在水浴上加热），然后加入三滴 0.01mol/L 氯化锶的甲醇溶液，再加三滴已用氨蒸气饱和的甲醇溶液，注意观察有无沉淀生成。

（6）三氯化铁。三氯化铁水溶液或醇溶液为常用的酚类显色剂。多数黄酮类化合物因分子中含有酚羟基，故可产生阳性反应，但一般仅在含有氢键缔合的酚羟基时，才呈现明显的颜色。

3. 碱性试剂显色反应

在日光及紫外光下，通过纸斑反应，观察试样用碱性试剂处理后的颜色变化情况（见图 5—18），对于鉴别黄酮类化合物有一定意义。其中，用氨蒸气处理后呈现的颜色在空气中随即褪去，但经碳酸钠水溶液处理而呈现的颜色在空气中却不褪色。

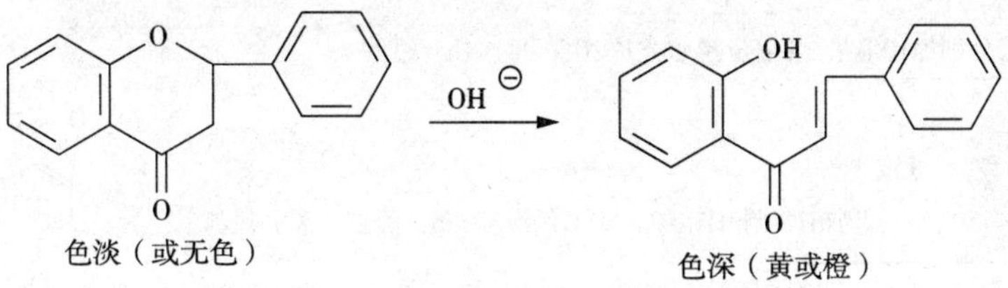

**图 5—18　碱性试剂对二氢黄酮的影响**

此外，利用碱性试剂的反应还可帮助鉴别分子中某些结构特征。例如：

(1) 二氢黄酮类易在碱液中开环，转变成相应的异构体——查尔酮类化合物，显橙—黄色。

(2) 黄酮醇类在碱液中先呈黄色，通入空气后变为棕色，据此可区别其他黄酮类。

(3) 黄酮类化合物分子中有邻二酚羟基取代或 3,4′-二羟基取代时，在碱液中不稳定，易被氧化，生成黄色—深红色—绿棕色沉淀。

不论在黄酮类化合物的提取分离方面还是在其结构测定的研究方面，黄酮类化合物的理化性质及其呈色反应都发挥着其他技术所替代不了的作用。

## 5.3　黄酮类化合物的提取与分离

### 5.3.1　提取

黄酮类化合物在花、叶、果等组织中，一般多以苷的形式存在，而在木部坚硬组织中，则多以游离苷元形式存在。

黄酮苷类以及极性稍大的苷元（如羟基黄酮、双黄酮、橙酮、查尔酮等），一般可用甲醇、乙醇、丙酮、乙酸乙酯或某些极性较大的混合溶剂进行提取。其中使用最多的是甲醇—水（1∶1）、乙醇—水或乙醇，一些多糖苷类则可以用沸水提取。在提取花青素类化合物时，可加入少量酸（如 0.1%盐酸），但提取一般黄酮苷类成分时，则应当慎用，以免发生水解反应。为了避免在提取过程中黄酮苷类发生水解，也常按一般提取苷的方法事先破坏酶的活性。大多数黄酮苷元宜用极性较小的溶剂，如用氯仿、乙醚、乙酸乙酯等提取，而对多甲氧基黄酮的游离苷元，甚至可用苯进行提取。

以从黄芩中提取黄芩苷为例说明黄酮苷提取的具体过程（见图 5—19）。

### 5.3.2　提取物的精制

药材经过上述溶剂提取过程后，需要进行浓缩、萃取、沉淀、吸附等后续操作，对得到的粗提取物进行适当的精制、纯化处理，以便获得生产或科研所需的物料。

1. 溶剂萃取法

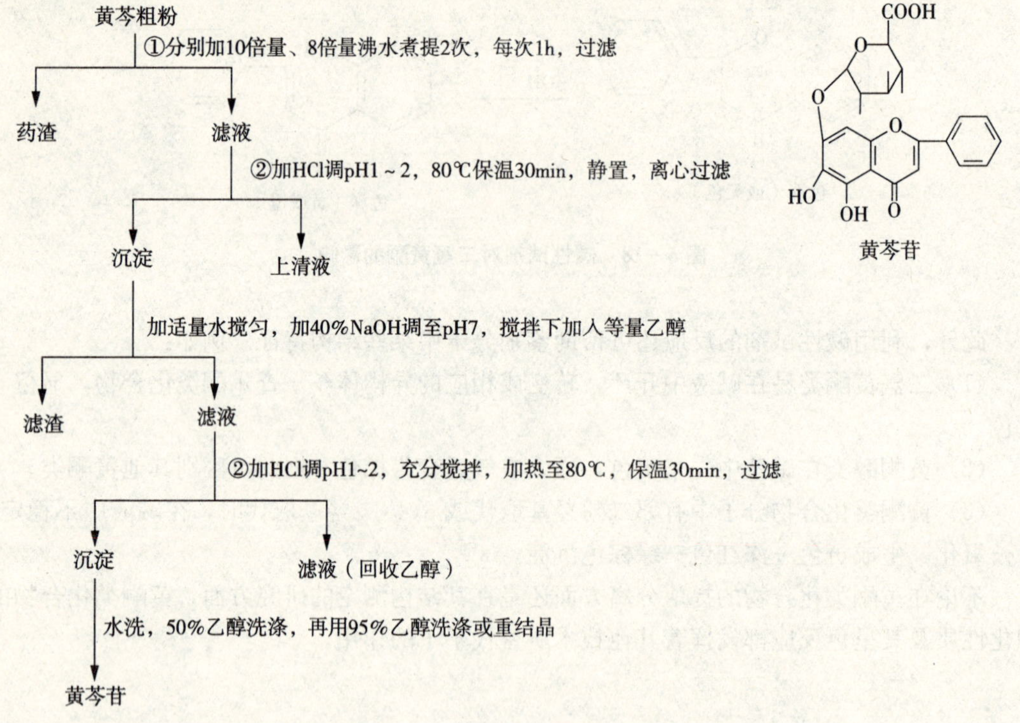


**图 5—19　从黄芩中提取黄芩苷**

注：①黄芩苷分子中有羧基，在植物中以盐形式存在，故可用水提；

②调酸的目的是使黄芩苷盐变成有游离羧基的黄芩苷，在酸水中难溶而析出。

其原理是利用黄酮类化合物与共提杂质的极性差异，选用不同溶剂进行萃取可达到精制纯化的目的。例如植物叶子的醇浸液，含有大量叶绿素、胡萝卜素等脂溶性色素，可用石油醚萃取浓缩液而去除。某些提取物的水溶液经浓缩后则可加入多倍量浓醇，以除去蛋白质、多糖类等水溶性杂质。

溶剂萃取过程在除去杂质的同时，往往还可以收到分离苷和苷元或极性苷元与非极性苷元的效果。合理、灵活地应用萃取方法依然是现代生产和科研工作中的常用过程。

2. 碱提取酸沉淀法

其原理是恰当地利用黄酮类化合物所具备的酸性实现其分散，尤其适合于结构中含有羧基的物质。黄酮苷类虽有一定极性，可溶于水，但却难溶于酸性水，易溶于碱性水，故可用碱性水提取，再将碱水提取液调成酸性，黄酮苷类即可沉淀析出。此法简便易行，如芦丁、橙皮苷、黄芩苷的提取都应用了这个方法。现以从槐花米中提取芦丁为例说明该法的操作过程（见图 5—20）。槐花米为豆科植物槐（槐树 *Sophora Japonica* L.）的花朵或花蕾，具有清热、凉血、止血功效、主治肠风便血、痔血、尿血、血淋、崩漏、衄血、赤白痢下、风热目赤、痈疽疮毒，并用于预防中风。芦丁在花蕾中含量多，花开放后含量少。取槐花米加约 6 倍量水，煮沸，在搅拌下缓缓加入石灰乳至 pH8～9，在此 pH 条件下微沸 20～30min，趁热抽滤，残渣再加 4 倍量的水煎一次，趁热抽滤。合并滤液，在60～70℃的条件下，用浓盐酸将合并滤液调至 pH5，搅匀后静置 24h，抽滤。用水将沉淀物洗至中性，60℃干燥得芦丁粗品，用沸水重结晶，70～80℃干燥后即得芦丁纯品。

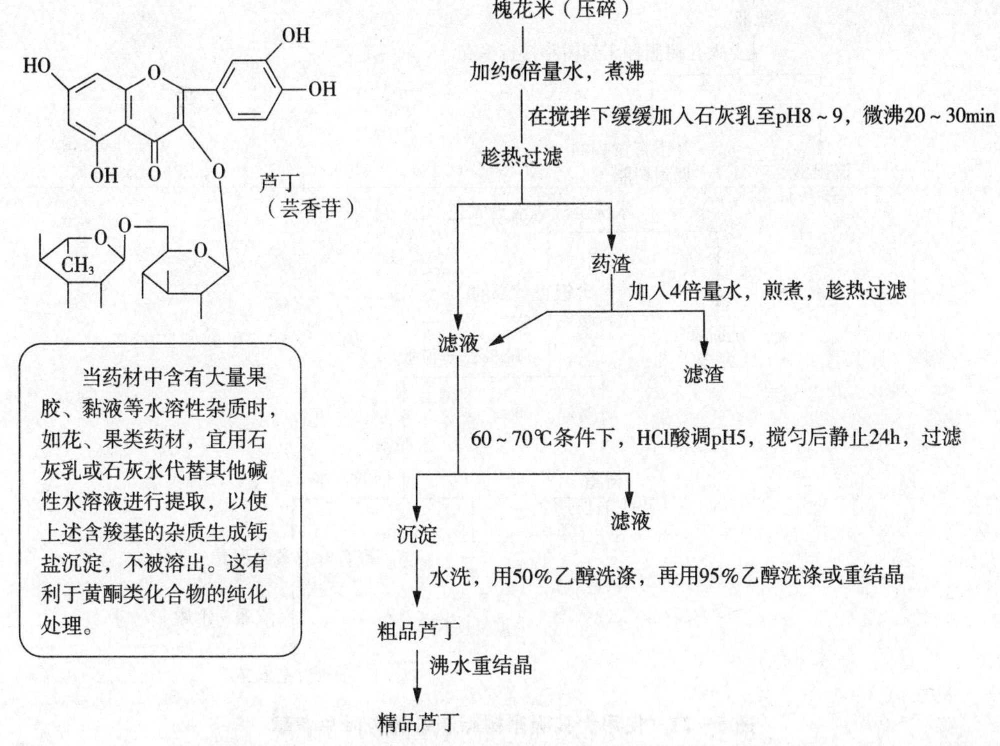


**图 5—20　从槐花米中提取芦丁（芸香苷）(碱提酸沉淀法)**

在用碱酸法进行提取纯化时，应当注意所用碱液浓度不宜过高，以免在强碱性下，尤其加热时破坏黄酮母核。在加酸酸化时，酸性也不宜过强，以免生成钅羊盐，致使析出的黄酮类化合物又重新溶解，降低产品收率。

3. 大孔吸附树脂法

大孔吸附树脂是 20 世纪 60 年代后发展起来的新技术，在精制植物提取物方面有独特的优势，尤其表现在生产制备和分析样品的制备方面。将植物的水或稀醇提取液（需除去醇），加载到大孔吸附树脂柱上，依次用水洗去杂质，用不同浓度的醇洗脱所需的黄酮类成分，最后用浓醇或丙酮完全洗脱。在洗脱过程中，可以用 HCl-Mg 粉反应作为外指示剂进行检测。大孔吸附树脂的再生，用甲醇或乙醇浸泡洗涤即可。如应用时间较长，可用稀矿酸和稀碱浸泡再生。如银杏叶黄酮的提取（见图 5—21）和化橘红柚苷的提取分离即用大孔吸附树脂法进行。

4. 炭粉吸附法

炭粉吸附法主要适于苷类的富集。通常，在植物的甲醇粗提取物中，分次加入活性炭，搅拌，静置，直至定性检查上清液无黄酮反应时为止。滤过，收集吸苷炭末，依次用沸水、沸甲醇、7%酚/水、15%酚/醇溶液进行洗脱。对各部分洗脱液进行定性检查（或用 PC 鉴定）。洗脱液经减压蒸发浓缩至小体积，再用乙醚振摇除去残留的酚，余下水层减压浓缩即得较纯的黄酮苷类成分。

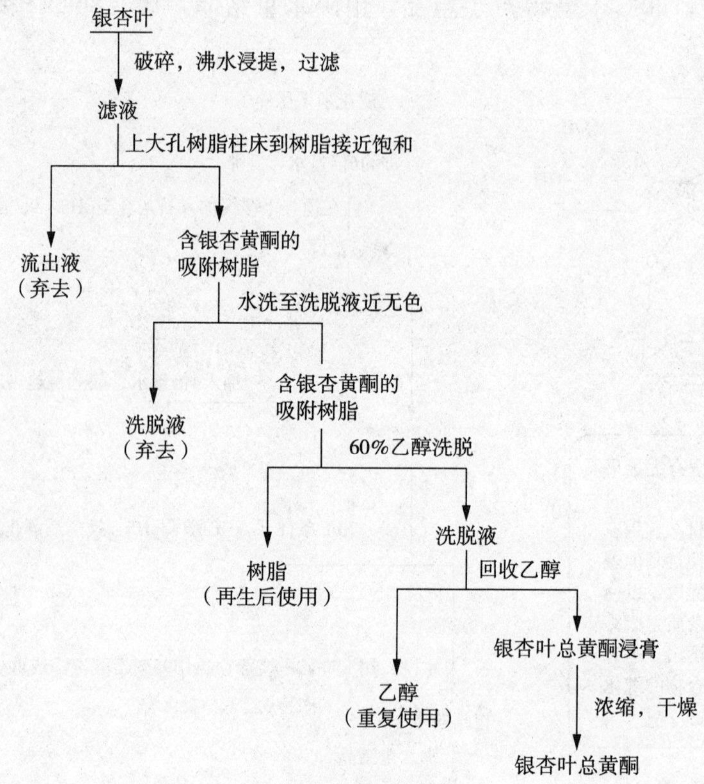


**图 5—21 使用大孔吸附树脂制备银杏叶总黄酮**

## 5.3.3 分离

黄酮类化合物较常用的分离方法介绍如下：

1. 梯度 pH 萃取法

梯度 pH 萃取法属于溶剂萃取方法，适合于酸性强弱不同的黄酮苷元的分离。根据黄酮苷元酚羟基数目及位置不同其酸性强弱也不同的性质，可以将混合物溶于有机溶剂（如乙醚）后，依次用 5%$NaHCO_3$、5%$Na_2CO_3$、0.2%NaOH 及 4%NaOH 溶液萃取，来达到分离的目的。梯度 pH 萃取的一般分离规律大致如下：

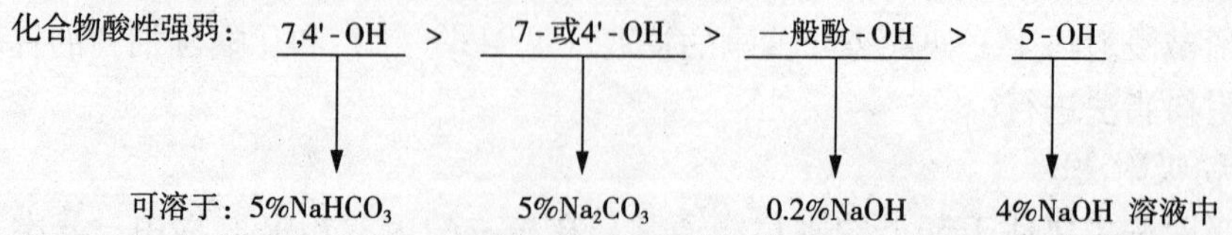


因此，可使用上述碱性由弱到强的顺序依次萃取分离出不同酸性的黄酮苷元。

2. 色谱法

分离黄酮类化合物常用的吸附剂或载体有硅胶、聚酰胺及纤维素粉等。此外，也有用氧化铝、氧化镁及硅藻土的。

（1）聚酰胺色谱法。

聚酰胺是黄酮类化合物分离较为理想的吸附剂，其吸附容量较大，分离能力较强，适合于分离各种类型的黄酮类化合物，包括苷及苷元。

形成氢键缔合而产生吸附作用，其吸附强弱有以下规律：

1）与黄酮类化合物分子中酚羟基的数目有关，一般酚羟基数目越多则吸附力越强。

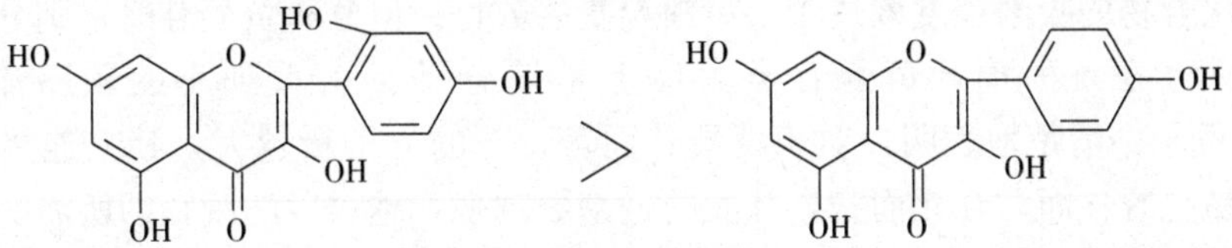

2）与酚羟基的位置有关，如果酚羟基所处的位置易形成分子内氢键，则吸附力减弱。

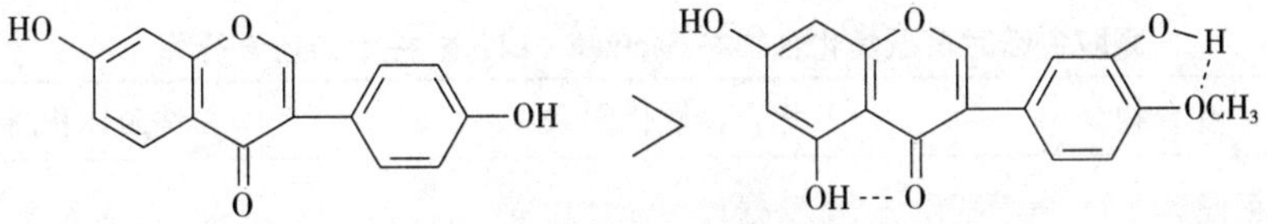

3）分子内芳香化程度越高，共轭双键越多，则吸附力越强。

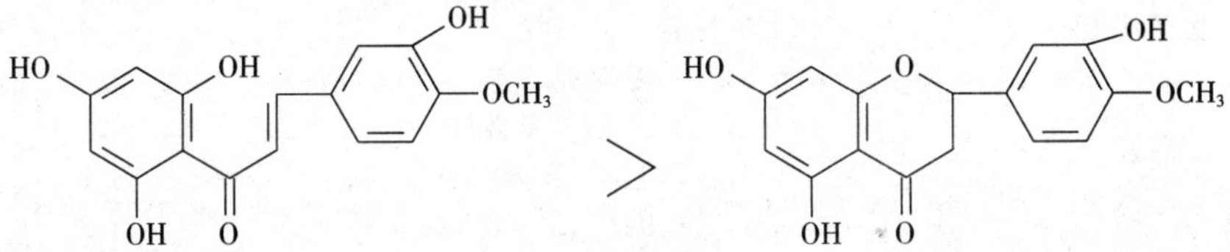

4）不同类型黄酮类化合物，被吸附的强弱顺序为：黄酮醇>黄酮>二氢黄酮>异黄酮。

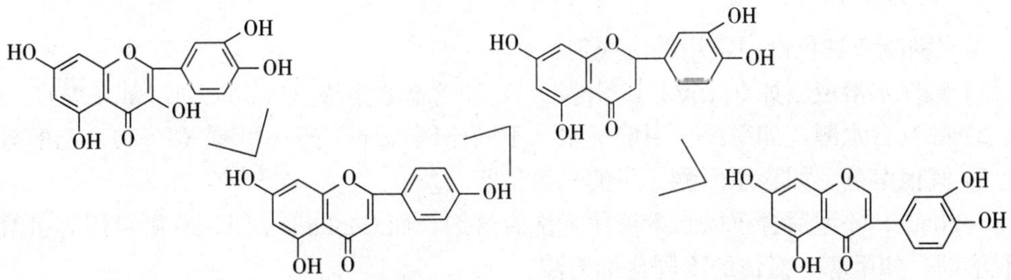

5）苷元相同时，苷被吸附的强弱顺序为：苷元>单糖苷>双糖苷>双糖链苷。

需要指出的是，用聚酰胺柱分离苷和苷元时，若以含水移动相（如甲醇—水）作洗脱剂，苷比苷元先洗脱下来；若以有机溶剂作洗脱剂（如氯仿—甲醇）苷元比苷先洗脱下来，这说明在使用无水有机溶剂时不符合上述氢键吸附规律。有人认为这是由于聚酰胺具有双重色谱性能之故，即聚酰胺分子中既有非极性的脂肪链，又有极性的酰胺基团，当用极性移动相（如含水溶剂系统）洗脱时，聚酰胺作为非极性固定相，其色谱行为类似反相分配色谱，因苷比苷元极性大，所以苷比苷元容易洗脱。当用有机溶剂（如氯仿—甲醇）洗脱时，聚酰胺作为极性固定相，其色谱行为类似正相分配色谱，因苷元的极性比苷小，所以苷元比苷容易洗脱。例如，槲皮素与槲皮素 3-O-β-D-半乳糖苷，用苯—丁酮—甲醇（60∶20∶20）洗脱时，槲皮素先被洗脱下来。

（2）硅胶柱色谱。

此法应用范围最广，主要适于分离异黄酮、二氢黄酮、二氢黄酮醇及高度甲基化（或乙酰化）的黄酮及黄酮醇类。少数情况下，在加水去活化后也可用于分离极性较大的化合物，如多羟基黄酮醇及其苷类等。供试硅胶中混存的微量金属离子，应预先用浓盐酸处理除去，以免干扰分离效果。

（3）葡聚糖凝胶（Sephadex Gel）柱色谱。

对于黄酮类化合物的分离，主要用两种型号的凝胶：Sephadex G 型及 Sephadex LH-20 型。葡聚糖凝胶分离黄酮类化合物的机制为：分离游离黄酮时，主要靠吸附作用，凝胶对黄酮类化合物的吸附程度取决于游离酚羟基的数目；但分离黄酮苷时，则分子筛的性质起主导作用。在洗脱时，黄酮苷类大体上是按分子量由大到小的顺序流出柱体，表 5—1所示例子中清楚地表明：对于黄酮苷而言，苷的分子量越大，其上连接糖的数目越多，越容易洗脱；而对苷元而言，苷元的羟基数越多，越难以洗脱，即所需的洗脱溶剂量越大。

**表 5—1　凝胶色谱时黄酮类化合物在 Sephadex LH-20 柱上的色谱行为**

| 化合物 | 化合物取代图式 | 总洗脱体积/柱保留体积 |
|---|---|---|
| 山奈酚-3-半乳糖鼠李糖-7—鼠李糖苷 | 三糖苷 | 3.3 |
| 槲皮素-3—芸香糖苷 | 双糖苷 | 4.0 |
| 槲皮素-3—鼠李糖苷 | 单糖苷 | 4.9 |
| 芹菜素 | 5,7,4′-三羟基黄酮 | 5.3 |
| 木樨草素 | 5,7,3,4′-四羟基黄酮 | 6.3 |
| 槲皮素 | 3,5,7,3′,4′-五羟基黄酮 | 8.3 |
| 杨梅素 | 3,5,7,3′,4′,5′-六羟基黄酮 | 9.2 |

（↓越难洗脱）

注：甲醇为洗脱溶剂。

葡聚糖凝胶柱色谱中常用的洗脱剂：

1）碱性水溶液（如 0.1mol/L $NH_4OH$）和含盐水溶液（0.5mol/L NaCl 等）。

2）醇及含水醇，如甲醇、甲醇—水（不同比例）、t-丁醇—甲醇（3∶1）、乙醇等。

3）其他溶剂，如含水丙酮、甲醇—氯仿等。

Sephadex G 型适合于以水溶液作为洗脱溶剂，而 Sephadex LH-20 则可用有机溶剂作洗脱溶剂，如甲醇—氯仿的不同比例溶液。

## 思考题

1. 理解黄酮类化合物的基本概念和分类，并能默写出黄酮、二氢黄酮、黄酮醇、二氢黄酮醇、异黄酮、二氢异黄酮、查尔酮及花色素的基本结构。

2. 为什么黄酮类化合物的酸性与羟基的位置有关？

3. 黄酮类化合物的主要鉴别和检识反应有哪些？

4. 采用梯度 pH 法分离黄酮时，首先使用的是强碱还是弱碱？

5. 黄酮类化合物主要有哪些生理活性？

6. 聚酰胺分离黄酮类物质的原理是什么？

**提示：**

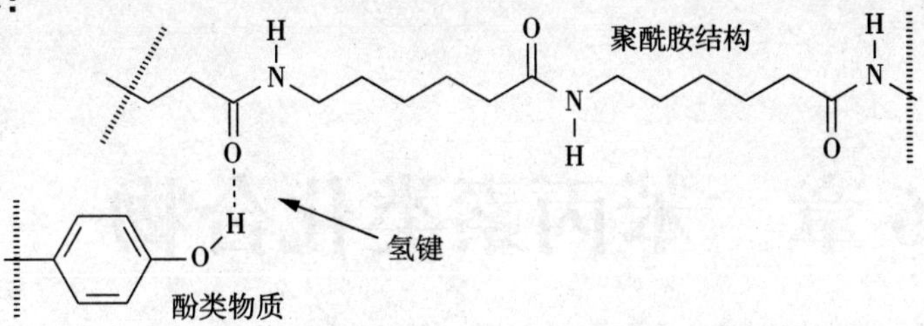

聚酰胺结构

氢键

酚类物质

# 第6章　苯丙素类化合物

## 学习要点

1. 苯丙素类的定义及类型；
2. 苯丙酸的结构类型、理化性质，常见的生物活性成分；
3. 香豆素的结构类型、理化性质及提取分离方法；
4. 香豆素的生物活性及典型化合物；
5. 木脂素的结构类型、理化性质及提取分离方法；
6. 木脂素的生物活性及典型化合物。

在治疗肝炎时，常使用一种名为联苯双酯（Biphenyl Dicarboxylate，Bifendate）的药物，它具有降低血液谷丙转氨酶、减轻肝脏损伤、增强肝脏解毒功能的效能，是我国科学家在研究五味子化学成分后，根据五味子木脂素的基本骨架研制出的新药，其结构属苯丙素类。

苯丙素类（Phenylpropanoids）是指由苯丙烷（$C_6-C_3$）为基本组成单元所构成的天然产物类群，因其苯环多有羟基取代，故也称苯丙素酚类。苯丙素类广泛分布于植物界，在植物体内发挥着植物生长调节及抗御病害侵袭的作用。迄今分离得到的苯丙素类成分中，有许多物质显示出良好的治疗价值，如用于抗菌消炎（绿原酸）、抗病毒（滨蒿内酯）、抗肿瘤（鬼臼毒素）、利胆保肝（亮菌甲素）等。

苯丙素类成分在植物体内的存在形式多种多样，有的以 $C_6-C_3$ 单元单独存在，也有的以 2、3、4 至多个单元聚合存在。常见的有苯丙酸类、香豆素类和木脂素类三种类型。其中，苯丙酸类是指具有 $C_6-C_3$ 结构的有机酸类，在植物体内一般经苯丙氨酸或酪氨酸脱氨生成。香豆素则是邻羟基顺式苯丙烯酸衍生物的内酯形式。由 2 个（有时为 3 个或 4 个）苯丙素（$C_6-C_3$）单元按一定方式连接、聚合而成的天然产物则称为木脂素类。

# 6.1　苯丙酸类

苯丙酸类可以被看做是桂皮酸（反式苯丙烯酸）的衍生物，其苯环上常有羟基、甲氧基等取代基。其衍生物以多种形式存在于植物中，有的以游离形式存在（简单苯丙酸类），有的以酯的形式存在，有的以苷的形式存在。

## 6.1.1　游离形式

游离形式存在的苯丙烯酸常见有桂皮酸（Cinnamic Acid）、对羟基桂皮酸（*P*-hydroxycinnamic Acid）、咖啡酸（Caffeic Acid）、阿魏酸（Ferulic Acid）和异阿魏酸（Isoferulic Acid）等。

橄榄油（Olive-oil）是用初熟或成熟的油橄榄鲜果通过物理冷压榨工艺提取的天然果油汁，是以自然状态的形式供人类食用的木本植物油。橄榄油中富含大量的游离苯丙烯酸类成分，如桂皮酸、咖啡酸等，被认为是橄榄油天然保健、美容的有效成分。①

中药丹参（*Salvia Miltiorrhiza*）中除丹参酮等脂溶性有效成分外，从中提取分离到的丹参素甲、乙、丙等水溶性苯丙酸类衍生物也是扩张冠状动脉、增加冠脉血流量的有效成分。其中丹参素甲还是许多中成药的检测指标，如平心颗粒。

常见游离形式的苯丙酸类物质结构如图 6—1 所示。

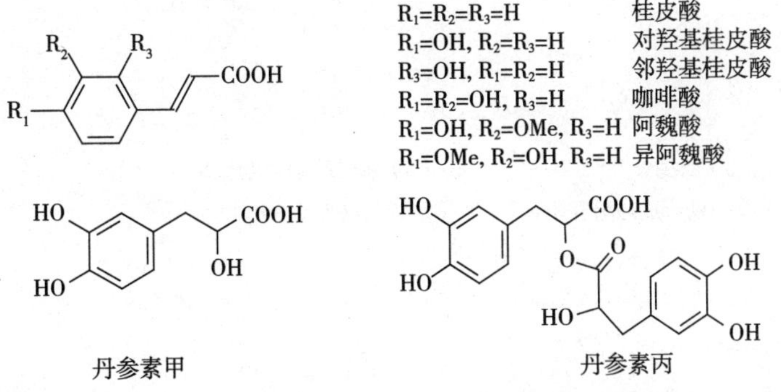


**图 6—1　游离形式存在的苯丙酸类**

## 6.1.2　酯形式

苯丙酸类成分常与不同的醇、氨基酸、糖、有机酸等结合成酯的形式存在。这些成分多具有较强的生理活性，常构成中草药的有效成分。如绿原酸（Chlorogenic Acid）是咖

① Robert W. Owen *et al*：Olive-oil Consumption and Health，*The Lancet Oncology*，2000(1).

啡酸与奎宁酸（Quinic Acid）的酯，存在于金银花、茵陈、苎麻等常用中药材中，具有抗菌利胆作用；再如粗糠树 *Ehretia Macrophylla* 中提取得到的具有止泻作用的迷迭香酸（Rosmarinic Acid）等（见图 6—2）。

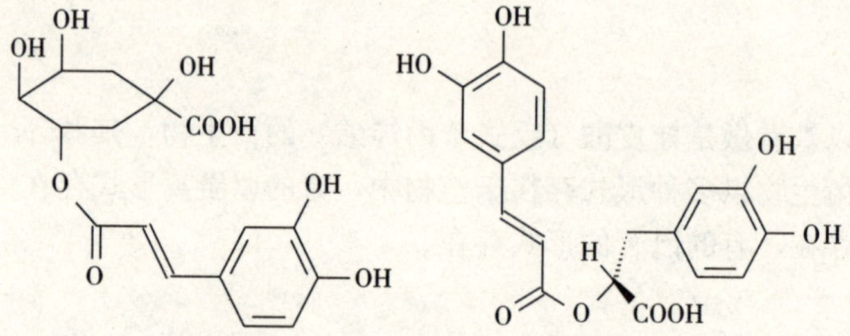

绿原酸　　迷迭香酸

图 6—2　以酯形式存在的苯丙酸类

### 6.1.3　苯丙素苷类

苯丙素苷类（Phenylpropanoid Glycosides）是苯丙酸类成分的另一种存在形式，如从日本蛇菰 *Balanophora Japonica* 中分离得到具有抗组胺释放活性的松柏苷（Coniferin）（见图 6—3a）和咖啡酸葡萄糖苷（见图 6—3b）。此外，苯丙酸与苯乙醇苷形成的一类成分也广泛存在于双子叶植物中，具有多种多样的生物活性。如具有抗血小板凝聚作用的荷苞花苷 A（Calceolarioside A）和细胞毒活性的毛蕊花苷（Verbascoside）（见图 6—3c）。

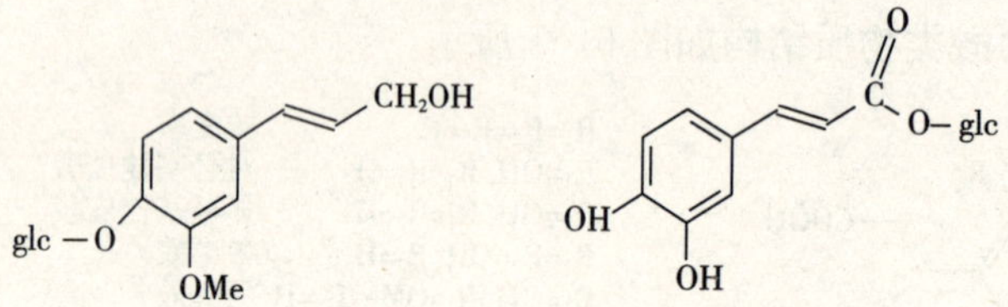

（a）松柏苷
（酚羟基与糖形成的酚苷）

（b）咖啡酸葡萄糖苷
（羧基与糖形成的酯苷）

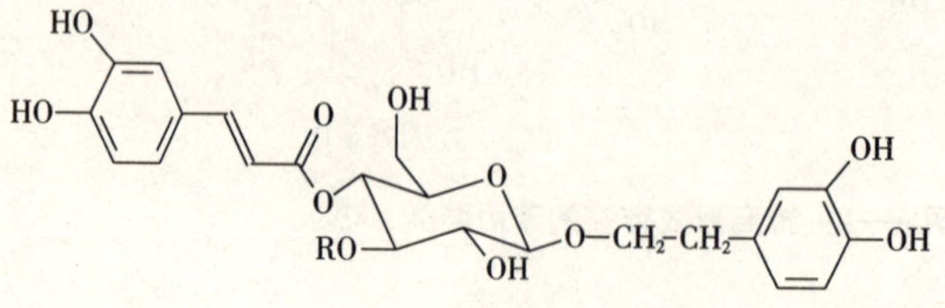

R=H　荷苞花苷A
R=Rhamnosyl　毛蕊花苷

（c）

图 6—3　苯丙素苷类

苯丙酸类及其衍生物大多具有一定的水溶性，在热水中的溶解度会增大，易溶于乙醇等极性较大的有机溶剂。多数苯丙酸类苯环上有羟基取代，可用 $FeCl_3$ 等试剂鉴别。苯丙酸类在植物体内常与其他类成分（如鞣质、黄酮等）共存，常需多种分离技术结合方能实现分离、纯化。

# 6.2　香豆素类

香豆素（Coumarin）最早是从豆科植物香豆中提取得到的，因具有芳香气味而得名香豆素。从结构上看，它是顺式邻羟基桂皮酸的内酯。香豆素常以游离形式（少量以苷的形式）分布于植物界，尤其多见于芸香科、伞形科、豆科、木樨科中，迄今已发现近 2 000 种。

## 6.2.1　香豆素的结构类型

香豆素母核可看作苯骈 α-吡喃酮，苯环上常有羟基、烷氧基、异戊烯基等取代，母核原子编号从吡喃环上的氧原子开始（见图 6—4）。根据香豆素母核上的取代基和骈环的情况可分为以下类型：简单香豆素、呋喃香豆素、吡喃香豆素和其他类型。

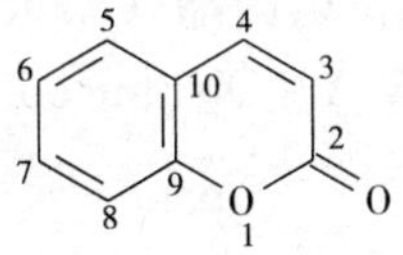

**图 6—4　香豆素类化合母核原子编号**

1. 简单香豆素

简单香豆素类通常是指仅在苯环上具有取代基的香豆素类（见图 6—5）。这些取代基一般为羟基、烷氧基、亚甲二氧基、异戊烯基等，取代位置以 $C_7$、$C_6$ 和 $C_8$ 居多，$C_5$ 较少。大多数天然香豆素在 $C_7$ 都有含氧基团，如木犀科植物白蜡树（*Fraxinus Chinensis* Roxb.）树皮内存在的伞形花内酯（Umbelliferone）和莨菪亭（Scopoletin）等，故可将伞形花内酯看作香豆素类的母核。$C_6$ 和 $C_8$ 位常有异戊烯基取代，如独活（*Angelica Pubescens* Maxim. F. Biserrata Shan et Yuan）中的当归内酯（Angelicone）等。

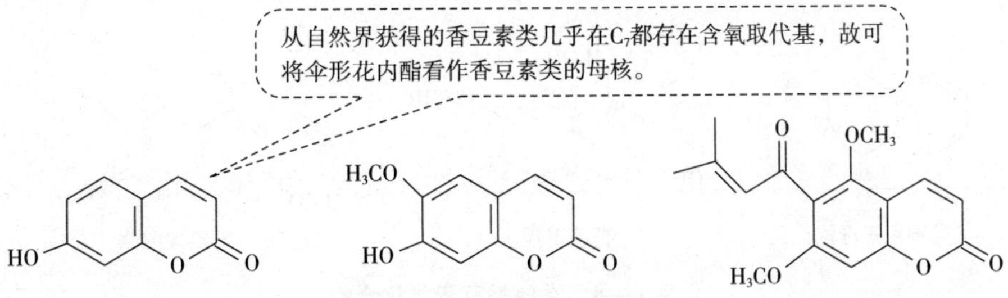

从自然界获得的香豆素类几乎在 $C_7$ 都存在含氧取代基，故可将伞形花内酯看作香豆素类的母核。

伞形花内酯　　莨菪亭　　当归内酯

**图 6—5　简单香豆素类**

2. 呋喃香豆素

呋喃香豆素类（Furocoumarines）是指其母核的 $C_7$ 位羟基与 $C_6$ 位或者 $C_8$ 位取代异戊烯基缩合形成呋喃环的一系列化合物。成环后，常伴随着失去异戊烯基上的三个碳原子。$C_7$ 位羟基与 $C_6$ 位异戊烯基形成呋喃环时，结构中的呋喃环、苯环和 α-吡喃酮环处于一条直线上，称为线型呋喃香豆素。$C_7$ 位羟基与 $C_8$ 位上异戊烯基形成呋喃环时，结构中的呋喃环、苯环和 α-吡喃酮环处于一条折线上，称为角型呋喃香豆素。补骨脂内酯（Psoralen）是线型呋喃香豆素的代表化合物，白芷内酯（Angelicin）是角型呋喃香豆素的代表化合物，如图 6—6 所示。

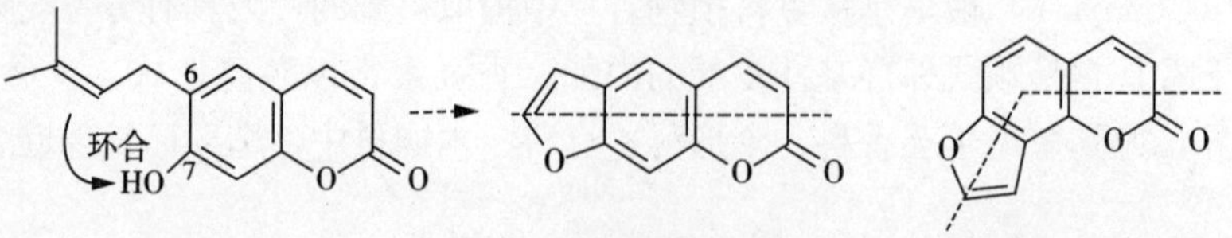

环合

补骨脂内酯（线型）　白芷内酯（角型）

**图 6—6　呋喃香豆素类**

3. 吡喃香豆素

香豆素母核的 $C_7$ 位羟基与 $C_6$ 位或者 $C_8$ 位取代异戊烯基也可缩合形成 2,2-二甲基-α-吡喃环结构，形成吡喃骈合香豆素结构，称为吡喃香豆素（Pyranocoumarins），也分为线型和角型两种类型（见图 6—7）。如花椒内酯（Xanthyletin）、美花椒内酯（Xanthoxyletin）为线型吡喃香豆素，前胡香豆素 A（Qianhucoumarin A）为角型吡喃香豆素。

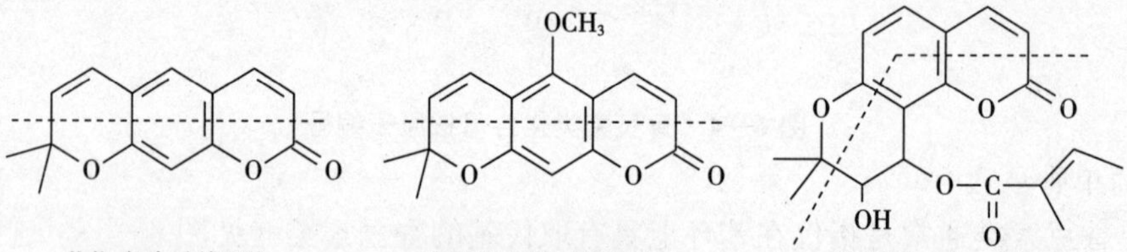

花椒内酯（线型）　美花椒内酯（线型）　前胡香豆素A（角型）

**图 6—7　吡喃香豆素类**

4. 其他类型

除上述类型外，还有异香豆素类及 α-吡喃酮环上有取代基的香豆素类，如亮菌甲素、蟛蜞菊内酯等（见图 6—8）。两个香豆素单位聚合起来的双香豆素类，也是备受关注的活性成分。

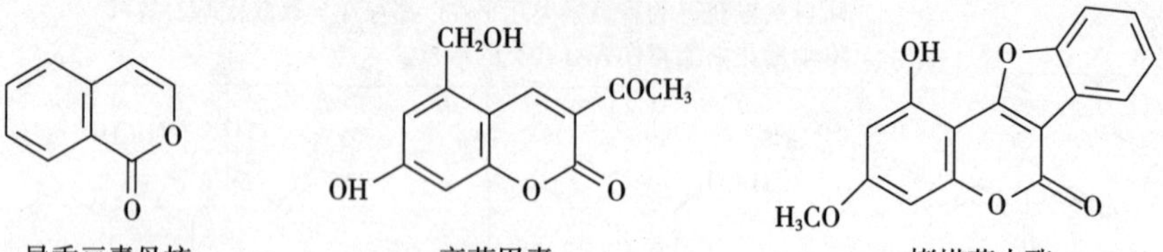

异香豆素母核　亮菌甲素　蟛蜞菊内酯

**图 6—8　其他香豆素类化合物**

## 6.2.2　香豆素的理化性质

1. 性状

游离香豆素多具有完好的结晶，常是淡黄色或无色且大多有香味。小分子游离的香豆素具有挥发性，可随水蒸气蒸馏，并能升华。香豆素苷一般呈粉末状，多数无香味，也不具有挥发性和升华性。

2. 荧光性质

香豆素类成分在紫外光下显示蓝色荧光，$C_7$ 位导入羟基后（伞形花内酯）荧光加强，甚至在可见光下也能见到荧光。一般羟基香豆素遇碱荧光都增强。7-羟基香豆素在 $C_8$ 位导入羟基，荧光消失。导入非羟基取代基也将减弱荧光。呋喃香豆素荧光较弱。

3. 溶解性

游离香豆素属脂溶性物质，易溶于甲醇、乙醇、氯仿、苯等有机溶剂，而难溶于水。香豆素苷则能溶于水、甲醇等，难溶于乙醚、苯等极性小的有机溶剂。

4. 内酯性质

香豆素类成分因分子中具有内酯环（即 α-吡喃酮结构），在稀碱溶液中可水解开环，形成水溶性的顺式邻羟基桂皮酸盐，酸化后又可重新环合形成脂溶性的香豆素而沉淀析出。这一性质常用于内酯类化合物的鉴别和提取分离。但若长时间在碱液中放置或紫外光照射，则可转变为稳定的反式邻羟基桂皮酸盐，酸化后不再环合成内酯（见图 6—9）。

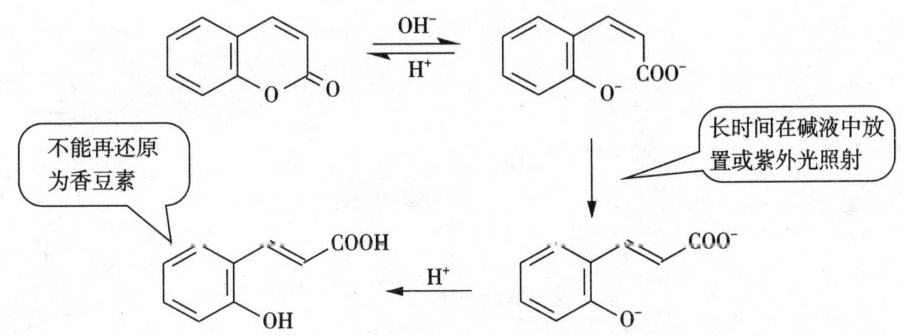


**图 6—9　香豆素内酯性质**

5. 显色反应

(1) 异羟肟酸铁反应。香豆素类具有内酯结构，在碱性条件下可开环，与盐酸羟胺缩合成异羟肟酸，再在酸性条件下与三价铁离子络合成盐而显红色。此反应常用来判断天然药物中是否存在内酯类成分，但是该反应并非香豆素类成分的特有反应，而是酯类及其衍生物的通用反应（见图 6—10a）。因此在利用此方法鉴定香豆素类成分时应结合其他性质综合判断。

(2) 与酚类试剂反应。香豆素类化合物在结构上多具有酚羟基，因此能与三氯化铁试剂产生颜色反应，通常是紫堇色或蓝绿色。

(3) 如果酚羟基对位（如氧杂原子的对位 $C_6$ 位、$C_5$ 对位 $C_8$ 或 $C_8$ 对位 $C_5$）上无取代时，在弱碱性条件下可与 Gibb's 试剂或 Emerson 试剂反应，生成有色物质（Gibb's 反应得到蓝色，而 Emerson 反应生成红色缩合物）（见图 6—10b 和图 6—10c）。若酚羟基的邻位或对位未被取代，则能与重氮化试剂生成红色或紫红色偶氮染料衍生物。这些反应不但可用于鉴别成分，同时可以根据能否发生反应来判断香豆素的取代结构。

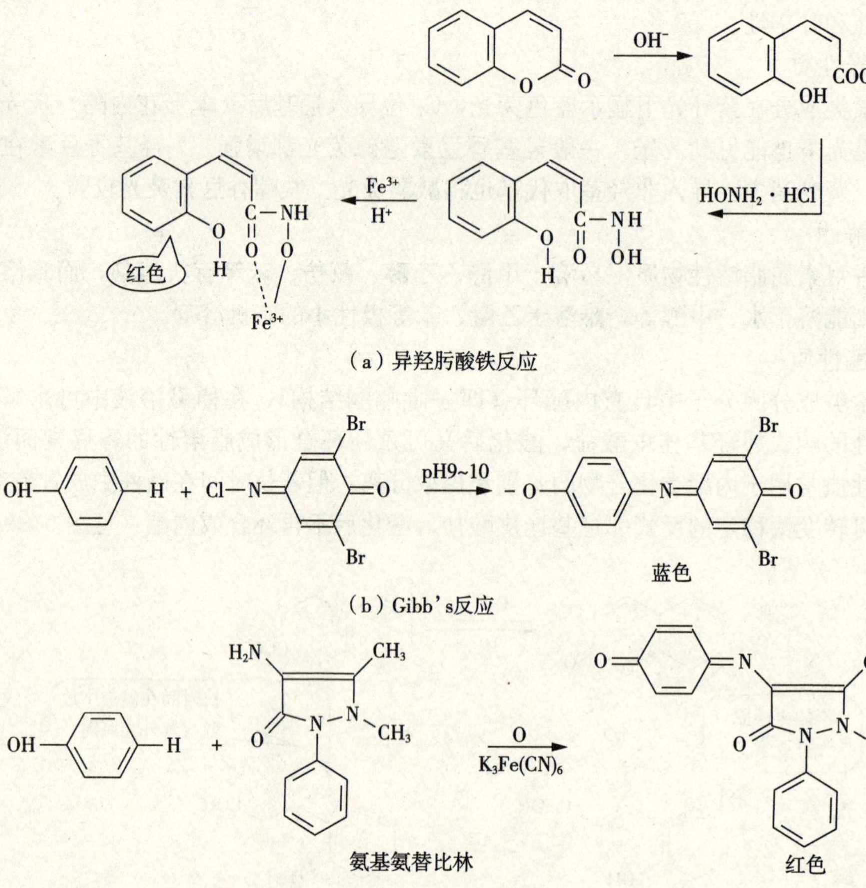

OH⁻

HONH₂ · HCl

$Fe^{3+}$ $H^+$

红色

（a）异羟肟酸铁反应

pH9~10

蓝色

（b）Gibb's反应

氨基氨替比林

$K_3Fe(CN)_6$

红色

（c）Emerson反应

**图 6—10　香豆素的显色反应**

## 6.2.3　香豆素的提取与分离

游离香豆素大多极性较低，属亲脂性物质，与糖结合成苷时极性较高，可根据香豆素的性质及药材的性质，选择合适的提取分离方法。

1. 溶剂提取法

对游离型香豆素常采用石油醚、乙醚、乙酸乙酯、甲醇等溶剂依次提取药材；也可用甲醇或乙醇提取药材，回收溶剂后再用石油醚、乙醚、丙酮、甲醇等溶剂依次提取浸膏，可得到极性不同的部位，再做后续分离。也可采用液—液萃取方式处理总提取物，如七叶内酯的提取分离（见图 6—11）。①

2. 超临界 $CO_2$ 流体萃取法

超临界流体萃取法是提取香豆素类成分的一种有效的方法，特别适合对热敏感性强、

① 裴月湖等：《天然药物化学实验》，北京，人民卫生出版社，2005。

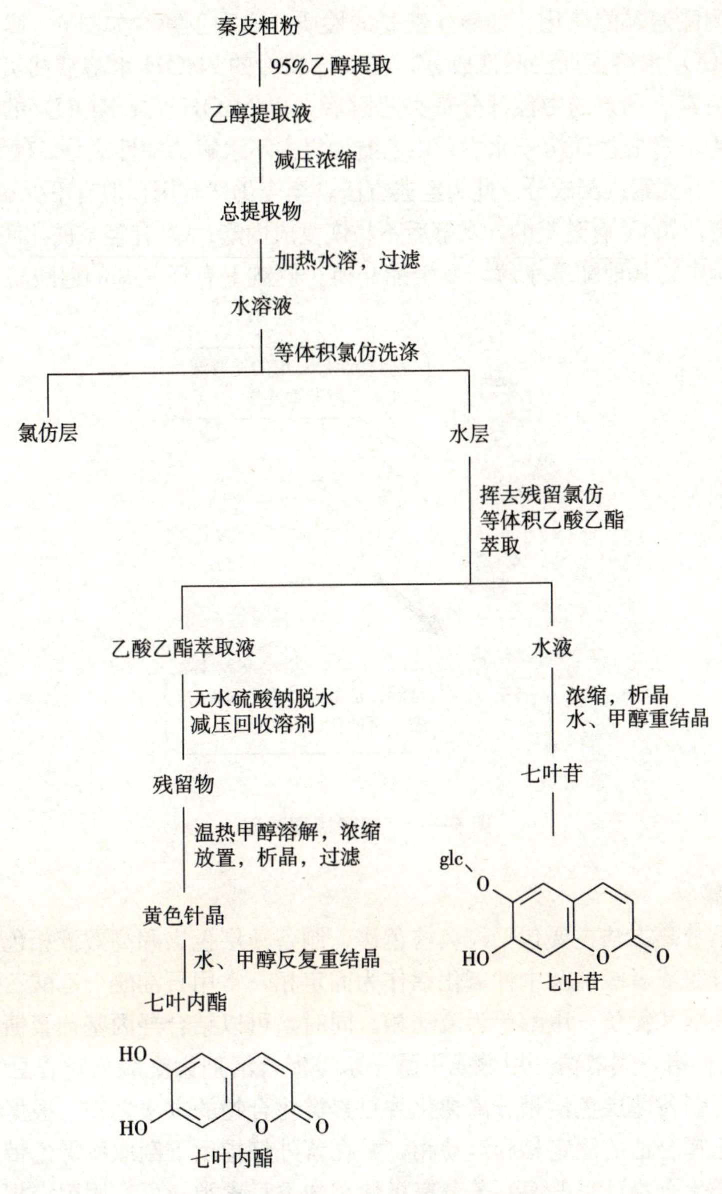


**图 6—11　七叶内酯的提取分离**

容易氧化分解破坏的小分子或挥发性香豆素的提取。对于游离态的、极性小的成分，只需用纯 $CO_2$ 萃取即可；对于分子量较大或极性较强的成分可加入适当的夹带剂，如甲醇、乙醇等，以改善萃取的效果。如伞形科植物川白芷 *Angelica Dahurica* (Fisch. Ex Hoffm) Benth. ex Hook. F. Var. Formaosana (Boiss.) Shan et Yuan 中总香豆素、芸香科植物飞龙掌血 *Toddalia Asiatica* Lam. 中呋喃香豆素及木犀科白蜡属 *Fraxinus* L. 植物中单羟基香豆素的提取。

3. 碱酸提取法

早期利用内酯遇碱能皂化、加酸能恢复的性质分离香豆素。如图6—12所示，乙醚萃取液先以 $NaHCO_3$ 水溶液抽去酸性成分，再以稀和冷的NaOH水溶液抽出酚性成分，其中包括酚性香豆素。剩余的中性部分蒸去乙醚后，以NaOH（或KOH）的水或醇溶液进行水解，此时香豆素成盐而溶于水中，以乙醚抽提去不水解的中性成分。碱水液用酸中和，再用乙醚萃取出香豆素内酯成分。此为经典方法，至今仍然有用，但有不少缺点，如对酸碱敏感的香豆素类，如 $C_8$ 有酰基的，水解后不易恢复成内酯；$C_5$ 有羟基的，闭环时可能异构化；碱易使结构中的其他酯基水解，发生酯交换；侧链上有环氧基的遇酸易开环。

**图6—12　碱酸提取过程**

4. 色谱分离

常用的色谱分离方法主要包括经典柱色谱、制备薄层色谱和高效液相色谱等。经典柱色谱一般采用硅胶或者酸性及中性氧化铝作为固定相，常用石油醚—乙酸乙酯、石油醚—丙酮、氯仿—丙酮和氯仿—甲醇等为流动相。同时，可以结合羟丙基葡聚糖凝胶（Sephadex LH-20）柱色谱，用氯仿—甲醇或甲醇—水等混合溶剂为洗脱剂对香豆素类化合物进行分离和纯化。制备薄层色谱是分离纯化香豆素类化合物的方法之一，根据其具有荧光的特性可方便地选择合适的固定相和流动相，并在紫外灯指示下刮取所需色带。高效液相色谱分离香豆素类化合物已很普遍，若分离极性小的香豆素类，可选用固定相为硅胶的正相色谱柱；而对于极性较大的香豆素苷类，选用固定相为Rp-8或Rp-18的反相色谱柱进行分离，流动相一般选用甲醇—水。

## 6.2.4　香豆素的生物活性①

1. 抗菌、抗病毒作用

从藤黄科植物南革绵毛胡桐 *Calophyllum Lanigerum* L. 中分离出的角型香豆素（+）—

① 何兰、姜志宏：《天然产物资源化学》，北京，科学出版社，2008。

绵毛胡桐内酯 A［(+)－Calanolide A］和（－）－绵毛胡桐内酯 B［(－)－Calanolide B］能够阻止 HIV-1 的复制、繁殖，前者作为治疗艾滋病的新一代非核苷酸类药物在国外已经进入Ⅱ期临床。同属植物海棠果 *Calophyllum Inophyllum* L. 中分离得到的香豆素类化合物 Inophyllum B、Inophyllum P、Cordatolide A、Cordatolide B 也能够显著抑制 HIV 逆转录酶活性。另外，从蛇床子等植物中分离得到的蛇床子素（Osthole）可抑制乙型肝炎表面抗原（HbsAg）。

2. 抗凝血作用

双香豆素及其类似物，是临床使用的一类抗凝血药物，用以防止血栓的形成，如海棠果内酯具有很强的抗凝血作用。香豆素在人体内吸收快而作用缓慢，长期使用要防止其积聚，应注意凝血时间的测定。

豆科植物草木犀 *Melilotus Officinalis* 中的双香豆素类成分紫苜蓿酚（Dicoumarol）具有显著的抗凝血活性，动物误食草木犀后可导致严重的溶血而死亡。紫苜蓿酚在机体内与维生素 K 发生可逆性竞争作用，抑制维生素 K 的血凝作用，从而产生抗凝血作用（见图 6—13）。药物化学家根据双香豆素类成分的结构及药理特性，人工合成了其类似物并开发为抗凝血药物，用来防止血栓的形成，如用于血栓栓塞性疾病的华法林（Warfarin）（见图 6—13）。

草木犀*Melilotus Officinalis*

紫苜蓿酚（Dicoumarol）　　华法林（Warfarin）

**图 6—13　双香豆素类的抗凝血成分**

3. 光敏作用

许多香豆素具有光敏作用。呋喃香豆素外涂或内服后经日光照射可引起皮肤色素沉着，临床上用杭白芷总香豆素、补骨脂内酯治疗白斑病，其中 8-甲氧基或 5-甲氧基的补骨脂内酯疗效最为显著。

4. 抗肿瘤作用

香豆素类可以通过增强机体免疫力产生抗癌作用，如增加并活化单核细胞的数量、调节单核细胞和巨噬细胞对淋巴细胞的活化及增强白介素等来发挥抗癌作用。从蛇床子中分离出的欧芹属乙素（Imperatorin）、爱得尔庭（Edultin），在体外实验中对耐药的肿瘤细胞 KBV200 具有明显的逆转作用。从缅甸 *Kayea Ossamica* 树皮中分离得到的 Theraphins A、B、C 显示出很好的抗 Co12、KB 和 LNCaP 人肿瘤细胞的活性。

5. 其他作用

6,7-二甲氧基香豆素具有抗急性肾功能衰竭和较强的肝保护作用。从白花前胡 *Peucedanum Praeruptorum* Dunn 中分离得到的白花前胡丙素（Praeruptorum C）及双氢丙素具有显著增加冠状动脉血流量和 $Ca^{2+}$ 拮抗作用。茵陈蒿 *Artemisia Capillaries* Thunb. 中的滨蒿内酯（Scoparone）具有松弛平滑肌、解痉利胆作用。岩白菜、矮地茶等所含的矮茶素对慢性支气管炎有较好的疗效。有些香豆素类成分对鱼和昆虫有显著毒性而对人体无害，故可作捕鱼和杀虫药物。

## 6.3 木脂素类

木脂素（Lignans）是一类由两分子苯丙素（$C_6-C_3$）衍生物聚合而成的天然产物，少数为三聚体和四聚体。大多数木脂素呈游离状态，也有一些与糖结合成苷类。分布于植物的根、茎、花、果实等部位中。由于广泛存在于植物的木质部和树脂中，或在开始析出时呈树脂状，故称为木脂素。

### 6.3.1 木脂素类化合物的主要结构类型

常见的木脂素类化合物主要有木脂素与新木脂素（Neolignan）两大类，以前者为多见，图 6—14 为木脂素类化合物的原子编号。另外，构成的木脂素或新木脂素在生物体内会发生烃基侧链丢失一个或两个碳原子的情形，其产物称为降木脂素（Norlignan）。木脂素是指两个苯丙素分子通过侧链 β 位碳（$C_8—C_{8'}$）相互连接而成的衍生物。而当苯丙素的脂肪烃基碳与另一苯丙素单位的苯环相连，或两苯丙素单位的苯基相连（即非侧链 β 碳之间相连）时，所构成的各种衍生物称为新木脂素。木脂素、新木脂素按其结构特点又可分为若干小类。常见的木脂素有以下几种类型。

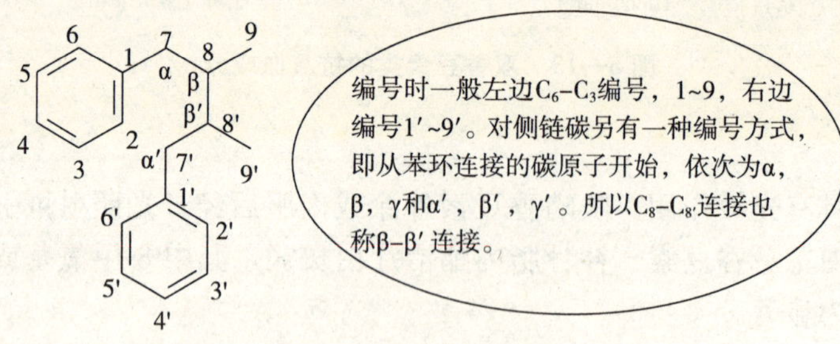


**图 6—14 木脂素类化合物的原子编号**

1. 简单木脂素

木脂素是由两分子苯丙素通过 $C_8—C_{8'}$ 简单连接而形成的。这类木脂素中，$C_9$ 和 $C_{9'}$ 多以甲基形式存在，也有部分结构中的甲基被氧化为羟甲基，少数化合物为双键亚甲基。从蒺藜科植物 *Larrea Divaricata* 中分离得到的去甲二氢愈创木脂酸属于此类木脂素，常用做抗氧化剂（见图 6—15a）。再如珠子草 *Phyllanthus Niruri* L. 中分离得到的叶下珠脂素（Phyllanthin）（见图 6—15b）也为简单木脂素。这一类型常被看做是其他类型木脂素的生源前体。

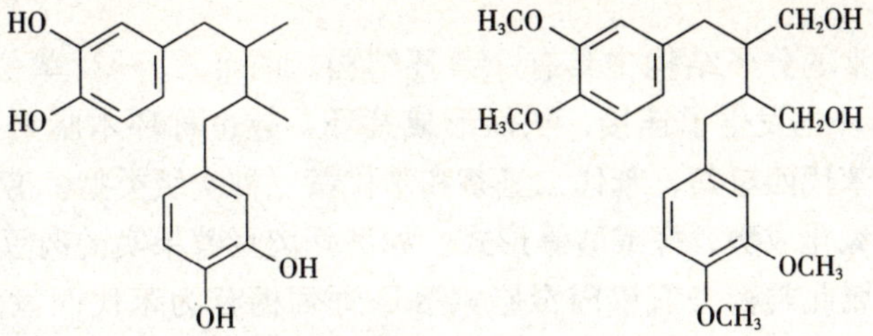

（a）去甲二氢愈创木脂酸　　　（b）叶下珠脂素

图 6—15　简单木脂素

2. 四氢呋喃型

四氢呋喃型即表示在形成的木脂素结构中，其侧链部分具有一个四氢呋喃环。因氧原子连接位置的不同，可形成 7-O-7′、7-O-9′、9-O-9′三种形式的结构。例如，从翼梗五味子中分离得到的恩施脂素为 7-O-7′型呋喃环；从 *Olea Europaea* 树脂中分得的橄榄脂素（Olivil）为 7-O-9′四氢呋喃环；从毕橙茄 *Piper Cubeba* 中分离得到毕橙茄脂素（Cubein）则为 9-O-9′四氢呋喃环（见图 6—16）。

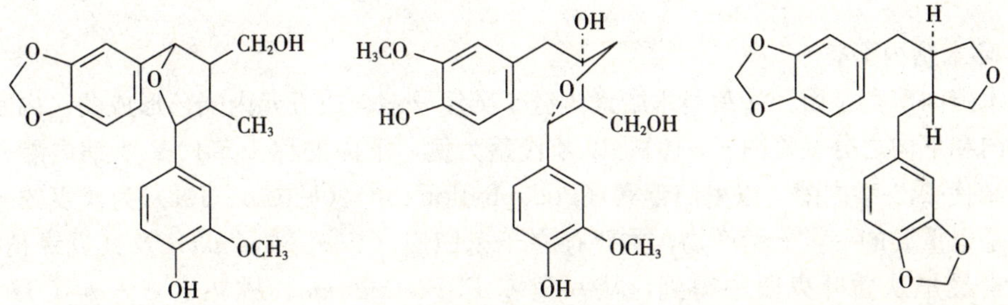

恩施脂素（7–O–7′）　　　橄榄脂素（7–O–9′）　　　毕橙茄脂素（9–O–9′）

图 6—16　四氢呋喃型

3. 双四氢呋喃型

双四氢呋喃型表示在木脂素结构中，其侧链部分形成两个四氢呋喃环，且二者骈合在一起。到目前为止，天然存在的双四氢呋喃类木脂素的结构中都为顺式连接的骈双四氢呋喃环。如（+）–芝麻脂素、（+）–细辛素和 Diasesartemin 均属于此类木脂素（见图 6—17）。

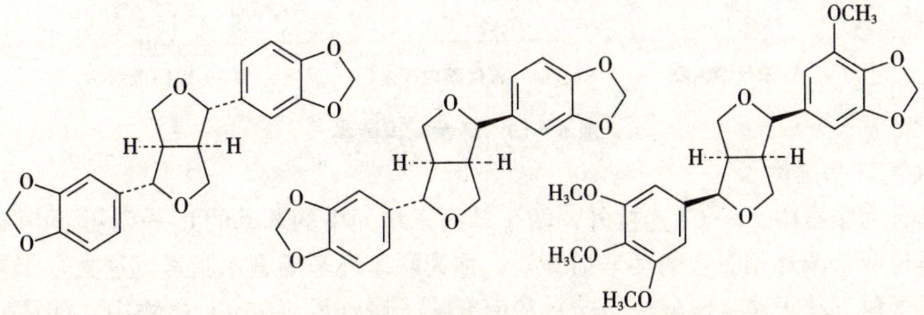

（+）–芝麻脂素　　　（+）–细辛素　　　Diasesartemin

图 6—17　双四氢呋喃型

4. 芳基萘类

芳基萘类木脂素的分子结构中具有一萘环结构。两个 $C_6$—$C_3$ 单位除具有 $C_8$—$C_{8'}$ 连接外，$C_{7'}$ 与另一苯环也发生了连接，从而形成萘环，故也称环木脂素。所形成的环因饱和度差异，可分为苯代四氢萘、苯代二氢萘和苯代萘三种次级类型。芳基萘类木脂素的侧链 γ 碳原子可能被氧化成醇、醛或酸等形式。如奥托肉豆蔻果实的肉豆蔻脂素（Otobain）及其羟基衍生物均属此类；去氧鬼臼毒脂素-β-D-葡萄糖苷为苯代四氢萘的基本结构（见图 6—18）。

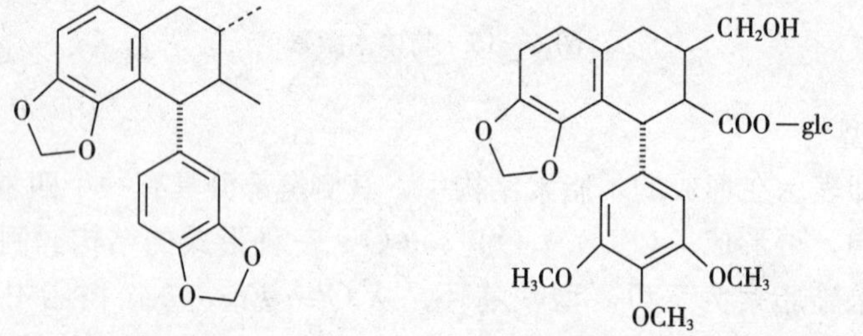

奥托肉豆蔻脂素　　去氧鬼臼毒脂素-β-D-葡萄糖苷

**图 6—18　芳基萘类**

5. 环木脂内酯类

环木酯内酯类是由芳基萘类木脂素侧链 γ 碳原子缩合成五元内酯环形成的。内酯环羰基有上向和下向之分（见图 6—19）。以苯代萘为例，下向的称 1-苯代-2,3-萘内酯；上向的称 4-苯代-2,3-萘内酯。以鬼臼毒素（Podophyllotoxin）（见图 6—19c）为代表的环木脂内酯类是很重要的一类天然产物，主要存在于鬼臼属（*Podophyllum*）及其近缘植物中。鬼臼毒素最早从盾叶鬼臼中得到，从八角莲 *P. Pleianthum*、桃儿七 *Sinopodophyllum Emodi* 和山荷叶 *Diphylleia Sinensis* 等近缘植物中也分离得到过。鬼臼毒素显示有很强的细胞毒活性，能显著抑制癌细胞的增殖。

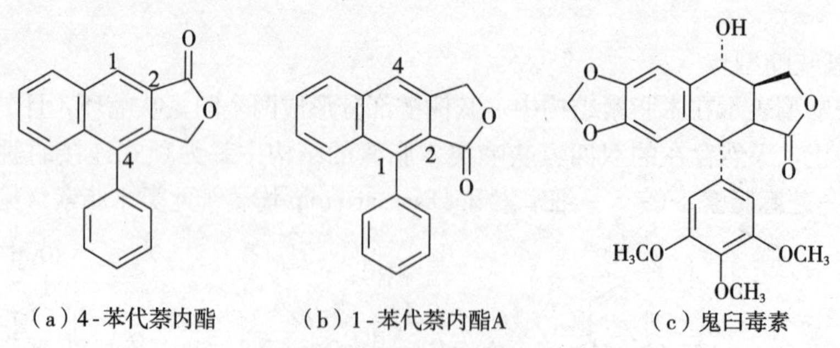


（a）4-苯代萘内酯　（b）1-苯代萘内酯A　（c）鬼臼毒素

**图 6—19　环木脂内酯类**

6. 联苯环辛烯类

除具有木脂素中 $C_8$—$C_{8'}$ 连接外，两个苯丙素单元中的苯基的 $C_2$—$C_{2'}$ 也同时相连，构成了一类与两个苯环相骈合的环辛烯骨架，称为联苯环辛烯型木脂素。这类木脂素集中存在于五味子科五味子属（*Schizandra*）和南五味子属（*Kadsura*）植物中。如从五味子果实中得到的五味子素、戈米辛 A 等均具有联苯环辛烯型母核（见图 6—20）。五味子和华中五味子果实中的各种联苯环辛烯类木脂素均有保肝和降低血清谷丙转氨酶活性作用。中国医学科学院药物研究所在合成五味子丙素时发现中间体联苯双酯具有显著降低血清谷丙转氨酶和改善肝炎症状的作用，目前作为药品用于治疗肝炎。其还原型产物双环醇（商品名百赛诺）也于 2001 年上市销售。

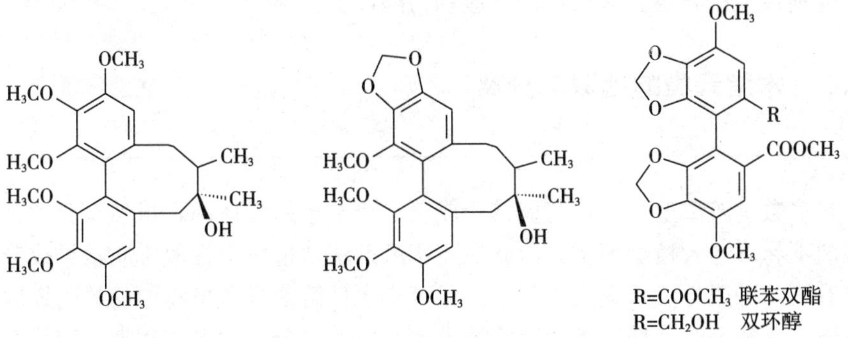

R=$COOCH_3$ 联苯双酯
R=$CH_2OH$　双环醇

（a）五味子素　　（b）戈米辛A　　（c）

**图 6—20　联苯环辛烯类**

7. 二芳基丁内酯类

二芳基丁内酯类木脂素是简单木脂素型侧链 $C_9$ 和 $C_{9'}$ 位缩合成五元内酯环形成的。多数天然的二芳基丁内酯类木脂素 $C_8$ 和 $C_{8'}$ 位的两个甲基为反式立体异构体，如从日本扁柏的心材和叶中分离得到的扁柏脂素（见图 6—21）。

8. 新木脂素类

新木脂素不具有 $C_8$—$C_{8'}$ 连接，如具有预防龋齿作用的厚朴酚（见图 6—22），其结构中两个苯丙素单元的连接是通过苯环直接相连完成的，称为联苯型新木脂素。新木脂素还存在一些其他连接方式，如侧链碳与苯环连接而形成的木脂素等，在此不再赘述。

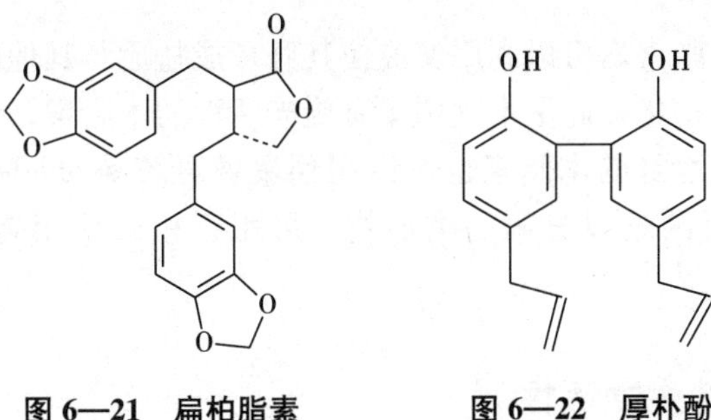

**图 6—21　扁柏脂素**　　**图 6—22　厚朴酚**

## 6.3.2　木脂素的理化性质

1. 性状及溶解性

木脂素多为无色结晶或白色粉末，多数呈游离型，属脂溶性物质，难溶于水，可溶于苯、氯仿、乙醚、乙醇等溶剂。少数与糖结合成苷后，水溶性增大。苷易被酶或酸水解。

2. 木脂素的显色反应

木脂素结构并无特殊显色反应，但木脂素分子中常具有酚羟基、醇羟基、亚甲二氧基、羧基和内酯等结构，可供检识利用。常用的显色剂有如下几种：三氯化铁、重氮化试剂、Gibb's 试剂等酚类检测试剂可用于具有酚结构时的显色；Labat 反应（没食子酸—硫酸试剂）或 Ecgrine 反应（变色酸—硫酸试剂）可检识亚甲二氧基；酸碱指示剂如溴甲酚蓝试剂可鉴别羧基；异羟肟酸铁试剂可鉴别内酯环等。

### 6.3.3 木脂素类的提取与分离

1. 提取

木脂素多数呈游离型（少数与糖结合成苷）存在于植物体内，虽然亲脂性强，但由于低极性溶剂不易渗透入植物细胞，因此在应用溶剂法从植物中提取木脂素类成分时并不选用氯仿等溶剂。一般方法是选用乙醇、丙酮等亲水性溶剂进行植物原材料的提取，得浸膏后再用氯仿、乙醚等溶剂处理提取物，抽出木脂素类成分。也可采用液—液萃取方式将木脂素类转移到低极性有机溶剂中。利用超临界流体 $CO_2$ 的脂溶性和高穿透性会更有利于木脂素成分的提取。

2. 分离

吸附色谱是分离木脂素的主要手段，常用吸附剂为硅胶。用石油醚—乙酸乙酯、石油醚—丙酮等体系展开或洗脱，可以获得较好的分离效果。例如从窝儿七中提取分离鬼臼毒素（见图 6—23）。

分配色谱也可用于木脂素的分离。如盾叶鬼臼 90％甲醇提取物经乙酸铅去鞣质后，用氯仿、正丁醇萃取，分别在水饱和的硅藻土柱上进行乙酸乙酯/水分配色谱，可将提取物分为三个不同的部分，然后将各部分分别经硅胶柱色谱，以含水异丙基乙酸酯加入 0.5％～2.0％甲醇的混合溶剂洗脱，可使盾叶鬼臼中的木脂素类成分达到完全分离的目的。

对于内酯结构的木脂素，可以利用碱液使其开环成盐后与其他脂溶性成分分离，但碱液容易使木脂素发生异构化，此法不宜用于有旋光活性的木脂素。

对于在甲醇中溶解性好的木脂素也可以用葡聚糖凝胶 sephadex LH-20 分离和纯化。对于木脂素类结构相近的难以分离的类似物，可用正相或反相高效液相制备色谱进行分离。

### 6.3.4 木脂素的生物活性

1. 抗肿瘤作用

小檗科鬼臼属及其近缘植物中普遍存在的各种鬼臼毒素类木脂素，均显示强的细胞毒活性，能显著抑制癌细胞的增殖。但其毒性较大，经过结构改造后可得到效果好、毒性低的半合成产物，如 VP-16 和 VM-26 已作为抗癌药物用于临床。

2. 保肝

五味子果实中的各种联苯环辛烯类木脂素，均有保肝和降低血清谷丙转氨酶活性的作用，如五味子酯甲、合成品联苯双酯及其类似物已成为我国治疗肝炎的药物。

3. 抗氧化作用

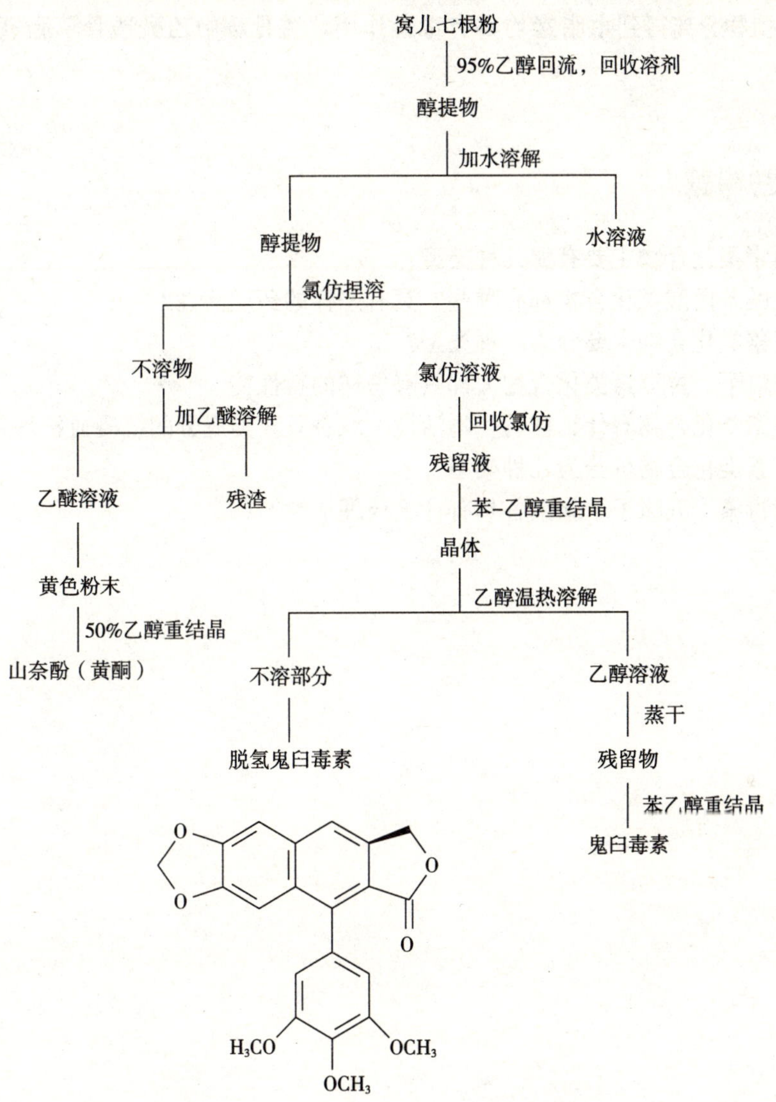


**图 6—23　从窝儿七中提取分离鬼臼毒素**

有些木脂素具有显著的抗脂质过氧化和清除氧自由基作用，酚羟基的存在可使其抗氧化活性大为增加。五味子属植物中所含的联苯环辛烯类木脂素具有显著的抗脂质过氧化和清除自由基活性，作用强过维生素 E。

4. 中枢神经系统作用

一些木脂素对中枢神经系统有显著的作用。五味子素木脂素类（如五味子醇甲）具有明显的中枢镇静作用。厚朴的镇静和肌肉松弛作用也与其含有的木脂素厚朴酚和厚朴酚有关。

5. 抗病毒作用

鬼臼毒素类木脂素对麻疹和Ⅰ型单纯疱疹有对抗作用。从南五味子中得到的戈米辛等数种木脂素对艾滋病毒的增殖有明显的抑制作用。

6. 毒鱼与杀虫作用

爵床属植物分离得到木脂素均具有毒鱼作用，透骨草中乙酰透骨草脂素则具有杀虫作用。

## 思考题

1. 苯丙素类化合物主要有哪几种类型？
2. 常见的苯丙酸类化合物都有哪些？具有怎样的药理活性？
3. 香豆素类化合物主要分为几种类型？
4. 紫外灯下，香豆素类化合物大都具有怎样的特性？
5. 香豆素类化合物有什么样的生物活性？双香豆素类成分的抗凝血机理是什么？
6. 木脂素类化合物可分为几种类型？
7. 鬼臼毒素、五味子木脂素各具有什么药理活性？

# 第7章　萜类化合物

## 学习要点

1. 萜类化合物的基本结构和物理化学性质；
2. 萜类化合物的提取分离技术；
3. 代表性萜类化合物的生物活性；
4. 草酚酮、环烯醚萜苷、薁类化合物的结构特点和主要性质。

人的机体中如果缺乏维生素 A，视觉会出现问题，也容易罹患感染性疾病；如果患了疟疾，目前最好的药物是我国科学家发现的新药青蒿素。维生素 A 和青蒿素都是天然产物，从化学角度看，它们的结构是由若干个异戊二烯（$C_5H_8$）分子构成的，我们将具有此类结构的物质统称为萜类化合物（Terpenoids）。

萜类化合物属天然烃类衍生物，由两个或两个以上异戊二烯分子聚合衍生而成，化学组成符合（$C_5H_8$）$_n$ 通式，只有少数例外。分子由两个异戊二烯单位构成时称为单萜，由 4 个异戊二烯单位构成时称为二萜，由 6 个异戊二烯单位构成时称为三萜，以此类推，维生素 A 分子含有 20 个碳原子，属于二萜类。分子中含有 3 个异戊二烯单位时称为倍半萜，含有 5 个异戊二烯单位时称为二倍半萜，青蒿素为倍半萜，基本结构由 15 个碳原子构成。

萜类化合物在动植物、微生物及海洋生物中分布相当广泛，结构多样，种类繁多，是各类天然产物中数量最多的一类化学成分，也是寻找和发现天然药物生物活性成分的重要来源。许多具有较强生理或生物活性的物质已被广泛应用于临床。如青蒿素具有抗疟作用，穿心莲内酯具有抗菌消炎作用，甘草酸具有促肾上腺皮质激素样作用，冰片具有发汗、兴奋、解痉和防虫作用，齐墩果酸具有抗肝功效等。

## 7.1 萜类化合物的结构类型及分布

### 7.1.1 萜类化合物的结构与类型

萜类是一数量庞大、结构多样的化合物类群，是由异戊二烯（$C_5H_8$）单位以头—尾顺序连接而成的聚合体及其衍生物。在结构简单的萜类化合物中，可以方便地发现这种五碳单位和连接方式，但对结构复杂的化合物来说，这种寻找会有一定困难。

在早期的研究中，发现异戊二烯是许多多环烃的分解产物（如将松节油的蒸气通过红热的铂丝网，会产生异戊二烯）。将异戊二烯加热到 280℃时能发生 Diels-Alder 加成反应，2 分子异戊二烯会聚合生成甲基异丙基环己烷（单萜），故曾认为异戊二烯是萜类在植物体内形成的前体物质，并将其称为（经验）异戊二烯法则。植物体内当然不可能发生上述的热解或热聚反应。生物化学研究表明，合成萜类成分的活性前体为焦磷酸二甲烯丙酯（MAPP）和焦磷酸异戊烯酯（IPP），它们是由甲戊二羟酸转化来的。实验证明，甲戊二羟酸是萜类化合物生物合成途径中关键的前体物质。因此重新将萜类化合物定义为：所有由甲戊二羟酸衍生、且分子式符合（$C_5H_8$）$_n$ 通式的衍生物类。其烯烃类衍生物常称为萜烯（Terpenes）。目前生源异戊二烯法则概念已取代过去的经验异戊二烯法则概念，但在学习记忆和分析分子结构时，熟悉经验异戊二烯法则更方便些。

萜类化合物在形成过程中首先是由焦磷酸二甲烯丙酯和焦磷酸异戊烯酯经首—尾相连形成链式结构的单萜，以后在生物体内各种酶的作用下，经历链的延长、环化、氧化等生物过程形成结构多样的衍生物。萜类的生物合成过程如图 7—1 所示。因此，不论单萜、倍半萜、二萜……均具有链式结构和环状结构。环式结构的化合物还可能存在有单环、双环、三环等差异。在学习各种萜类物质的结构时，常以链式、单环、双环……的形式依次阐述。

### 7.1.2 萜类化合物的分布

单萜和倍半萜是中草药中挥发油的主要成分，是香料、医药工业、食品工业和化学工业的重要原料，大量存在于植物的腺体、油室、油细胞或树脂中。部分单萜或倍半萜常温下以固体形式存在，如：龙脑、环烯醚萜苷类等。二萜主要分布于五加科、马兜铃科、菊科、橄榄科、杜鹃花科、大戟科、豆科、唇形科和茜草科中，是形成树脂的主要物质。二倍半萜数量不多，主要分布于蕨类植物、菌类、地衣类、海洋生物及昆虫的分泌物中。三萜是构成植物皂苷、树脂等的重要成分（另章讲解）。四萜主要是一些脂溶性色素，广泛分布于植物中，常温下一般为红、橙、黄色结晶。如β-胡萝卜素类为黄色，番茄红素为红色。四萜在空气中不稳定，常因被氧化而发生树脂化反应。

各类萜类化合物的分布如表 7—1 所示。

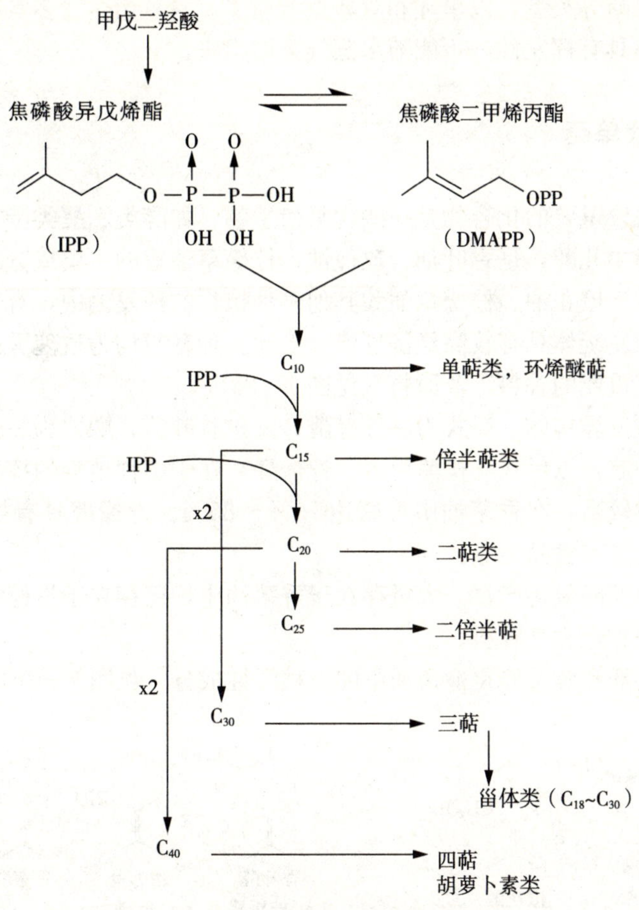


**图 7—1　萜类的生物合成**

**表 7—1　萜类化合物的分类与分布**

| 分　类 | 碳原子数 | 通式 $(C_5H_8)_n$ | 举　例 |
|---|---|---|---|
| 半萜 | 5 | $n=1$ | 植物叶 |
| 单萜 | 10 | $n=2$ | 挥发油 |
| 倍半萜 | 15 | $n=3$ | 挥发油 |
| 二萜 | 20 | $n=4$ | 苦味质、植物醇 |
| 二倍半萜 | 25 | $n=5$ | 海绵、植物病菌，昆虫代谢物 |
| 三萜 | 30 | $n=6$ | 皂苷、树脂、植物乳汁 |
| 四萜 | 40 | $n=8$ | 胡萝卜素 |
| 多聚萜 | $7.5\times10^3\sim3\times10^5$ | $n>8$ | 橡胶、硬橡胶 |

# 7.2　单　萜

单萜是由两个异戊二烯单位构成、含 10 个碳原子的化合物及其衍生物。有链状单萜、单环单萜、双环单萜等类型，以单环和双环类型居多。含氧衍生物多具有较强的生物活性和香气。其苷类不具有挥发性，不能随水蒸气蒸馏出来。

### 7.2.1 链状单萜

链状单萜中比较重要的化合物是一些含氧衍生物，如醇类、醛类酯等。

香叶醇又称牻牛儿醇，是香叶油、玫瑰油、柠檬草油等的主要成分，具有类似玫瑰的香气。橙花醇存在于橙花油、柠檬草油和其他多种植物的挥发油中，有玫瑰香气。香茅醇有光学活性，其中左旋体具有较高经济价值。上述三种萜醇均为玫瑰香系香料，常共存于同一挥发油中，是重要的香料工业原料（见图 7—2a)。

柠檬醛具有顺反异构体，反式为α-柠檬醛，又称香叶醛，顺式为β-柠檬醛，又称橙花醛，通常混合在一起，以反式柠檬醛为主。柠檬醛存在于多种植物的挥发油中，在柠檬草油和香茅油中含量较高，在香茅油中可高达 70%～85%。柠檬醛具有柠檬香气，以柠檬香味原料应用于香料和食品工业。

香茅醛是香茅醇的氧化产物，大量存在于香茅油中，还存在于柠檬油、桉叶油等挥发油中，也是重要的柠檬香气香料。

香叶醛、橙花醛和香茅醛是薄荷油中的三种活性成分（见图 7—2b)。

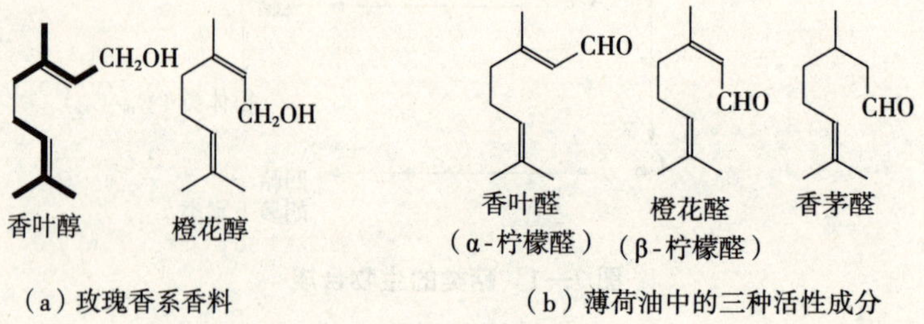


图 7—2 链状单萜

### 7.2.2 环状单萜

1. 单环单萜

单环单萜种类很多，常见的是薄荷烷型（见图 7—3)。

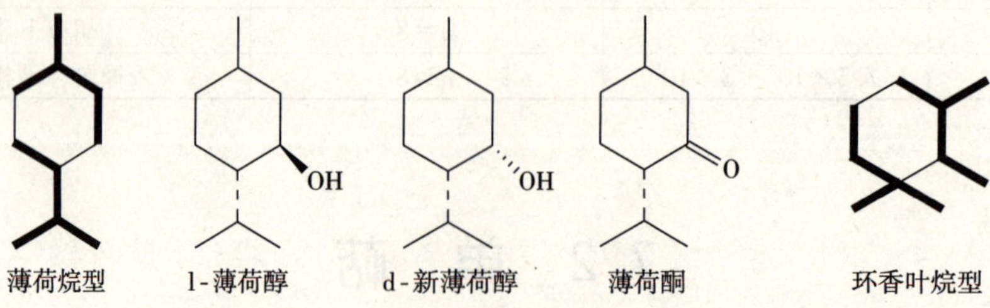


图 7—3 单环单萜

薄荷醇是薄荷挥发油中的主要成分，其左旋体习称薄荷脑，为白色块状或针状结晶，对皮肤和黏膜有清凉和弱的麻醉作用，用于镇痛和止痒，并具有防腐杀菌作用。薄荷油中还存在左旋薄荷醇的异构体——右旋新薄荷醇和薄荷醇的氧化产物薄荷酮。薄荷酮具有平喘、止咳、抗菌等作用。

2. 双环单萜

常见双环单萜可以看作薄荷烷型的双环衍生物（见图 7—4）。

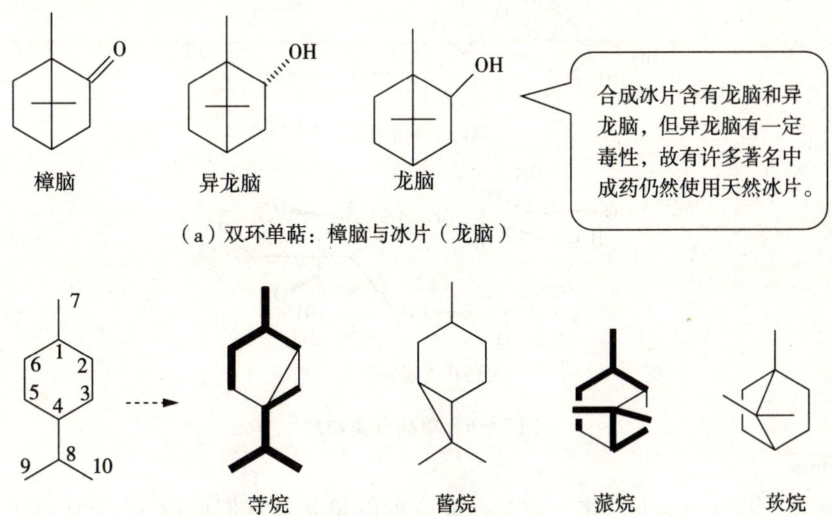


（a）双环单萜：樟脑与冰片（龙脑）

（b）由薄荷烷衍生的双环单萜类型

**图 7—4　双环单萜类化合物**

龙脑俗称冰片，为白色片状结晶，具有类似胡椒和薄荷的香气，有升华性，天然冰片的工业生产即根据此性质从植物中提取。其右旋体主要来自白龙脑香树的挥发油，左旋体存在于艾纳香全草中，合成品是消旋体并含有异龙脑。冰片具有多方面的药理活性，如发汗、兴奋、镇静、驱虫、抗缺氧等，另外冰片还是香料工业的原料。

樟脑习称辣薄荷酮，为白色结晶性固体，易升华，有特殊香味。天然樟脑左旋体和右旋体共存，主要存在于樟树和菊蒿的挥发油中，由工业合成品生产。樟脑有局部刺激作用和防腐作用，可用于神经痛、炎症和跌打损伤的擦剂，也可作为强心剂应用。

松节油是从松树油脂经蒸馏得到的挥发油，可用于治疗肌肉痛和关节痛。其主要化学成分为 α-蒎烯、β-蒎烯、δ-蒎烯。其中 α-蒎烯含量最高，可达 60%以上，δ-蒎烯的含量很低（见图 7—5）。

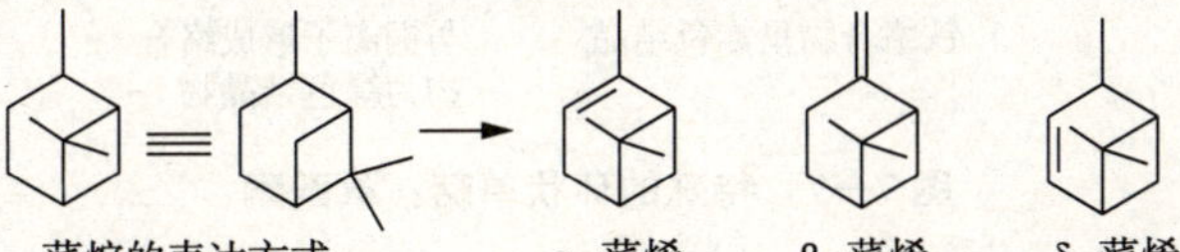

蒎烷的表达方式　　α-蒎烯　　β-蒎烯　　δ-蒎烯

**图 7—5　松节油中的主要成分——蒎烯**

3. 单萜苷类

在植物体内还可分离获得一些单萜苷类物质，如芍药苷（Paeoniflorin）是从芍药根中得到的蒎烷型单萜苦味苷，对小鼠有镇静、镇痛及抗炎等药理作用。近年来有报道称芍药苷具有防治老年性痴呆的生物活性。

菊科植物麻叶千里光 *Senecio Cannabifolius* Less.，又名宽叶返魂草，从其抗菌活性部位中分离得到了两个新的单萜苷①：麻叶千里光苷 D（Cannabiside D）、麻叶千里光苷 E（Cannabiside E）（见图 7—6）。

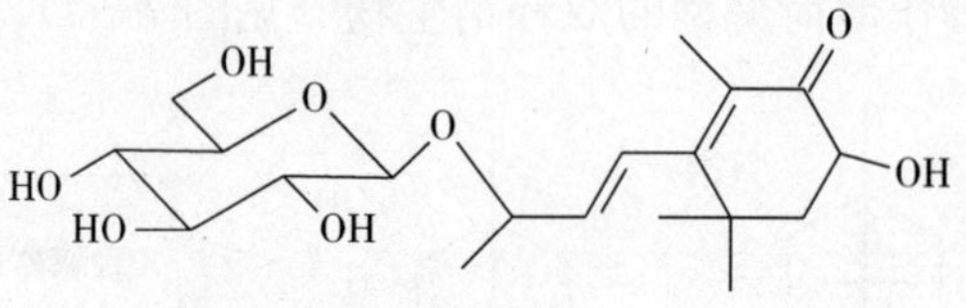

麻叶千里光苷E

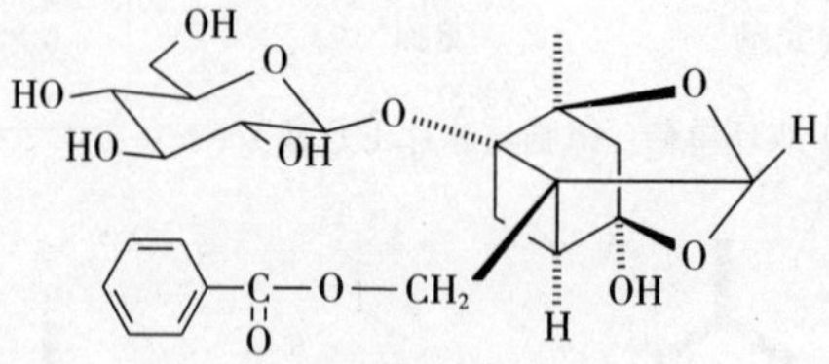

芍药苷（蒎烷型）

**图 7—6　单萜苷类物质**

4. 革酚酮

革酚酮类（Troponoids）化合物是一类变形的单萜，它们虽由 10 个碳原子组成，但其碳架不符合异戊二烯法则。如在一些崖柏和罗汉柏中含有的 α-崖柏素、β-崖柏素和 γ-崖柏素（见图 7—7）。这类化合物多具有抗真菌活性，但毒性较大。革酚酮类化合物具有下列特性：

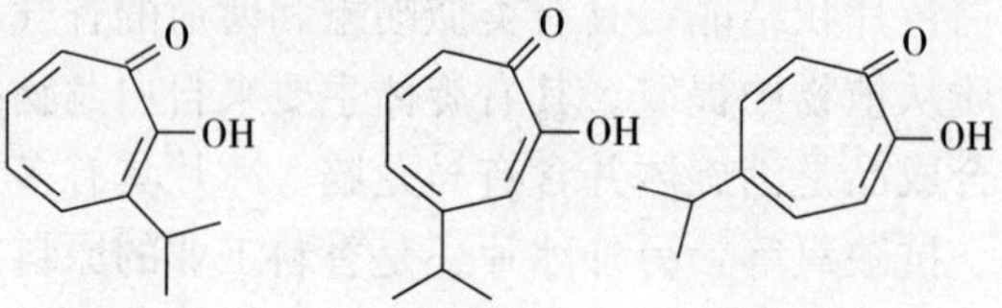

α-崖柏素　β-崖柏素　γ-崖柏素

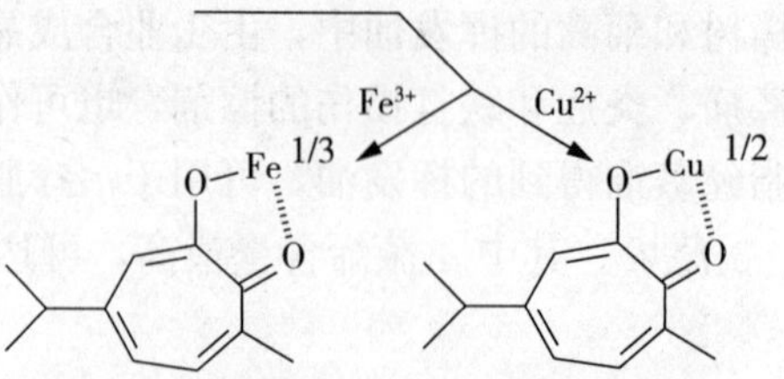

$Fe^{3+}$　$Cu^{2+}$

铁络合物呈赤色结晶　与铜离子形成络合物为绿色结晶物

**图 7—7　特殊的环状单萜：革酚酮**

① 吴斌、李文、林文辉等：《麻叶千里光中两个新单萜苷化合物》，载《中国药物化学杂志》，2005(3)。

（1）具有芳香化合物性质，具有酚的通性，也显酸性。其酸性介于羧酸和酚之间，即羧酸＞草酚酮＞酚。

（2）分子中的酚羟基易于甲基化，但不易酰化。

（3）分子中的羰基类似于羧酸中羰基的性质，不能和一般的羰基试剂反应。

（4）能与多种金属离子形成络合物结晶体，并显示不同颜色，如铜络合物为绿色结晶，铁络合物为赤红色结晶。

5. 环烯醚萜苷

这类化合物具有环戊烷骈合含氧六元环（吡喃环）的结构，分子中带有环烯醚键，为臭蚁二醛（Iridoidial）（见图 7—8）的缩醛衍生物。臭蚁二醛是从臭蚁的防卫性分泌物中分离出来的物质，它是衍生环烯醚萜的关键性中间氧化物。环烯醚萜及其苷类在植物界分布较广，以双子叶植物，尤其是在玄参科、唇形科、茜草科和龙胆科等植物中较为常见。由于这类物质有多种生物活性，故而受到广泛的关注。

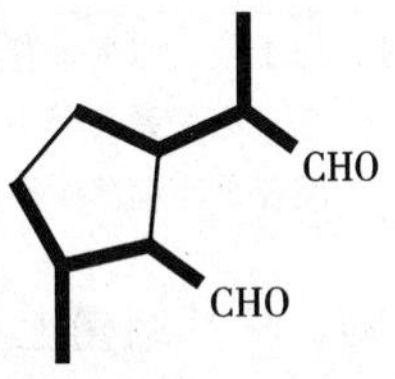

CHO
CHO

**图 7—8　臭蚁二醛**

由于 $C_1$—OH 为半缩醛羟基，性质活泼，易与糖结合成苷，因此天然界的环烯醚萜多以苷的形式存在。根据其环戊烷结构部分的环合或开裂，其结构类型又可分为环烯醚萜苷和裂环环烯醚萜苷两种基本碳架（见图 7—9）。

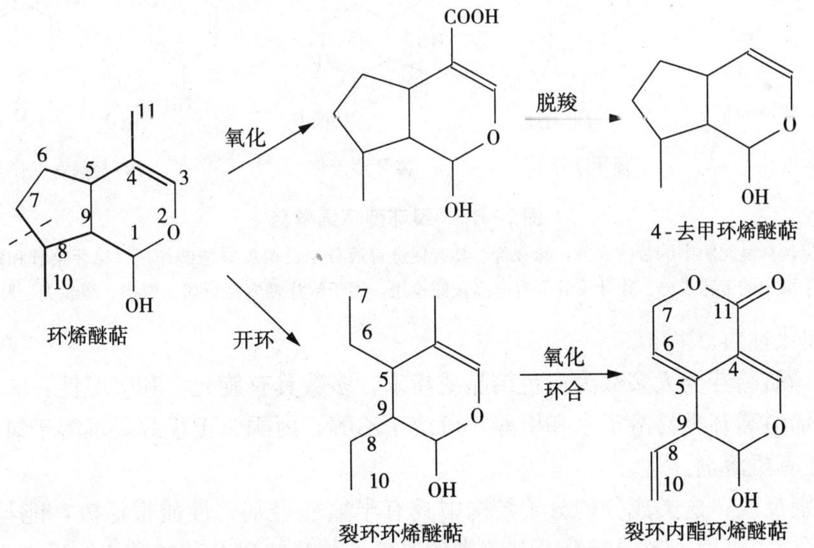

环烯醚萜　氧化　COOH　OH　脱羧　OH　4-去甲环烯醚萜　开环　OH　裂环环烯醚萜　氧化　环合　OH　裂环内酯环烯醚萜

**图 7—9　环烯醚萜的结构**

（1）环烯醚萜苷。

这类环烯醚萜苷数目较多，根据其结构 $C_4$ 位上有无取代基又可分为环烯醚萜苷（如栀子苷）和 4-去甲环烯醚萜苷（如车前草中的桃叶珊瑚苷）（见图 7—10）。4-去甲基环烯醚萜类的化学组成中减少了 1 个碳原子，故从结构上看不符合（经验）异戊二烯法则。

（2）裂环环烯醚萜苷。

裂环环烯醚萜苷可看成是由环烯醚萜苷在 $C_7$ 和 $C_8$ 位间发生键断裂，开环衍变而成的

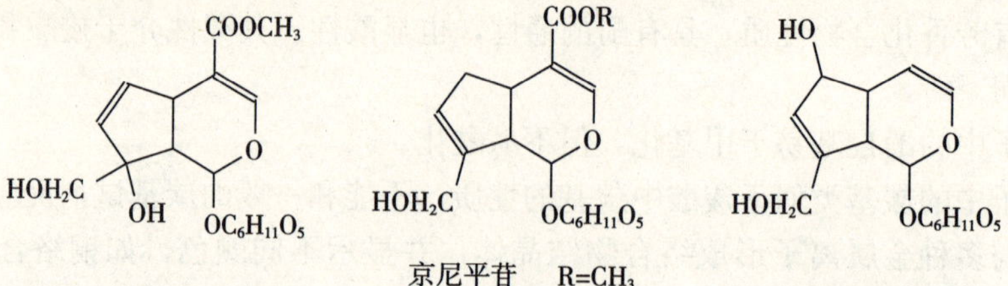

COOCH₃ HOH₂C OH OC₆H₁₁O₅

栀子苷

COOR HOH₂C OC₆H₁₁O₅

京尼平苷 R=CH₃
京尼平苷酸 R=H

HO HOH₂C OC₆H₁₁O₅

桃叶珊瑚苷

**图 7—10 环烯醚萜**

注：栀子苷、京尼平苷和京尼平苷酸是清热泻火中药山栀子的主要成分，它们与栀子的清热泻火、治疗肾炎水肿有一定关系。其中京尼平苷有泻下和利胆作用；而京尼平苷元具有显著的促进胆汁分泌和泻下作用。桃叶珊瑚苷是车前草中清湿热、利小便的有效成分，具有抑制革兰氏阳性和阴性菌的作用。

化合物，从其结构上看也不符合（经验）异戊二烯法则。这种类型的化合物数量较少，且多以酯或内酯的形式存在。如得自滇木樨榄 *Olea Yunnanensis* Hand. -Mazz. 的 10-羟基女贞苷（10-Hydroxyligstroside）为裂环型的酯；从龙胆属和獐芽菜属植物中得到的龙胆苦苷、獐牙菜苷、獐牙菜苦苷等则为裂环型的内酯（见图 7—11）。

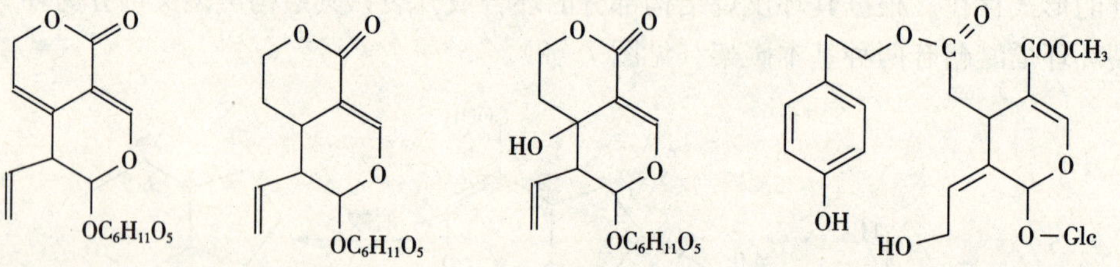

龙胆苦苷 獐牙菜苷 獐牙菜苦苷 10-羟基女贞苷

**图 7—11 裂环型环烯醚萜**

注：龙胆苦苷是龙胆中的苦味成分，味极苦，具有促进胃液分泌、增加胃酸的作用。獐牙菜苷和獐牙菜苦苷是獐牙菜中的苦味成分。獐牙菜苷具有解痉止痛作用，用于治疗痉挛性胃痛、腹痛、胆囊炎、肝炎等症。

（3）理化性质。

1）环烯醚萜苷类大多数为白色结晶或粉末，多数具有旋光性和吸湿性，味苦。

2）环烯醚萜苷类易溶于水和甲醇，可溶于乙醇、丙酮、正丁醇，难溶于氯仿、乙醚、苯等亲脂性有机溶剂。

3）鉴别反应：这类成分的分子结构中具有半缩醛羟基，性质很活泼，能与一些试剂产生颜色反应，可用于环烯醚萜及其苷类的鉴别。如环烯醚萜苷被酸水解后产生的苷元很不稳定，容易发生聚合反应，在不同的水解条件下，产生不同颜色的变化或沉淀。

在加热条件下苷元与氨基酸作用会产生蓝色沉淀。苷元还可以产生乙酸—铜离子反应：将样品溶于冰乙酸，加入少量的铜离子试液，加热后即产生蓝色反应。

（4）提取分离。

环烯醚萜类主要以苷的形式存在于植物体内，亲水性强，故一般采用水、甲醇、乙醇、稀丙酮溶液等作为提取溶剂。

提取时需考虑抑制共存于植物体内酶的活性以及植物中酸的影响，可向植物材料中拌入碳酸钙或氢氧化钡。选用稀醇或醇做提取溶剂更合适。

# 7.3　倍半萜

倍半萜类化合物是由三个异戊二烯单位构成、含 15 个碳原子的化合物类群，是挥发油高沸程部分的主要组成成分，多以烃、醇、酮、酯或内酯的形式存在。倍半萜的含氧衍生物多具有较强的香气和生物活性，是医药、食品、化妆品工业的重要原料。倍半萜类是萜类化合物中数目、骨架结构类型最多的一类，生物活性也极其多样。

倍半萜类可分为链状、单环、双环、三环和四环等五种倍半萜结构类型，但植物中多以单环、双环倍半萜的含氧衍生物为主，三环、四环倍半萜数目较少。

## 7.3.1　链式倍半萜

金合欢烯、金合欢醇和苦橙油醇等都是链状倍半萜类衍生物（见图 7—12）。金合欢烯又称麝子油烯，主要存在于枇杷叶、洋甘菊的挥发油中。金合欢烯有两种异构体，其中α-金合欢烯存在于木兰花中，β-金合欢烯见于藿香和生姜等挥发油中。金合欢醇在金合欢花油、橙花油、香茅油中大量存在，是重要香料成分。苦橙油醇具有苹果香味，是橙花油和降香油的主要成分之一。

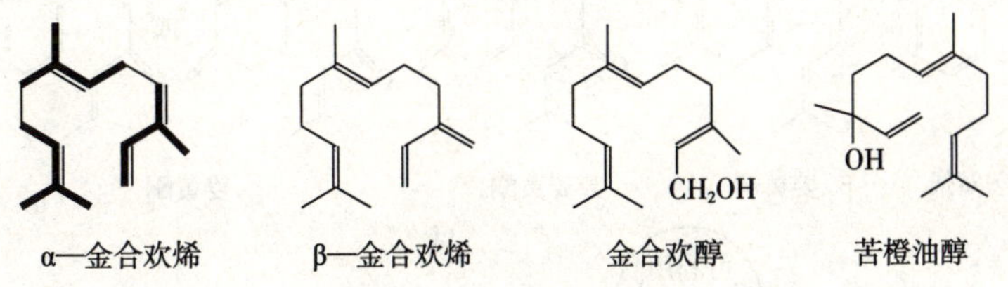


**图 7—12　链式倍半萜**

注：金合欢烯和金合欢醇具花香香气，用于制作各种香精。

## 7.3.2　环状倍半萜

在环状倍半萜类化合物中，单环、双环倍半萜多为挥发油中的成分，有多种结构类型，如单环结构的没药烷型、蛇麻烷型，双环的萘烷型、薁类等。一些倍半萜的含氧衍生物，由于氧化程度较高，还可形成多个内酯环、过氧环等，使结构显得更为复杂，如青蒿素等，这类化合物一般不具备随水蒸气蒸馏的特点，需采用溶剂法进行提取。

姜科姜黄属植物的挥发油中含有的α-姜黄烯、β-姜黄烯，是中药郁金挥发油中的主要成分。姜黄酮、芳姜黄酮等是中药姜黄根茎挥发油的主要成分。姜黄酮具有利胆功效。

棉酚（Gossypol）为杜松烷型双分子衍生物，黄色液体，可从棉花的棉籽中得到，茎叶中亦有分布。棉酚具有杀精子作用，曾被试用做男性计划生育药，但因副作用大而未在临床应用。棉酚不含手性碳原子，但由于两个苯环折叠障碍也具有光学活性，在棉籽中为消旋体。右旋体在桐棉花中存在。

青蒿素（Artemisinin）是一内酯型过氧化物倍半萜，具有强抗疟活性，来自中药黄花蒿 *Artenisia Annua* L.。因其水、油溶解度均差，经改造后得到蒿甲醚和青蒿琥珀单酯，不但改善了油、水溶解问题，而且效价更高。

山道年属双环桉烷型，是强力驱蛔剂，曾长期用作驱虫药物，现已被淘汰。

在一些植物中还存在有一类大环倍半萜类化合物，属单环结构。常见的基本类型有牻牛儿烷型、蛇麻烷型、丁香烷型等。

牻牛儿烷类存在于杜鹃花科植物中，从黄花杜鹃 *Rhododendron Anthopogonides* Maxim. 和青海杜鹃 *R. Tsinghaiense* Ching. 的叶和嫩枝的挥发油中得到的牻牛儿酮（大牻牛儿酮、吉马酮、杜鹃酮、Germacrone）具有镇咳、平喘的作用。

莪术二酮（Curdione）是从姜科植物郁金（*Curcuma Aromatica* Salisb.）的根茎挥发油中分离得到的具有抗肿瘤作用的成分。药理实验证明莪术二酮对小鼠肉瘤 37、小鼠宫颈癌 $U_{14}$ 等有明显的抑制作用，可使癌细胞变性坏死。临床结果表明，莪术二酮对宫颈癌有较好的疗效。

蛇麻烯（Humulene）为蛇麻烷型（Humulane）衍生物。蛇麻烯存在于蛇麻 *Humulus Lupulus* L.、白豆蔻 *Amomum Kravank* Pierre ex Gagnep. 果实、北柴胡 *Bupleurum Chinese* Dc. 根、香薷 *Elsholtzia Spledens* Nakai 等植物的挥发油中。

常见的环状倍半萜结构如图 7—13 所示。

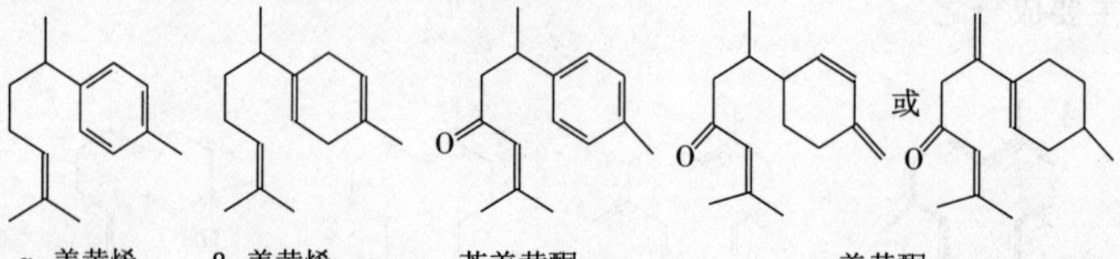

α-姜黄烯　β-姜黄烯　芳姜黄酮　姜黄酮（或）

可利用此处性质提取

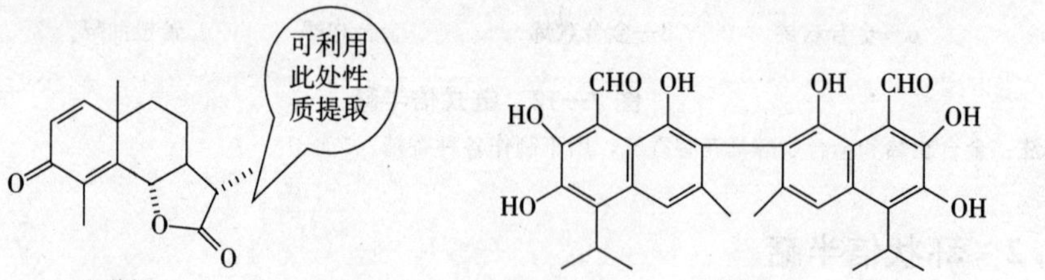

山道年　棉酚

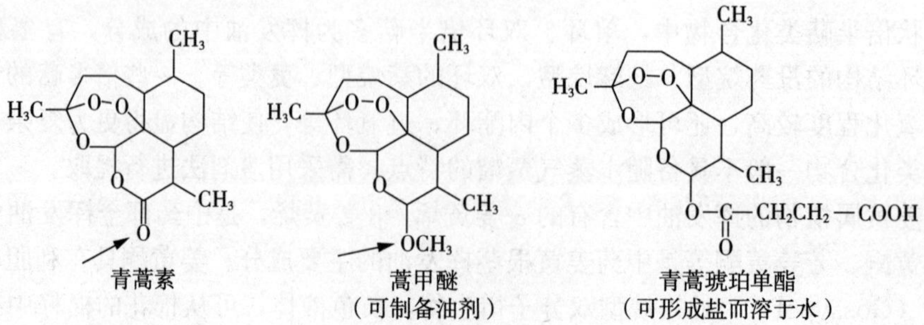

青蒿素　蒿甲醚（可制备油剂）　青蒿琥珀单酯（可形成盐而溶于水）

**图 7—13　环状倍半萜**

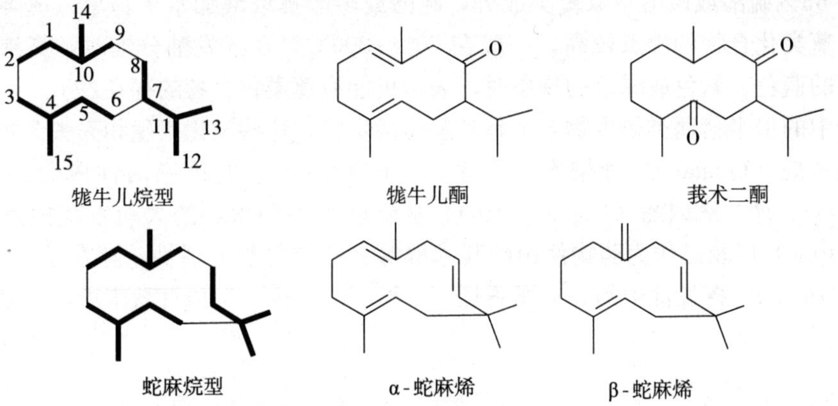

1 14 9 2 10 8 3 4 5 6 7 11 13 15 12

牻牛儿烷型　　牻牛儿酮　　莪术二酮

蛇麻烷型　　α-蛇麻烯　　β-蛇麻烯

图 7—13　环状倍半萜（续）

### 7.3.3　薁类衍生物

凡是由五元环与七元环骈合而成的薁芳环骨架都属于薁类（Azulenoids）化合物（见图 7—14）。薁类化合物是一种特殊的倍半萜，是挥发油中的高沸点组分，这类化合物多具有抑菌、抗肿瘤、杀虫等生物活性。

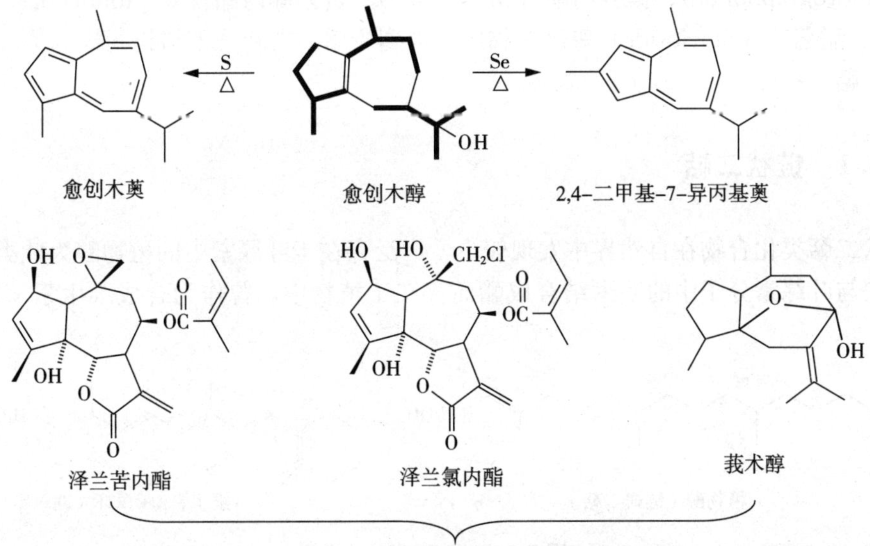


图 7—14　特殊的双环倍半萜——薁类化合物

薁是一种非苯环芳烃化合物，分子中具有高度共轭体系，可与苦味酸或三硝基苯试剂作用，形成有敏锐熔点的 π-络合物，可供鉴别用。检测挥发油中是否含有薁类化合物时可以应用 Sabety 反应：取挥发油一滴溶于 1mL 氯仿中，加入 5%溴的氯仿溶液，若产生蓝紫色或绿色，表明有薁类化合物存在。亦可与 Ehrlich 试剂（对-二甲氨基苯甲醛浓硫酸）反应产生紫色或红色来证实挥发油中有薁类化合物存在。

薁类化合物溶于石油醚、乙醚、乙醇、甲醇等有机溶剂，不溶于水而溶于强酸。故可用 60%～65%硫酸或磷酸萃取薁类成分，硫酸或磷酸提取液加水稀释后，薁类成分即沉淀析出。薁类化合物的沸点较高，一般在 250～300℃，在挥发油分馏时，高沸点馏分可见到美丽的蓝色、紫色或绿色的现象时，表示可能有薁类化合物的存在。

植物中的倍半萜薁类衍生物多半是其氢化衍生物，这些氢化衍生物失去芳香性，其结构以愈创木烷（Quaiane）骨架类型居多。如圆叶泽兰中的抗癌活性成分泽兰苦内酯（Euparotin）、泽兰氯内酯（Eupachlorin），从新疆雪莲中得到的大苞雪莲内酯（Involucrato Lactone）以及已作为药物使用的莪术醇等具有抗肿瘤的活性。存在于广藿香 *Pogostemon Patchouli* 挥发油中的 α-广藿香烯（α-Patchoulene）又称百秋李烯，也是愈创木烷型衍生物。

## 7.4 二萜及二倍半萜

二萜类化合物是指骨架由 4 个异戊二烯单位构成、含 20 个碳原子的化合物类群。二萜广泛存在于植物界，许多植物（如松柏科植物）分泌的乳汁、树脂等主要含有二萜衍生物。从菌类和海洋生物中也发现许多二萜衍生物。它们具有多方面的生物活性，如穿心莲内酯（Andrographolide）、银杏内酯（Ginkgolide）、雷公藤内酯（Triptolidenol）、紫杉醇（Taxol）、甜菊苷（Stevioside）等已在临床中得到应用。二萜分子结构同样分为链状二萜和环状二萜。

### 7.4.1 链状二萜

链状二萜类化合物在自然界中发现较少，广泛存在于叶绿素中的植物醇为此类化合物代表，它与叶绿素分子中的卟啉结合成酯而存在于植物中，曾作为合成维生素 E、$K_1$ 的原料。

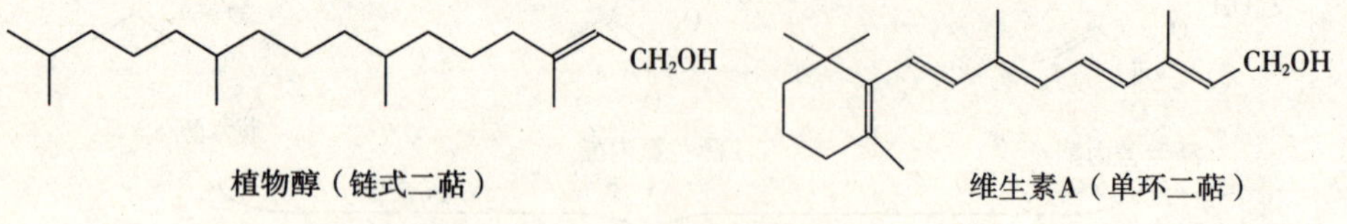

$CH_2OH$　　　　$CH_2OH$

植物醇（链式二萜）　　维生素A（单环二萜）

**图 7—15　二萜类化合物**

### 7.4.2 环状二萜

环状二萜类型较多。维生素 A 是具有单环二萜结构的脂溶性维生素，主要存在于动物的肝脏中，尤其是鱼肝中含量较丰富，如鲨鱼和鳕鱼的肝油中即富含维生素 A。

穿心莲内酯（Andrographolide）为双环二萜，是穿心莲中抗炎作用的主要活性成分，临床用于治疗急性菌痢、肠胃炎、咽炎、感冒发热等，疗效确切。其缺点是水溶性不好，只能口服给药。现一般将其制备成衍生物以增加其水溶性，如穿心莲内酯与丁二酸酐在无水吡啶中作用可制备成丁二酸半酯，使得穿心莲内酯的结构中增加一羧基，从而可与碱成盐而增加穿心莲内酯的水溶性，故可制备注射剂，见图7—16。

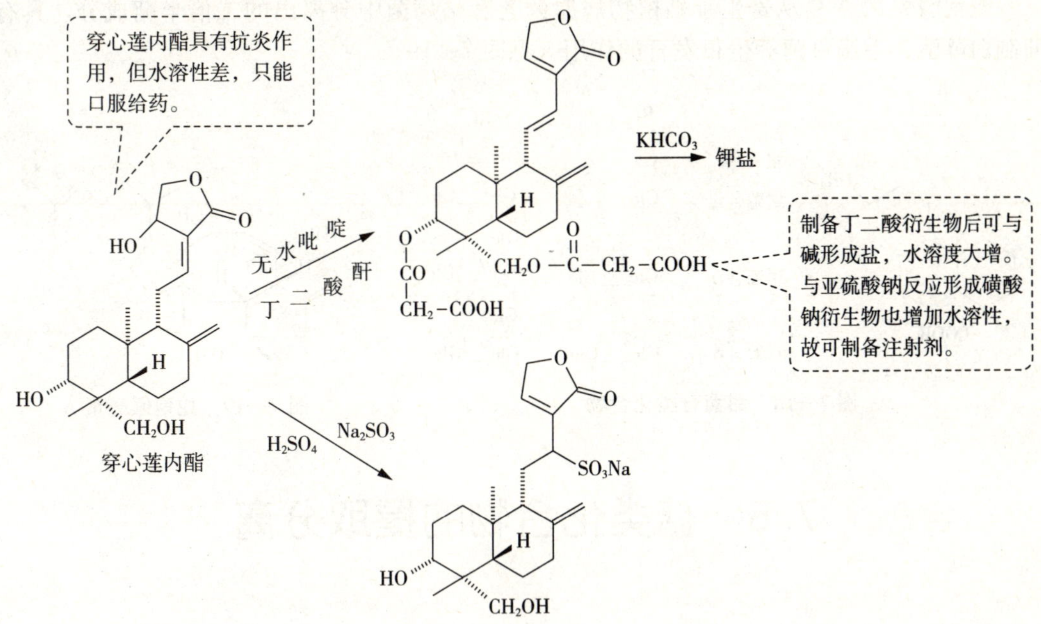


**图7—16 穿心莲内酯水溶性的改变**

紫杉醇又称红豆杉醇，最早来源于红豆杉 *Taxus Brevifolia* 的树皮，是20世纪90年代国际上抗肿瘤药的三大成就之一，现临床用于治疗卵巢癌、乳腺癌和肺癌等，见图7—17。

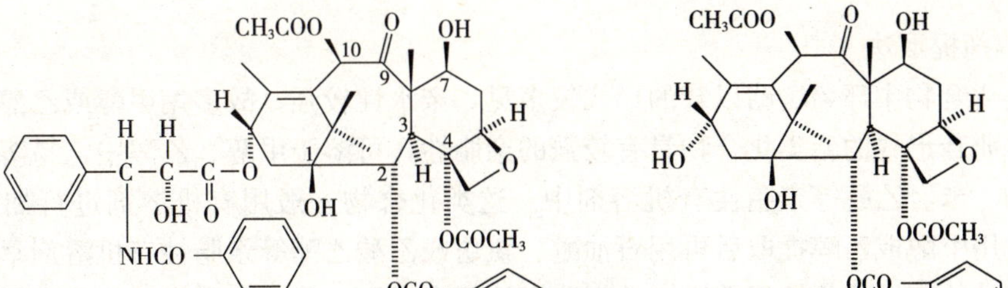

紫杉醇　　巴卡亭Ⅲ

**图7—17 紫杉醇及其前体**

注：紫杉醇抗肿瘤效果非常好，但天然存在量非常少。利用其前体巴卡亭Ⅲ和10-去乙酰巴卡亭Ⅲ（二者含量可达0.1%）进行半合成，可满足临床需求。

甜菊苷（Stevioside）是从甜菊叶中提取出的甜味苷，由苷元和不同的糖结合构成了甜菊苷和甜菊苷A、D、E（Rebaudioside A，D，E）等（见图7—18）。总甜菊苷因其甜度约为蔗糖的300倍，故在医药食品等工业被广泛应用。但近来有报道称因甜菊苷有致癌作用而被欧美等国禁用。

二倍半萜是指骨架由5个异戊二烯单位构成、含25个碳原子的化合物类群。自然界中数量较少，多数为结构复杂的多环化合物，约有 6 种类型、30 余种化合物，主要分布于蕨类植物、植物病原菌、海洋生物海绵、地衣及昆虫分泌物中。

蛇孢假壳素 A 是从寄生于稻植物病原菌芝麻枯病菌中分离出的二倍半萜成分，具有抑制白藓菌、毛滴虫菌等生长发育的作用（见图 7—19）。

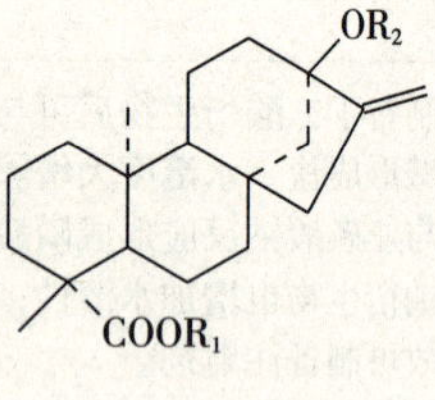

| | $R_1$ | $R_2$ |
|---|---|---|
| 甜菊苷 | Glc | Glc 2—1 Glc |
| 甜菊苷A | Glc | 3 Glc 2—1 Glc<br>1 \|<br>Glc |
| 甜菊苷D | Glc 2—1 Glc | 3 Glc 2—1 Glc<br>1 \|<br>Glc |
| 甜菊苷E | Glc 2—1 Glc | Glc 2—1 Glc |

**图 7—18　甜菊苷类化合物**

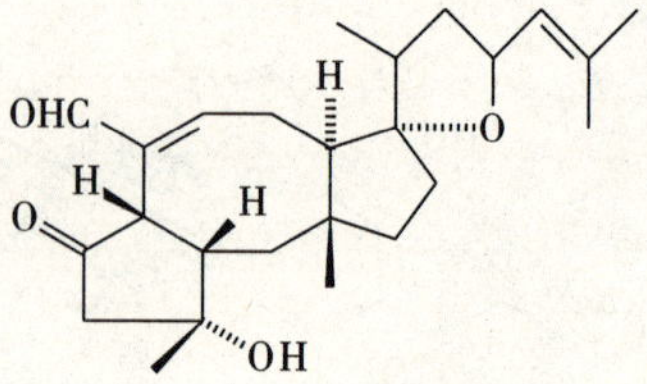

**图 7—19　蛇孢假壳素 A**

# 7.5　萜类化合物的提取分离

萜类化合物虽都是由活性异戊二烯基衍变而来的，但种类繁多、骨架庞杂、结构包容极广，因此提取分离的方法也因其结构类型的不同而呈现多样化。鉴于单萜和倍半萜多为挥发油的组成成分，它们的提取分离方法将在“挥发油”章节中论述。

## 7.5.1　萜类化合物的提取

1. 溶剂提取法

萜类化合物中环烯醚萜以苷的形式较多见，亲水性较强，故多用甲醇或乙醇为溶剂进行提取。非苷形式的萜类化合物具有较强的亲脂性，可溶于甲醇、乙醇中，易溶于乙酸乙酯、氯仿、苯、乙醚等亲脂性有机溶剂中。这类化合物一般用有机溶剂进行加热回流提取，或先用甲醇或乙醇提取后再用石油醚、氯仿或乙酸乙酯等亲脂性有机溶剂萃取；也可用不同极性的有机溶剂按极性递增的方法直接依次提取，得到不同极性的萜类提取物，再进行分离。

二萜类易聚合而树脂化，所以宜选用新鲜药材或迅速晾干的药材，尽可能避免酸、碱的处理。提取苷类成分时应按照常规事先破坏酶的活性。

2. 碱提取酸沉淀法

利用药材中倍半萜内酯类化合物在热碱液中开环成盐而溶于水中，酸化后又闭合而析出原化合物的特性来提取，但这类化合物在酸碱处理时容易发生结构重排，应该加以注意。

### 7.5.2　萜类化合物的分离

1. 结晶法分离

能够结晶的萜类化合物可以利用此法进行纯化分离。当其在某种溶剂条件下含量较高出现结晶时可将其过滤出来，然后重结晶操作即可得到纯化合物。

2. 色谱法分离

分离萜类化合物主要以各种色谱方法为主。根据分离原理不同，硅胶色谱、中性氧化铝色谱、制备硅胶薄层色谱、反相柱色谱、凝胶色谱、高效液相色谱、大孔吸附树脂法等均可以应用于萜类化合物的分离。

吸附柱色谱方法中常用的吸附剂为硅胶和中性氧化铝。硅胶最为常用，几乎所有的萜类化合物都可以用硅胶柱色谱进行分离，如鄂北贝母中对映—贝壳杉烷型二萜的分离（见图 7—20）。

因萜类化合物多具有双键，也可以采用硅胶硝酸银色谱法进行分离。由于不同萜类化合物的双键数目和位置不同，它们与硝酸银形成的 π-络合物难易程度和稳定性也有差异，可以据此达到分离目的。

采用色谱方法分离萜类化合物通常要运用多种色谱方法的组合才能得到单纯的化合物，即应用某种色谱方法先进行粗分离后，再用其他色谱方法反复分离纯化。有时同一种色谱分离方法通过改变溶剂系统往往也会达到意想不到的分离效果。

3. 利用结构中的特殊功能团进行分离

萜类化合物结构中往往含有内酯、羰基、双键等基团，倍半帖内酯类可以采取碱溶酸沉的方法分离，含羰基或双键的萜类可以采用加成的方法制备衍生物，加以分离。

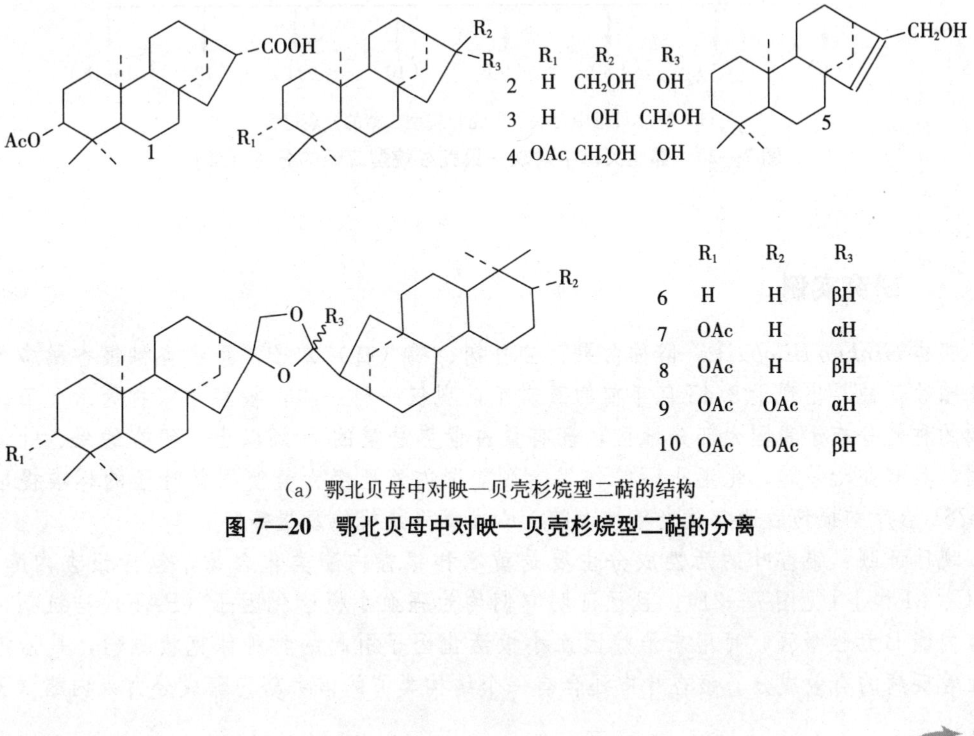

|  | $R_1$ | $R_2$ | $R_3$ |
| --- | --- | --- | --- |
| 2 | H | $CH_2OH$ | OH |
| 3 | H | OH | $CH_2OH$ |
| 4 | OAc | $CH_2OH$ | OH |

|  | $R_1$ | $R_2$ | $R_3$ |
| --- | --- | --- | --- |
| 6 | H | H | βH |
| 7 | OAc | H | αH |
| 8 | OAc | H | βH |
| 9 | OAc | OAc | αH |
| 10 | OAc | OAc | βH |

(a) 鄂北贝母中对映—贝壳杉烷型二萜的结构

**图 7—20　鄂北贝母中对映—贝壳杉烷型二萜的分离**

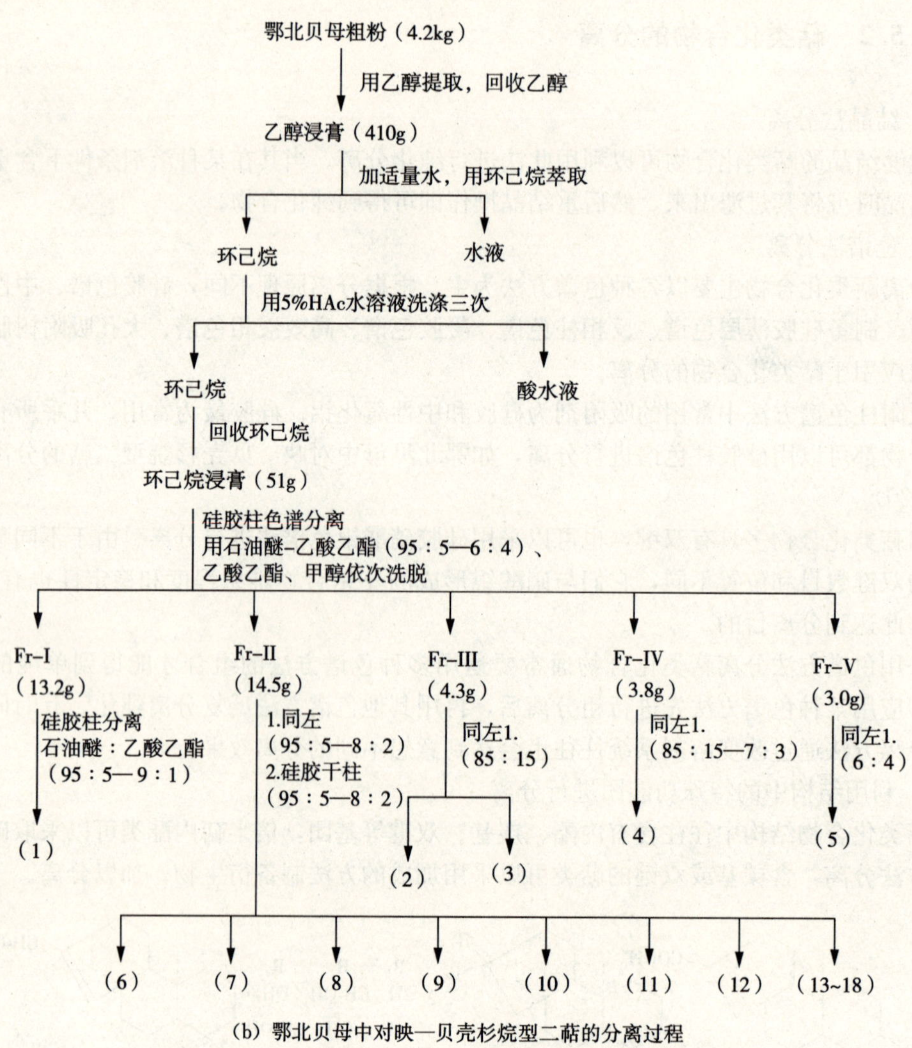

（b）鄂北贝母中对映—贝壳杉烷型二萜的分离过程

**图 7—20　鄂北贝母中对映—贝壳杉烷型二萜的分离（续）**

## 研究实例

银杏 *Ginkgo Biloba* L. 俗称白果、公孙树、鹅（鸭）掌子，系银杏科银杏属多年生木本植物，最早出现于3.45亿年前的石炭纪，现仅一科一属，被科学家称为活化石。银杏树的种植分布于我国大部分地区，拥有量占世界总量的70%以上。银杏的果、叶均作药用，具有益心敛肺，化湿止泻等作用。目前国内外已经大量使用其叶子的标准提取物Egb761治疗脑损伤后遗症及老年性大脑、心血管系统机能衰退等症。

现已证明：银杏叶的活性成分主要是黄酮和银杏内酯类化合物，包括银杏内酯A、B、C、M和J（见图7—21），且已证明它们均为强血小板活化因子（PAF）拮抗剂，以银杏内酯B活性最强，可用来治疗因血小板活化因子引起的种种休克状障碍，是治疗心脑血管疾病的有效成分。银杏叶中还含有一个结构类似的倍半萜内酯成分白果内酯（见图

7—22)，它无 PAF 拮抗活性，但具有中枢神经保护作用。

银杏内酯的提取工艺如图 7—23 所示。

| | $R_1$ | $R_2$ | $R_3$ |
|---|---|---|---|
| 银杏内酯A | OH | H | H |
| 银杏内酯B | OH | OH | H |
| 银杏内酯C | OH | OH | OH |
| 银杏内酯M | H | OH | OH |
| 银杏内酯J | OH | H | OH |

**图 7—21　银杏内酯**

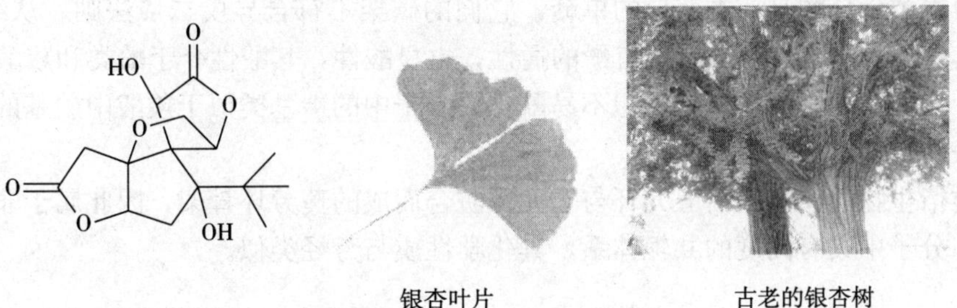

银杏叶片　　古老的银杏树

**图 7—22　白果内酯**

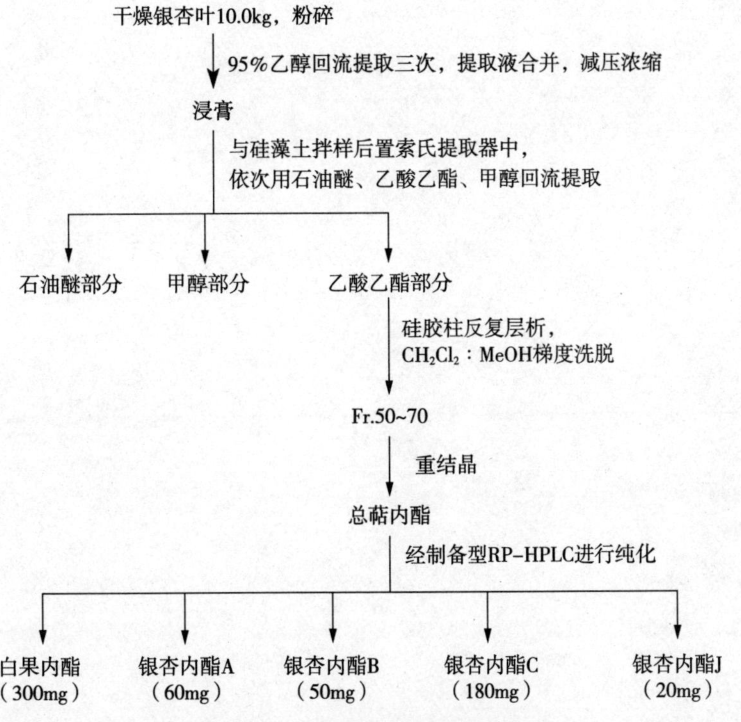


**图 7—23　银杏内酯的提取工艺**

## 思考题

1. 根据碳原子个数，可将萜分为几类？每一类举出一个代表性的化合物并写出其结构式。

**提示：**萜类化合物按照碳原子的数目进行分类可分为单萜、倍半萜、二萜、二倍半萜、三萜等，以此类推。本章只介绍到二倍半萜，因此从本章结构分类中可以找出各类的代表性化合物。

2. 简述环烯醚萜、草酚酮、薁类衍生物的结构特点，并根据其结构讨论其应具备的化学性质。

**提示：**环烯醚萜是一种特殊单萜，碳架有时不符合异戊二烯定则。由于 $C_1$—OH 为半缩醛羟基，性质活泼，易与糖结合成苷，容易发生聚合反应等。

草酚酮类化合物是一类变形的单萜，它们的碳架不符合异戊二烯法则。从结构上看，草酚酮具有芳香化合物性质，具有酚的通性，也显酸性，其酸性介于酚类和羧酸之间，因此分子中的酚羟基易于甲基化，但不易酰化。分子中的羰基类似于羧酸中羰基的性质，不能和一般的羰基试剂反应。

薁类衍生物的结构是由五元环与七元环骈合而成的薁芳环骨架，因此属于非苯环芳烃化合物，分子中具有高度的共轭体系，其化学性质与芳烃类似。

# 第8章　挥　发　油

**学习要点**

1. 挥发油的定义及应用；
2. 挥发油的化学组成；
3. 挥发油的理化性质；
4. 挥发油常用的提取分离方法。

人们出门旅行时总喜欢带一小瓶风油精，以防蚊虫叮咬、头痛头晕等。风油精中的主要药效成分是从植物中得到的挥发油（Essential Oil）。挥发油又称精油，是存在于植物中的一类具有芳香气味、可随水蒸气蒸馏而又与水不相混溶的油状液体成分的总称。挥发油不仅在医药上具有重要作用，在香料工业、食品工业以及化学工业等方面也有普遍的应用。

挥发油常存在于植物表皮的腺毛、油室、油细胞或油管中，大多数以油滴状态存在。挥发油在植物体内的分布呈多样性：有的全株植物都含有（如荆芥、紫苏）；有的分布在根（如当归）、根茎（姜）、花（丁香）、果（柑橘）、种子（豆蔻）等器官中。在植物不同的药用部位，所含挥发油的成分有差异，如樟科樟属植物的树皮挥发油多含桂皮醛，叶中多含丁香酚，根与木质部主含樟脑；有的植物在同一药用部位因采集时间不同，所含挥发油也有差异，如胡荽子在果实未成熟时，其挥发油主含桂皮醛和异桂皮醛，而在成熟时，主含芳樟醇和杨梅叶烯；欧薄荷挥发油中的1-薄荷醇随植物生长而增多，而1-薄荷酮相对减少。

挥发油类成分主要存在于种子植物中，我国芳香植物资源丰富，含挥发油的植物很多，野生与栽培的芳香植物约有56科136属300余种。

挥发油是一类重要的活性组分，临床上除直接应用含挥发油的生药外，还提取其所含的挥发油单独使用或配伍使用，如薄荷油可祛风健胃，当归油可镇痛，柴胡油可退热，土荆芥油可驱肠虫，茵陈蒿油可抗霉菌。近年来还发现某些挥发油具抑制肿瘤作用，如莪术油和鸦胆子油。

# 8.1 挥发油的组成和性质

挥发油为多种挥发性成分的混合物。一种挥发油中往往含有数十乃至上百种成分，其中多以某种或数种成分占据较大的量，如保加利亚玫瑰油中检出了 275 种化合物，再如松节油是以蒎烯为主要成分，其中 α-蒎烯约占 70%，β-蒎烯约为 30%，其他成分的含量较少。

## 8.1.1 挥发油的组成

在萜类化合物一章中讲到，挥发油中存在有大量的萜类化合物，但萜类并不是挥发油的唯一组成成分，挥发油的基本组成可分为以下 4 类化合物。

1. 萜类化合物

挥发油中存在的萜类主要是单萜和倍半萜以及它们的含氧衍生物，是组成挥发油的主要成分，前者一般无香气，而后者多是挥发油特异芳香味成分和具有显著生物活性的有效成分。如蓝桉叶油中桉油精含量达到约 70%，樟脑油中樟脑约含 50%等。挥发油中常见萜类化合物的结构如图 8—1 所示。

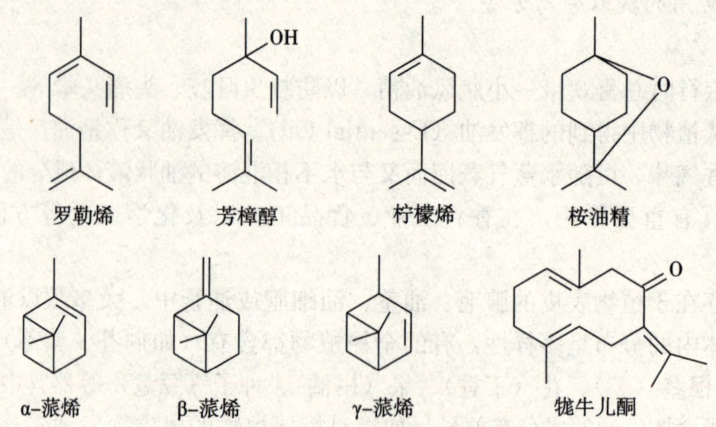


**图 8—1 挥发油中常见萜类化合物的结构**

2. 芳香族化合物

芳香族化合物在数量上仅次于萜类，存在也相当广泛。有的为萜源衍生物，如麝香草酚；有的为一般芳香性含氧衍生物，如苯乙醇、水杨酸、水杨酸甲酯等；但大多数为苯丙素类衍生物，如丁香挥发油中具有抑菌和镇静作用的丁香酚（Eugenol）、八角茴香油中的茴香脑（大茴香醚，Anethole）及肉桂中的桂皮醛等（见图 8—2）。

3. 脂肪族化合物

脂肪族多为一些小分子化合物，在植物的果实和水果中相对较多，包括烃、醇、醛、酮和酯，如松节油中的正庚烷、桂花中的正癸烷、当归种子中的正十四醇、丁香中的正庚

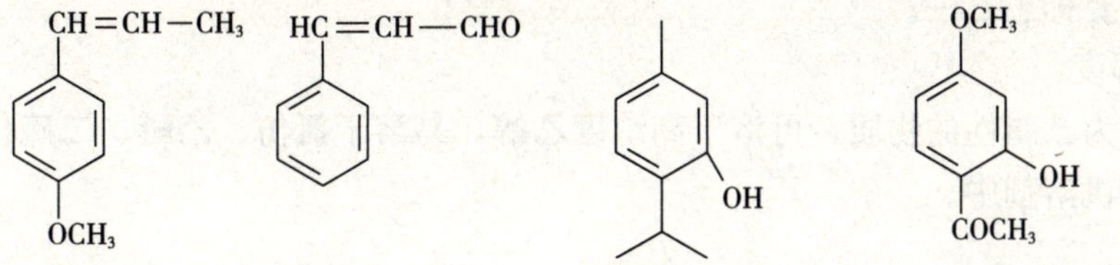

大茴香醚　桂皮醛　麝香草酚　丹皮酚

图 8—2　挥发油中常见芳香类化合物

醇、柑橘和玫瑰油中的正壬醇、橙皮中的正癸醛等。鱼腥草所含挥发油、主要有效成分为癸酰乙醛，具有抗菌作用，有鱼醒气味。有时一些更小分子的脂肪族醛、酸、酯也存在于挥发油中，如薄荷和桉叶挥发油中的异戊醛、啤酒花和迷迭香挥发油中的异戊酸、桂花中的乙酸乙酯等。

4. 其他类化合物

挥发油的组成除了上述三类物质外，还有一些挥发性物质出现在某些特殊挥发油中，如芥子油、挥发杏仁油、原白头翁素、大蒜油等（见图 8—3）。这些成分多是苷类等物质的酶水解产物，它们也能通过水蒸气蒸馏方式获得油样物，故也称为挥发油。如挥发杏仁油是苦杏仁中苦杏仁苷水解后产生的苯甲醛，大蒜油是大蒜中大蒜氨酸水解后产生的物质。此外，川芎嗪、烟碱、毒黎碱等生物碱也是能随水蒸气蒸馏的液体，属挥发油中的碱性物质，但这些化合物一般不被看做挥发油类成分。

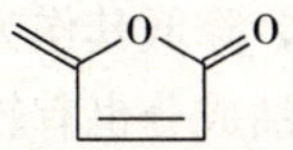

原白头翁素

$CH_2═CH\ \ CH_2\ \ \overset{O}{\overset{\|}{S}}\ \ S\ \ CH_2\ \ CH═CH_2$

大蒜辣素

$CH_2═CH-CH_2-S-S-S-CH_2-CH═CH_2$

大蒜新素

图 8—3　挥发油中其他类化合物

### 8.1.2　挥发油的理化性质

挥发油均在常温下可挥发，且不留持久性的油斑，能随水蒸气蒸馏，这是挥发油的重要性质，可借此区别脂肪油。

1. 形态与颜色

挥发油在常温下大多为无色或淡黄色油状透明液体。也有少数具有其他颜色，如苦艾油显蓝绿色，麝香草油显红色，一般认为与蒸馏过程有关。

有些挥发油被放置在较低温度时，可析出固体成分，俗称“脑”。如薄荷油中的薄荷脑，樟油中的樟脑等。滤去“脑”的油称为“脱脑油”，如薄荷的脱脑油习称“薄荷素油”。

2. 气味

挥发油多具有特殊而浓郁的香味或气味，具刺激性的灼热或辛辣味。也有少数挥发油具有异味，如鱼腥草挥发油具有不愉快的臭味（与癸酰乙醛有关）。挥发油的气味往往是其品质的重要标志之一。

3. 溶解度

挥发油为亲脂性的物质，可溶于高浓度乙醇，易溶于氯仿、乙醚、二硫化碳、石油醚等亲脂性有机溶剂中。

# 8.2 挥发油的提取与分离

## 8.2.1 提取

1. 水蒸气蒸馏法

水蒸气蒸馏法是从植物中提取挥发油最常用的方法。提取时，可将原料置于蒸馏装置中加水浸泡后，直接加热蒸馏（称为共水蒸馏法）；也可将原料置于带有有孔隔板的蒸馏装置中，底部加热使水产生蒸气或直接从底部通入水蒸气进行蒸馏（称为通入水蒸气蒸馏法）。挥发性成分随水蒸气一同进入冷凝器，冷却后流入收集容器内，挥发油因不溶于水而发生油水分层。有时挥发油在水中溶解度稍大（如玫瑰油），可采用盐析法促使其析出或用低沸点有机溶剂将其萃取出来。

应注意用蒸馏法所得的挥发油，除原料中的成分外，还可能包括某些蒸馏过程中所产生的挥发性分解产物，尤其是共水蒸馏，因其直接加热部位受热温度过高，容易使挥发油中的某些成分变化，还可能使原料焦化而使挥发油气味改变，降低其作为香料的品质。

不同产地、季节的植物通过水蒸气蒸馏法所获得的挥发油成分也有较大差别，如广东清远新鲜鱼腥草挥发油主要成分（见图 8—4）与日本产鱼腥草的地上部分的挥发油成分差异较大。

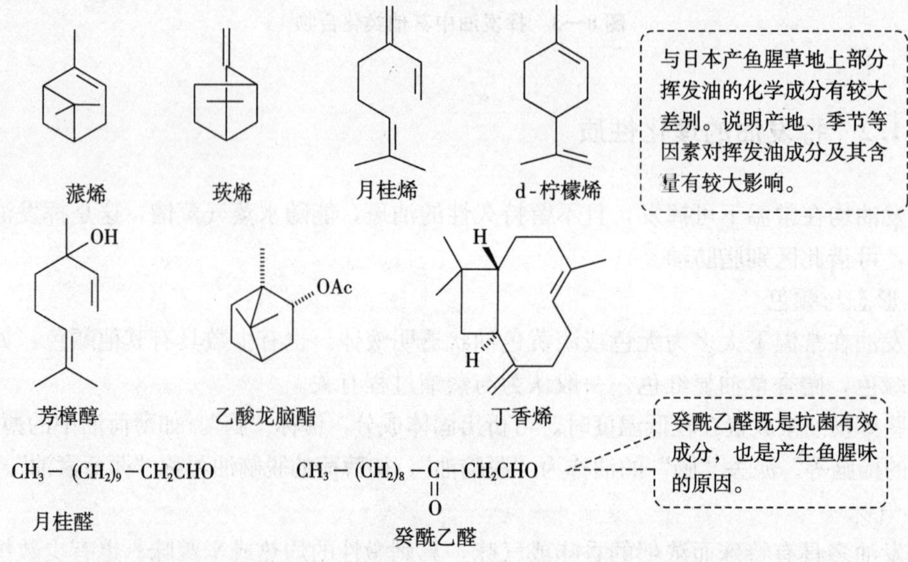


图 8—4 广东清远新鲜鱼腥草水蒸气蒸馏挥发油主要成分

2. 溶剂提取法

利用低沸点的有机溶剂如用低沸程石油醚（30～60℃）、乙醚等，采用连续回流提取法或冷浸法进行提取。提取液蒸去溶剂即得主含挥发油的浸膏。本法所得挥发油中可能含有树脂、油脂、蜡质等成分，必须进一步精制。可利用乙醇对蜡、脂等杂质的溶解度随温度下降而降低的特点，先用热乙醇溶解浸膏，再冷却后滤除析出的杂质，回收乙醇即得。此方法既可作为一种独立的提取方法使用，也可作为不宜用水蒸气蒸馏法提取的挥发油的补充提取方法。

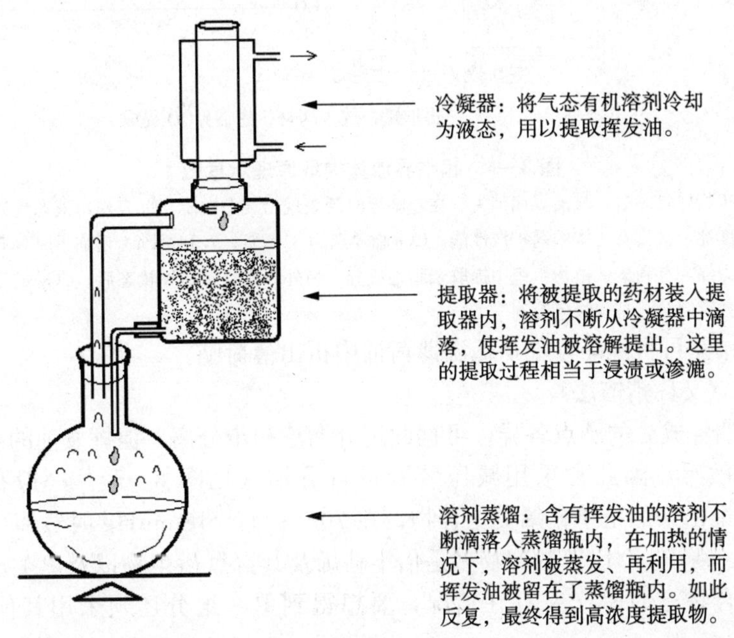


**图 8—5 低沸程有机溶剂（如 30～60℃石油醚）连续提取装置示意图**

3. 压榨法

含挥发油较多的新鲜药材，如橘皮、柠檬皮、橙皮等，可用机械压榨法将挥发油挤压出来。所得压榨液中包含大量水分及组织细胞等杂质，须经静止分层或离心过程分出油分。此方法所得挥发油可保持原有的新鲜香味。

4. 超临界流体萃取法

二氧化碳超临界流体萃取技术可用于挥发油提取，其原理如图 8—6 所示。可以防止挥发油成分的氧化或热解，提高挥发油的品质。所得挥发油的芳香气味与原料相同，明显优于其他方法。但二氧化碳属低极性溶剂，提取物中包含的非挥发油成分可能影响质量，且工艺要求高、投资大，我国应用还不普遍。

## 8.2.2 挥发油成分的分离

1. 冷冻处理

将挥发油置于 0℃以下使其析晶，如无结晶析出可将温度降至－20℃，继续放置。取

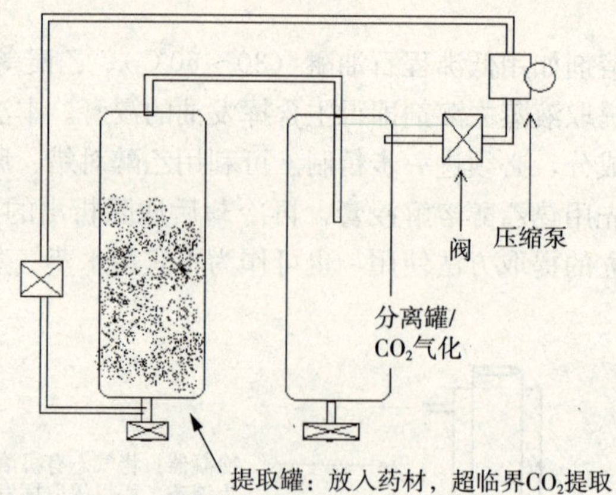


**图 8—6 超临界流体提取原理示意图**

注：物质处于临界状态时，气液界面消失。在超临界时既表现出气态性质，也表现出液态性质：既具有液态的高密度性，又具有气体的高扩散性能。$CO_2$临界点为 31.2℃、7.14MPa。超临界时具有萃取功能，且扩散能力强，有利于从植物组织中提取亲脂性成分。另外，改变超临界状态后，$CO_2$ 成气态挥发，不存在溶剂残留问题，是“绿色溶剂”。

出结晶再经重结晶可得纯品，如从低温薄荷油中析出薄荷脑。

2. 分馏法（又称精馏法）

由于挥发油各成分的沸点各异，可据此用分馏法初步分离。但挥发油的组分多对热及空气中的氧较敏感，因此常采用减压装置进行分馏（见图 8—7）。一般在 35～70℃/10mmHg 时蒸馏出来的是单萜烯类化合物，在 70～100℃/10mmHg 时蒸馏出来的是单萜的含氧化合物，在 100℃以上的产物多是倍半萜烯及其含氧衍生物以及薁类成分。分馏所得馏分中的化合物有时呈交叉存在情况，要想得到单一组分还须采用其他方法进一步精制。

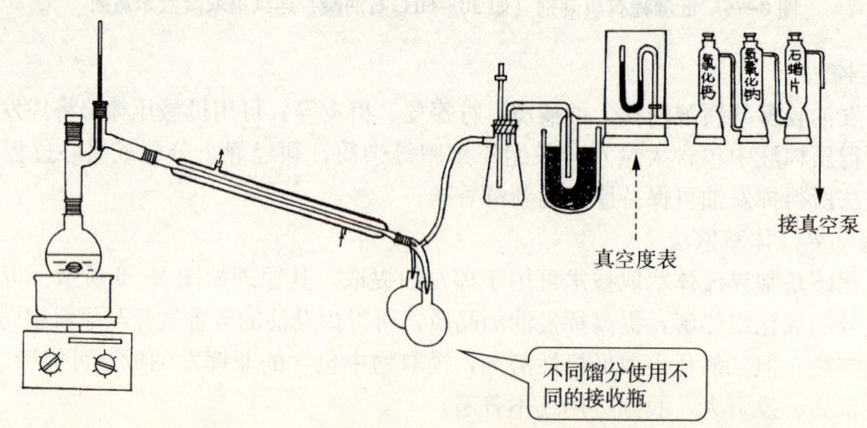


**图 8—7 减压分馏法分离挥发油成分示意图**

3. 化学法

根据挥发油中各组分所具有的官能团不同，选择适当的化学方法处理，使各组分达到分离的目的。

（1）碱性成分的分离。将挥发油溶于乙醚中，用 1%硫酸或盐酸萃取，所得酸水液经碱化后再用乙醚萃取，蒸去乙醚即得碱性成分。

（2）酸、酚性成分的分离。将分出碱性成分的挥发油乙醚母液，分别用5%碳酸氢钠和2%氢氧化钠溶液萃取，所得各碱性水溶液经酸化后用乙醚萃取，前者可得酸性成分，后者可得酚性成分。工业上从丁香罗勒油中提取丁香酚即用此法。

（3）醛、酮成分的分离。首先将分出碱性、酸性、酚性成分的挥发油乙醚母液经水洗至中性，以无水硫酸钠干燥后，加亚硫酸氢钠饱和溶液，分出水层或加成物结晶，加酸或碱液处理，以乙醚萃取，可得醛类成分和甲基酮类成分。将分去碱性、酸性、酚性、含醛和甲基酮等成分的挥发油乙醚母液，回收乙醚，在残留物中加入适量的Girard T或Girard P试剂的乙醇溶液和10%乙酸，加热回流1h，待反应完成后加适量水稀释，用乙醚萃取，分取水层，酸化后再用乙醚萃取，可获得含酮基类成分（见图8—8）。

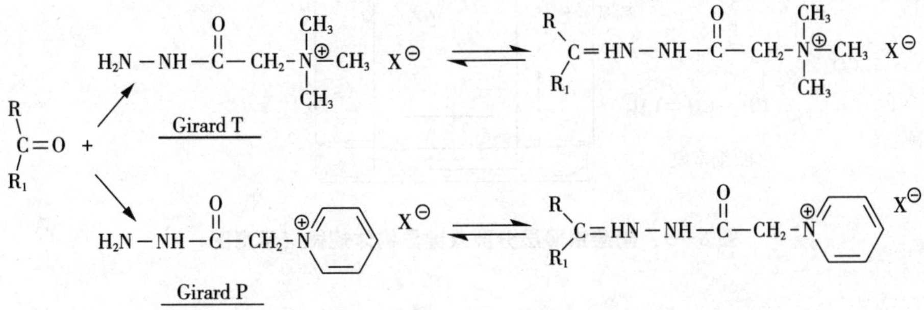

$$R(R_1)C{=}O + H_2N{-}NH{-}C(=O){-}CH_2{-}N^{\oplus}(CH_3)_3\ X^{\ominus}\ (\text{Girard T}) \rightleftharpoons R(R_1)C{=}N{-}NH{-}C(=O){-}CH_2{-}N^{\oplus}(CH_3)_3\ X^{\ominus}$$

$$R(R_1)C{=}O + H_2N{-}NH{-}C(=O){-}CH_2{-}N^{\oplus}C_5H_5\ X^{\ominus}\ (\text{Girard P}) \rightleftharpoons R(R_1)C{=}N{-}NH{-}C(=O){-}CH_2{-}N^{\oplus}C_5H_5\ X^{\ominus}$$

**图8—8 Girard试剂法分离羰基化合物反应原理（化学分离法）**

注：反应产物可溶解于水中，再经酸处理，产物分解后又可获得原羰基化合物，最后经过萃取、色谱分离等过程可获得含羰基化合物的纯品。

（4）醇类成分的分离。

将挥发油与丙二酸单酰氯或邻苯二甲酸酐或丁二酸酐反应（生成酸性酯），用碳酸钠溶液溶解反应物，用乙醚洗去未反应的挥发油（即不溶物），所余碱溶液经酸化后用乙醚萃取出所生成的酯，蒸去乙醚，残留物经皂化反应，最后用乙醚萃取出挥发油中醇类成分。

4. 色谱法

（1）吸附色谱法。一般是将分馏法或化学分离法得到的挥发油用吸附色谱法进一步分离。吸附剂常用氧化铝和硅胶，洗脱剂多用低沸程石油醚、乙醚、己烷、乙酸乙酯等按一定比例组成的溶剂系统进行洗脱。

（2）硝酸银络合色谱法。硝酸银络合色谱法依据化合物中双键的数目和位置的不同，以及与硝酸银形成π-络合物的难易及稳定性的差异进行分离（见图8—9）。硝酸银在硅胶中的比例以2%～2.5%较为合适。选用柱色谱或制备薄层色谱均可。一般来说，双键多的化合物易形成络合物；末端双键较其他双键形成的络合物稳定；顺式双键大于反式双键的络合能力；环外双键较环内双键更易形成络合物。如α-细辛醚、β-细辛醚、欧细辛醚的分离。添加了硝酸银的吸附剂（或柱或薄层板）需避光保存与操作。

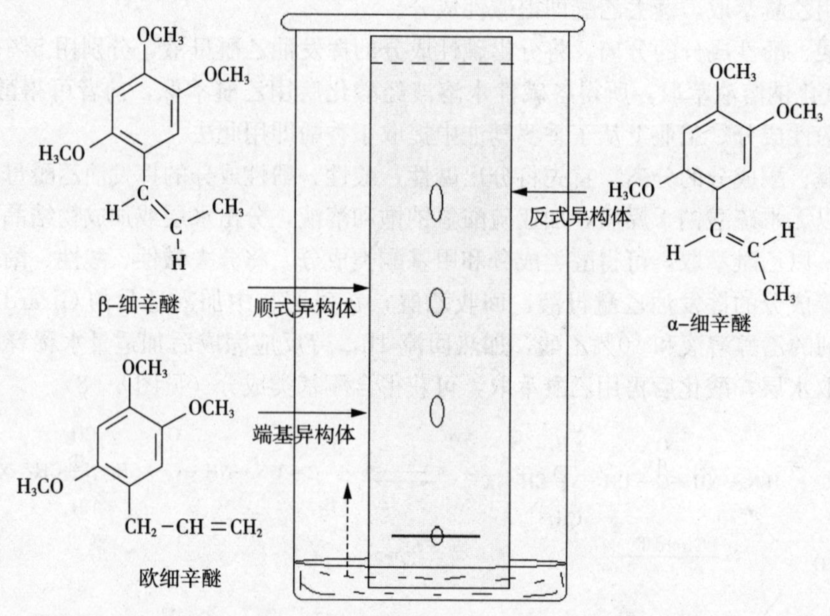


图 8—9 硝酸银薄层分离双键异构体规律（示意图）

# 8.3 挥发油的质量

挥发油质量好坏通常要首先鉴定颜色、气味以及在乙醇中的溶解度，然后再进行其他理化常数的测定。

## 8.3.1 物理常数的测定

折光率、比旋度、相对密度以及凝固点等是经常测定的物理常数，如果发生改变说明化学成分已变。但通常首先测定折光率，如折光率发生变化说明化学成分已经改变，则其他物理常数测定意义已不大。折光度的测量使用阿贝折光仪（见图 8—10）。

## 8.3.2 化学常数的测定

酸值、酯值、皂化值是重要的化学常数，也是表示挥发油质量的重要指标。

（1）酸值。酸值是代表挥发油中游离羧酸和酚类成分含量的指标。以中和 1g 挥发油中含有的游离羧酸和酚类所需要氢氧化钾毫克数来表示。

（2）酯值。酯值表示挥发油中酯类成分的含量，以水解 1g 挥发油所需的氢氧化钾毫克数来表示。

（3）皂化值。皂化值以皂化 1g 挥发油所需氢氧化钾毫克数来表示。事实上，皂化值

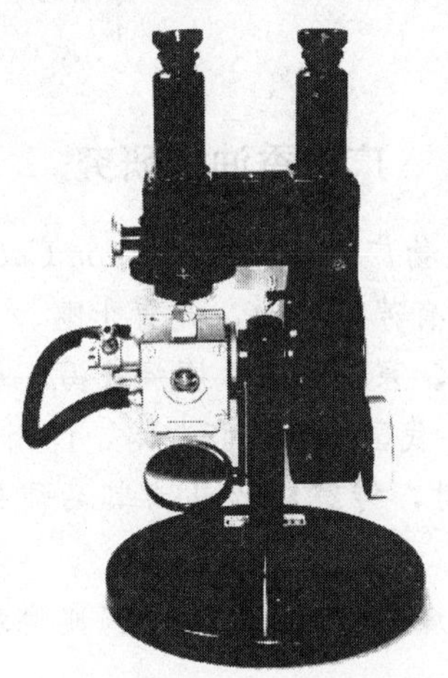

图8—10　阿贝折光仪

等于酸值和酯值之和。

### 8.3.3　色谱法鉴定

由于中草药中所含的挥发油均为混合物，常由十几种乃至上百种化合物组成，在进行定量、定性分析时分离是关键，所以色谱法理所当然成为挥发油分析的主要方法，尤其是气相色谱和薄层色谱。薄层色谱多用于定性分析，而气相色谱则定性、定量均可使用。近年来气相色谱—质谱—数据系统联用技术更是能够准确地对挥发油中的绝大部分化合物进行定性、定量分析。

(1) 薄层色谱。

薄层色谱吸附剂多采用硅胶G或Ⅱ-Ⅲ级中性氧化铝G。常用的展开溶媒有苯、氯仿、石油醚、正乙烷、乙酸乙酯等。薄层色谱常用的显色剂有10％硫酸溶液或者香草醛-浓硫酸试剂。

(2) 气相色谱。

由于挥发油容易气化，颇适合用气相色谱进行成分分析。挥发油中各化合物可利用相对保留时间（$t_R$值）进行定性分析，例如在挥发油试品中，定量加入某一已知化合物的标准品，则气相色谱图中相应的化合物色谱峰会加高，这不仅能更好地对某一化合物进行定性，也便于该化合物的含量测定。

(3) 气相色谱—质谱—数据系统联用技术（GC-MS-DS）。

对于挥发油中许多未知成分，同时又没有标准品做对照时，应选用气相色谱—质谱—数据系统联用技术进行分析。将挥发油经气相色谱分得的各化合物立即通过质谱进行检测和结构分析，再经计算机与数据库系统的标准谱对照，同时参考相关文献数据，就能准确的对挥发油中的化合物进行定性、定量分析。

## 研究实例

### 广藿香油的研究

广藿香为唇形科刺蕊草属植物广藿香 *Pogostemon Cablin*（Blanco）Benth. 的干燥地上部分，为常用芳香化湿中药，有芳香化浊、开胃止呕、发表解暑功效，用于湿浊中阻、脘痞呕吐、暑湿倦怠、胸闷不舒、寒湿闭暑、腹痛吐泻、鼻渊头痛等，是著名成药“藿香正气丸（水）”的重要组成药物。我国有大面积栽培，广州石牌、棠下等地原是主要产地，商品称“石牌藿香”，为道地药材，传统经验认为其品质最优，其挥发油成分如表 8—1 所示。

挥发油的提取：将广藿香干燥叶粉碎，按中国药典附录中水蒸气蒸馏的方法提取，提取完毕后叶含油率约为 0.4%。

采用气相色谱—质谱—数据系统联用技术（GC-MS-DS）鉴定广藿香叶挥发油成分。

表 8—1　石牌藿香叶中挥发油成分表①

| 序　号 | 化　合　物 | 相对百分含量（%） |
|---|---|---|
| 1 | 苯 | 0.027 |
| 2 | 环己烷 | 0.098 |
| 3 | 庚烷 | 0.141 |
| 4 | 己醛 | 0.015 |
| 5 | 2-己烯醛 | 0.112 |
| 6 | 5-甲基-2-己酮 | 0.071 |
| 7 | 1,3-二甲苯 | 0.026 |
| 8 | 苯甲醛 | 0.365 |
| 9 | 1,5-辛二烯-3-醇 | 0.030 |
| 10 | 7-辛烯-4-醇 | 0.330 |
| 11 | 2-戊基呋喃 | 0.018 |
| 12 | 3-辛醇 | 0.036 |
| 13 | 苯乙醛 | 0.026 |
| 14 | 芳樟醇 | 0.180 |
| 15 | β-广藿香烯 | 0.589 |
| 16 | β-榄香烯 | 0.156 |
| 17 | 顺式-丁香烯 | 0.186 |
| 18 | 反式-丁香烯 | 3.550 |
| 19 | α-愈创木烯 | 1.385 |
| 20 | 刺蕊草烯 | 1.122 |
| 21 | α-葎草烯 | 0.525 |

① 罗集鹏等：《石牌藿香的挥发油成分分析》，载《中草药》，2001(4)。

续前表

| 序 号 | 化 合 物 | 相对百分含量(%) |
|---|---|---|
| 22 | α-广藿香烯 | 0.883 |
| 23 | β-愈创木烯 | 0.660 |
| 24 | δ-愈创木烯 | 2.220 |
| 25 | d-苦橙油醇 | 0.865 |
| 26 | 十六烷 | 0.265 |
| 27 | 广藿香醇 | 6.104 |
| 28 | 广藿香酮 | 65.148 |
| 29 | 顺式-法呢醇 | 1.743 |
| 30 | 邻苯二甲酸二异丁酯 | 0.260 |
| 31 | 邻苯二甲酸二丁酯 | 0.241 |
| 32 | 十六烷酸 | 1. 729 |
| 33 | 3,7,11,15-四甲基-2-十六碳烯-1-醇 | 1.226 |
| 34 | 9,12-十八烷二烯酸 | 0.390 |
| 35 | [Z,Z] 9,12-十八烷二烯酸甲酯 | 0.256 |

## 小实验

根据挥发油具有挥发性，能随水蒸气一同蒸出的性质，选用水蒸气蒸馏法提取八角茴香油：

(1) 分离挥发油。取八角茴香 50g，捣碎，置于挥发油测定器的烧瓶中，加蒸馏水 500mL 与玻璃珠数粒，振摇混合后，连接挥发油测定器与回流冷凝管。自冷凝管上端加水使充满挥发油测定器的刻度部分，并溢流入烧瓶时为止。缓缓加热沸腾，至测定器中油量不再增加时，停止加热，放冷，分取油层。

(2) 分离固体成分。将所得的八角茴香油置冰箱中冷却 1h，即有白色结晶析出，趁冷过滤，压干。结晶主要为茴香脑，滤液为析出茴香脑后的八角茴香油。

(3) 用油斑试验对八角茴香油进行检识：将八角茴香油 1 滴，滴于滤纸片上，加热烘烤，观察油斑是否消失。

同学们也可参照上述方法自己做香精——用水蒸气蒸馏法蒸馏自己喜爱的鲜花中的挥发油。

## 思考题

1. 简述挥发油的定义。
2. 简述挥发油的化学组成。
3. 简述挥发油的理化性质。

**提示：**物理性质从性状、溶解度和物理常数方面来论述，化学性质主要体现在稳定性方面。

4. 简述挥发油的提取方法。

**提示：**从5个方面论述：水蒸气蒸馏法、溶剂提取法、油脂吸收法、压榨法、超临界流体萃取法。

# 第9章 强 心 苷

**学习要点**

1. 强心苷苷元部分的结构特点和分类；
2. 强心苷糖部分的结构特征及其与苷元的连接方式；
3. 强心苷的显色反应及其应用；
4. 强心苷的溶解性；
5. 强心苷的水解方法；
6. 强心苷的一般提取分离方法。

强心苷（Cardiac Glycoside）是指自然界存在的一类对心脏有显著生理活性的甾体苷类化合物，又称强心甙或强心配糖体。具有加强心肌收缩力、加速脉搏等作用，主要用于治疗充血性心力衰竭与节律障碍等疾患，为临床上常用的强心药。

全世界发现的强心苷主要分布在夹竹桃科、玄参科、百合科、萝藦科、毛茛科、十字花科、卫矛科、桑科、大戟科、菊科、五加科、蓼科、秋海棠科、无患子科等十几个科，70～80属的数百种植物中，在我国已从30余种植物中获得可供临床应用的强心苷类物质。如夹竹桃科植物绿毒毛旋花、黄花夹竹桃、羊角拗，百合科植物铃兰（君影草）等。福寿草、罗布麻、万年青等亦含强心苷成分。

强心苷可以存在于植物体的叶、花、种子、鳞茎、树皮和木部等不同部位。同一植物中往往含有几十个结构类似的强心苷，这给提取分离工作带来了很大的困难。

动物中至今尚未发现有强心苷的存在。存在于蟾蜍皮下腺分泌物蟾酥中的强心成分为蟾毒配基（Bufogenins）及其脂肪酸酯类（总称蟾酥毒类，Bufotoxins），虽然其分子母核具有与强心苷苷元相类似的结构，但非苷类化合物。哥伦比亚箭毒蛙中所含的强心成分Batrachotoxin A则为生物碱类。

# 9.1 强心苷概述

强心苷苷元属甾体类衍生物。甾体是动植物体内广泛存在的一类化学成分，生源上与萜类相关，也可看作萜类衍生物。甾类物质的分子中都具有环戊烷骈多氢菲的基本母核，这个母核被称为甾（见图 9—1）。如植物中的甾醇、甾体皂苷，人体内的胆甾醇、甾体激素等。强心苷苷元与这些甾体类化合物的区别主要在于 $C_{17}$ 位上取代基的不同，当这个取代基为五元（或六元）不饱和内酯环时，就产生了强心作用。另外，强心苷苷元所具有的甾环稠合方式与甾醇、甾体皂苷等衍生物也有所不同。

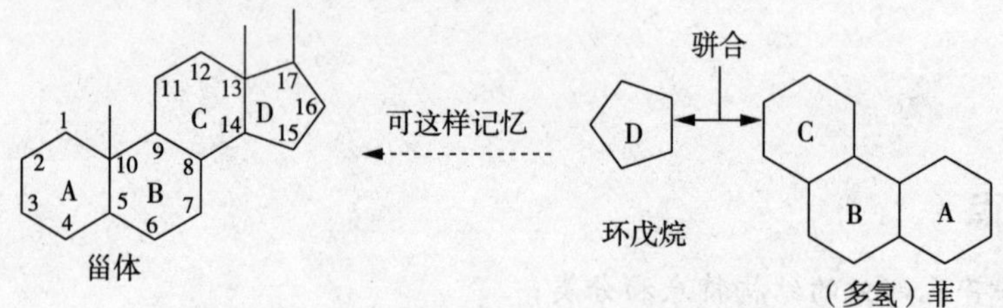


**图 9—1 甾体类化合物基本结构单元**

## 9.1.1 强心苷的分类

迄今从植物中得到的强心苷类物质可分为两种类型：$C_{17}$ 位取代基为五元不饱和内酯环（$\Delta^{\alpha,\beta}$-γ-内酯）时，称为心甾烯内酯类，又称甲型强心苷，苷元由 23 个碳原子构成（见图 9—2a）。$C_{17}$ 位取代基为六元不饱和内酯环（$\Delta^{\alpha\beta,\gamma\delta}$-双烯 δ-内酯）时，称为蟾甾双烯内酯类，又称乙型强心苷，苷元由 24 个碳原子组成（见图 9—2b）。

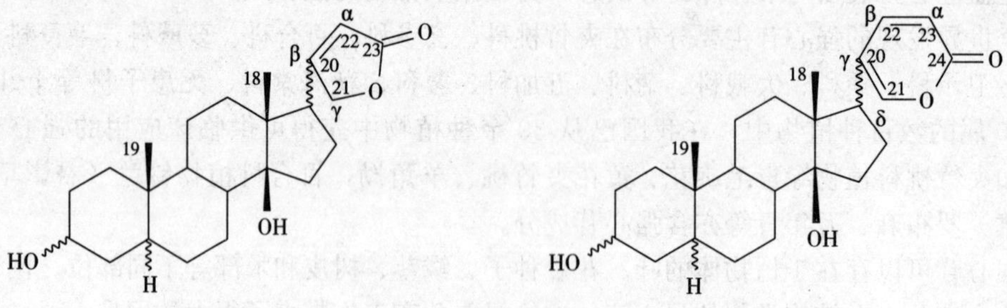

(a) 甲型强心苷　　(b) 乙型强心苷

**图 9—2 强心苷的分类**

## 9.1.2 强心苷苷元的结构特点

强心苷苷元部分具有以下特征：

(1) 甾体母核部分B/C环为反式结构，C/D环为顺式结构。而A/B环大多为顺式，如洋地黄毒苷元（Digitoxigenin），个别为反式，如乌沙苷元（Uzarigenin）。

(2) 在强心苷元母核上$C_3$和$C_{14}$都有羟基取代，其中$C_3$—OH大多为β-型，个别为α型，$C_{14}$位上羟基都是β-型。

(3) 当$C_3$—OH为α型时，则冠以表（epi）字，如3-表洋地黄毒苷元。

(4) $C_{10}$上多为甲基，也可为羟甲基、醛基或羧基等，都是β-构型。

(5) $C_{13}$位上连接的均为甲基。

(6) 甾核的其他位置上亦可有羟基存在，如在$C_1$、$C_5$、$C_{11}$、$C_{12}$、$C_{15}$、$C_{16}$位可有β-羟基，若存在$C_{16}$羟基时又可与甲酸、乙酸或异戊酸等形成酯。在$C_2$、$C_5$、$C_{11}$、$C_{12}$处可有α-羟基。

(7) 母核上如有双键，一般位于4(5)、5(6)和16(17)位。

(8) 甾核上还可能有环氧基，一般位于7、8β，8、14β或11、12β位。

如图9—3所示为甲型强心苷苷元的立体结构。

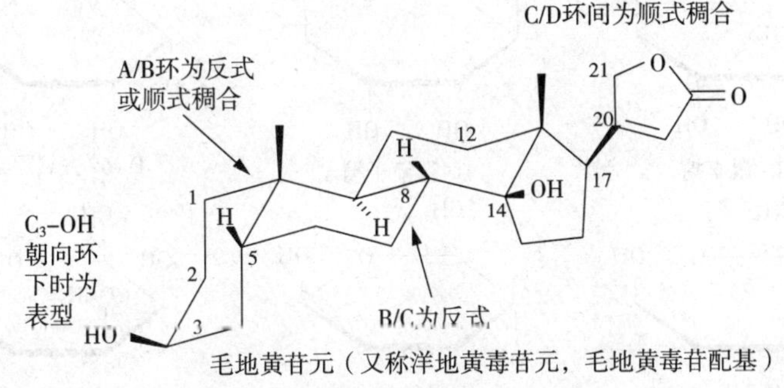


**图9—3　甲型强心苷苷元的立体结构**

注：甾体和萜类母核上的取代基类型命名：取代基朝向环的上方或朝向纸平面上方时，称为β-型取代；反之，称为α-型取代（基）。

### 9.1.3　糖部分

构成强心苷的糖有20多种，除常见的六碳醛糖（如葡萄糖）、五碳醛糖、6-去氧糖（如鼠李糖）和6-去氧糖甲醚外，还有仅存在于强心苷的特殊的2,6-二去氧糖（如D-洋地黄糖）、2,6-二去氧糖甲醚（如D-加拿大麻糖）。有些强心苷中尚有含乙酰基的糖，如毛花毛地黄强心苷和4′-乙酰基加拿大麻苷（4′-Acetyl Cymaroside）。个别强心苷还和氨基糖相结合，例如米替非林（Mitiphyllin）和N-去甲米替非林（N-demethyl mitiphyllin）。

### 9.1.4　苷元和糖连接的方式

强心苷中，糖链部分通常与苷元的$C_3$—OH连接而形成苷。糖链最多可由5个单糖单元构成，以直链形式连接。糖部分虽无强心作用，但可增加强心苷对心肌的亲和力。糖和苷元的结合形式一般如下：

Ⅰ型　强心苷元—(2，6-去氧糖)$_{1\sim3}$—(D-葡萄糖)$_{1\sim2}$

Ⅱ型　强心苷元—(6-去氧糖)$_{1\sim3}$—(D-葡萄糖)$_{1\sim2}$

Ⅲ型　强心苷元—(D-葡萄糖)$_{1\sim2}$

由这些类型可见，如果糖链部分是由脱氧糖和葡萄糖组成，则脱氧糖总是直接与强心苷苷元相连接。植物界存在的强心苷种类常见的以Ⅰ型、Ⅱ型为多，Ⅲ型较少。

一般来说，Ⅰ型强心苷（2,6-二去氧糖衍生的苷）对心肌和中枢神经系统的亲和力比Ⅲ型强心苷（葡萄糖苷）强，这类苷的强心活性、毒性和亲脂性成平行关系。而Ⅲ型强心苷（葡萄糖苷）虽然强心活性不及Ⅰ型（2，6-二去氧糖的苷类）强，但毒性较弱，被认为有可能发展成为一类更为安全的药物。

常见构成强心苷的脱氧糖有 L-鼠李糖、D-弩箭子糖、D-6-去氧阿洛糖、D-洋地黄毒糖、D-加拿大麻糖和 D-2-脱氧毛地黄糖，它们的结构如图 9—4 所示。

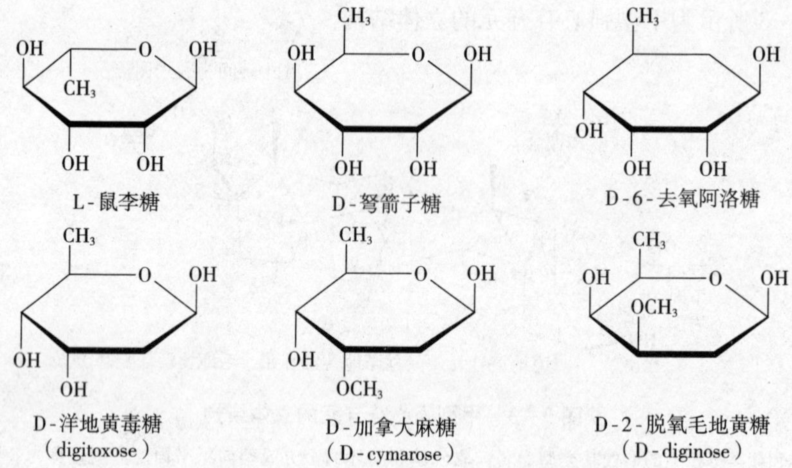


**图 9—4　常见构成强心苷的脱氧糖**

### 9.1.5　原生苷和次生苷

苷类可根据其在生物体内原存在的或因其他原因而次生成的，分为原生苷（也称一级苷）和次生苷（见图 9—5）。原生苷专指植物体内生成苷的原始状态，由于苷类水解酶常与这些苷类物质共存于同一植物体内，因此在储藏、加工药材的过程中常发生水解反应，造成苷键的断裂或者糖链中部分糖单元的水解，结果使提取分离得到的苷并非原始状态的苷，这类产物就是次生苷。对强心苷类物质而言，一些次生苷（如地高辛和西地兰）的生物活性与原生苷相仿，而次生苷的提取、分离远比原生苷简便，不需要顾虑植物储存中的酶解破坏作用，如目前供临床应用的最常见的强心苷药物地高辛即为次生苷类。

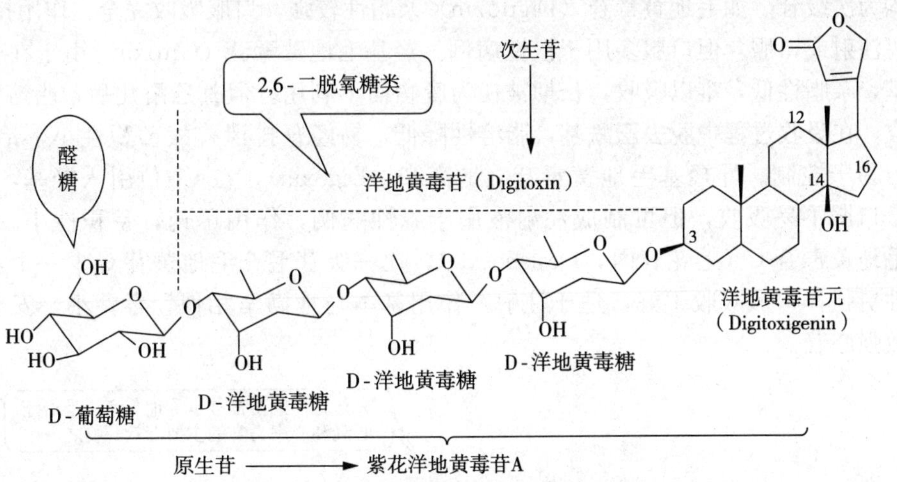

次生苷

2,6-二脱氧糖类

醛糖

洋地黄毒苷（Digitoxin）

洋地黄毒苷元（Digitoxigenin）

D-葡萄糖　D-洋地黄毒糖　D-洋地黄毒糖　D-洋地黄毒糖

原生苷 ——→ 紫花洋地黄毒苷A

**图 9—5　强心苷结构、原生苷和次生苷**

注：当 $C_{16}$ 位有 β-OH 存在时，其苷元称为羟基洋地黄毒苷元；当 $C_{12}$ 位存在有 β-OH 时，苷元称为异羟基洋地黄毒苷元。由异羟基洋地黄毒苷元与上式糖链连接成的苷称为去乙酰毛花洋地黄苷，即临床用药西地兰；在提取时同时酶解去末端的葡萄糖，即为地高辛。二者均为次级苷。

# 9.2　甲型强心苷

甲型强心苷又称（强）心甾烯型（Cardenolide）或洋地黄—毒毛旋花型（Digitalis-strophanthus），在植物中分布较乙型强心苷广泛，目前临床应用的强心苷及植物体中发现的绝大多数强心苷都是属于这一类型。这类强心苷主要分布在玄参科（Scrophulariaceae）、夹竹桃科（Apocynaceae）、萝藦科（Asclepiadaceae）等植物的种子、根、茎和叶中。

## 9.2.1　毛地黄强心苷

毛地黄品种很多，主要有毛花毛地黄 *Digitalis Lanata* 和紫花毛地黄 *D. Purpurea*。由毛地黄叶子中分离得到 30 多种强心苷，主要有 5 种强心苷苷元，分别为毛地黄毒苷元、羟基毛地黄毒苷元（Gitoxigenin）、异羟基毛地黄毒苷元（Digoxigenin）、双羟基毛地黄毒苷元（Diginatigenin）和吉他洛苷元（Gitaloxigenin）与不同的糖缩合所形成的，而且一般为次级苷（结构如图 9—6 所示）。属于一级苷的有毛花洋地黄苷 A、B、C、D 和 E（Lanatoside A、B、C、D、E）（见图 9—7）。

紫花毛地黄叶中分离出的强心苷也达 20 多种，主要是由毛地黄毒苷元、羟基毛地黄毒苷元和吉他洛苷元三种强心苷苷元衍生的，大多数亦为次级苷，属于一级苷的有紫花毛地黄苷 A、B（Purpurea Glycoside A、B）和葡萄糖吉他洛苷等（见图 9—8）。这些成分中供临床应用的除毛地黄苷 C（有效的强心药物）为一级苷（亲水性强，适于注射）外，其余均为次级苷。如毛地黄毒苷（Digitoxin）亲脂性较强，口服吸收完全，作用持久而缓慢，可注射或口服，但口服多用于慢性病例。羟基毛地黄毒苷（Gitoxin）由于在 $C_{16}$ 位引入羟基，亲脂性低，难以吸收，长期被视为废物而不利用。但其乙酰化后，脂溶性提高，易吸收，在吸收过程中脱去乙酰基，脂溶性降低，易经肾排泄，故蓄积性小，治疗宽度较大，易于控制。异羟基毛地黄毒苷（地高辛，Digoxin），在 $C_{12}$ 位引入羟基，亲脂性降低，口服不易吸收，但可制成注射液用于急性病例，作用迅速，蓄积性小。去乙酰毛花毛地黄毒苷 C（毛花苷丙，Deslanoside），比一级苷毛花毛地黄苷 C 少一个乙酰基，亲水性更强，口服吸收不好，适于注射，作用基本与地高辛相似，毒性小，安全性大，为速效强心苷。

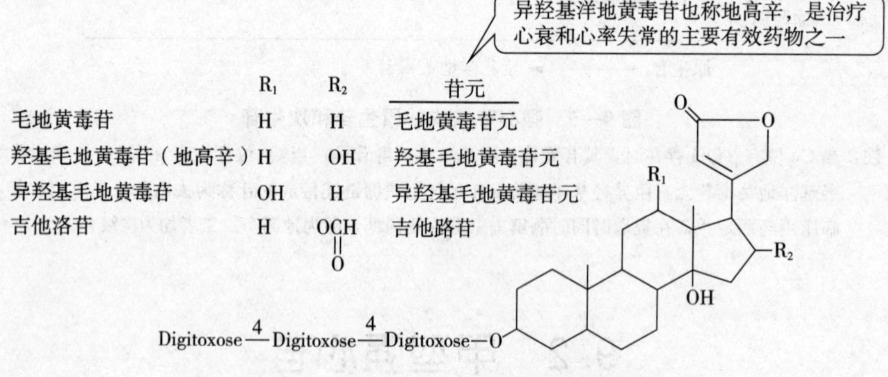


图 9—6　糖链不变，苷元不同的强心苷

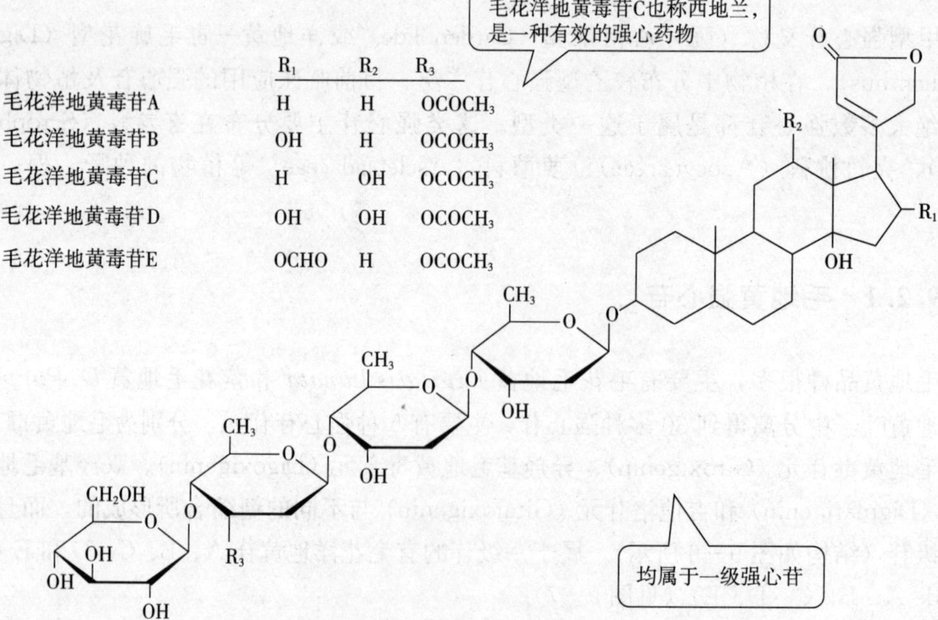


图 9—7　洋地黄中的强心苷

| | R |
|---|---|
| 紫花毛地黄苷A | H |
| 紫花毛地黄苷B | OH |
| 葡萄糖吉他洛苷 | OCHO |

图 9—8 紫花毛地黄中的强心苷

### 9.2.2 G-毒毛旋花子苷

G-毒毛旋花子苷（G-strophanthin），又称乌本苷（Ouabain）是从旋花羊角拗成熟种子中分离得到的，为乌本苷元（Ouabagenin）的 L-鼠李糖苷，为速效强心苷，并作为测定强心苷生物效价的标准品。

### 9.2.3 铃兰毒苷

百合科植物铃兰 *Convallaria keiskei* Miq. 产于我国东北山区，全草含总强心苷约 0.2%，主要有铃兰毒苷、铃兰苷、杠柳鼠李糖苷（Rhamnopyranoside）、去葡萄糖桂竹香毒苷（Desglucocheirotoxin）和铃兰毒醇苷（Convallatoxol）等约 10 种强心苷（见图 9—9）。铃兰毒苷强心作用极强，约为 G-毒毛旋花子苷效价的 1.22 倍，约为洋地黄毒苷效价的 3.53 倍，作用迅速，但毒性较大。

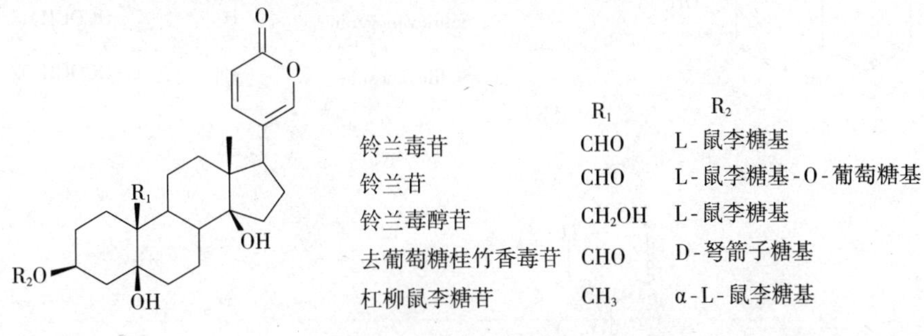


图 9—9 铃兰中的强心苷

## 9.3 乙型强心苷

乙型强心苷又称蟾蜍甾烯型（Bufadienolide）或海葱—蟾蜍型（Scill-bufo）。这类强心苷的结构特点为在 $C_{17}$ 位上连接的是一个 α,β- 及 γ,δ- 双重不饱和的六元内酯环。此类苷元的甾醇母核与甲型甾核很相似，但六元不饱和内酯环使得整个苷元部分由 24 个碳原子组成。此类结构的强心物质首先是从蟾蜍分泌物中发现的，并由此得名，在植物界分布较少。目前具此结构的强心苷成分仅发现存在于百合科、景天科、鸢尾科、毛茛科、檀香科、楝科 6 个科中，尤在百合科中分布最多，已发现 100 多种。

（1）海葱苷元衍生物。在海葱 *Scilla Maritima* 中分离得到原海葱苷 A（Proscillaridin A）、海葱苷 A（Scillarenin A）与葡萄糖海葱苷 A（Glucoscillaren A）等，都是海葱苷元衍生物（见图 9—10a）。

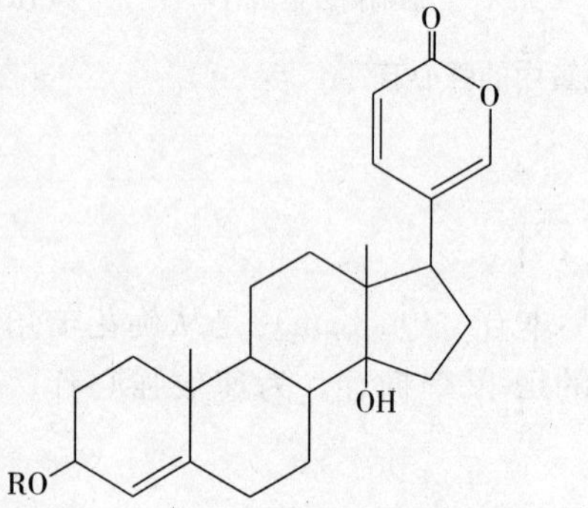

| | R |
|---|---|
| 海葱苷元 | H |
| 原海葱苷A | -Rha |
| 海葱苷A | -Rha-Glc |
| 葡萄糖海葱苷A | -Rha-Glc-Glc |

（a）

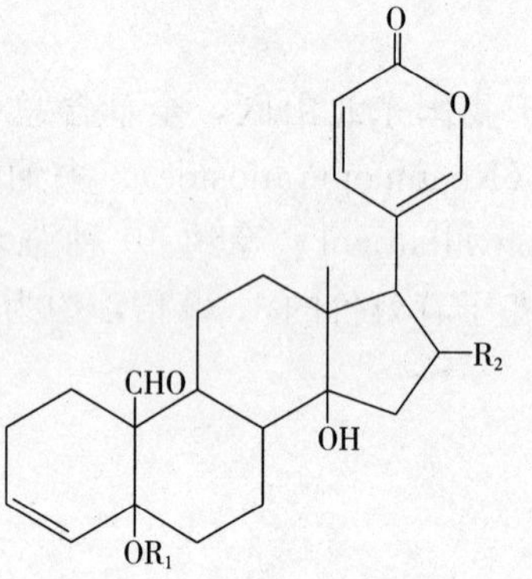

| | $R_1$ | $R_2$ |
|---|---|---|
| 绿海葱苷元 | H | H |
| 绿海葱苷 | -Glc | H |
| Scillicyanogenin | H | $OCOCH_3$ |
| Scillicyanoside | -Glc | $OCOCH_3$ |

（b）

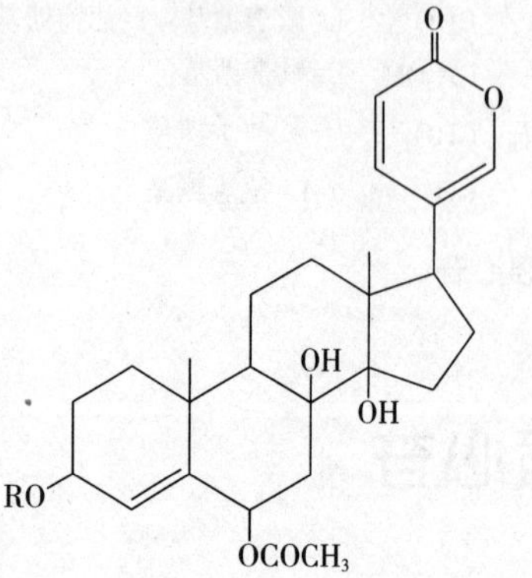

| | R |
|---|---|
| 红海葱苷元 | H |
| 红海葱苷 | -Glc |

（c）

**图 9—10　乙型强心苷**

(2) 绿海葱苷元衍生物。绿海葱苷(Scilliglaucoside)是绿海葱苷元(Scilliglaucosidin)的5-O-葡萄糖苷，也存在于海葱植物中(见图9—10b)。

(3) 红海葱苷元衍生物。红海葱苷(Scilliroside)是红海葱苷元(Scillirosidin)(又称海葱罗西定)的D-葡萄糖苷，为红海葱(海葱的变种)中的主要成分，毒性为海葱苷A的300～500倍，作为杀鼠剂应用(见图9—10c)。

(4) 蟾酥由蟾蜍 *Bufo Bufo Gargarizans* 耳后腺、皮下腺分泌的白色浆液经加工而制成。有攻毒散肿、通窍止痛功效。经药理实验和临床证明它具有强心利尿、升压抗炎、镇咳祛痰、抗癌、升白细胞等多方面活性。蟾酥所含成分比较复杂，它的毒性(也是强心)成分是蟾毒配基类(Bufogenins)及其酯类(即蟾毒类，Bufotoxins)，它们都属于六元内酯环型强心苷元的衍生物。目前由蟾酥中分离得到的蟾毒配基在20种以上。蟾毒配基在蟾酥中不是以苷的形式存在，而是 $C_3$—OH 与辛二酰精氨酸(Suberylarginine)等结合成酯，即以蟾毒素(蟾毒配基 $C_3$ 位的不同酯类)形式存在。后来的研究发现，蟾蜍毒类虽然多为辛二酰精氨酸酯类，但也有其他双酸的酯类。如由日蟾酥它灵与辛二酰、庚二酰、己二酰和丁二酰精氨酸形成酯类，称为日蟾蜍它灵毒类。这类成分有较强强心作用，但毒性也大，其中以脂蟾酥毒配基(Resibufogenin)的毒性最小，临床用作心力衰竭、呼吸抑制的急救药。

## 9.4 强心苷的理化性质

强心苷多为无色晶体或无定形粉末，中性物质，有旋光性，对黏膜有刺激性。$C_{17}$ 位上的侧链为β-构型者味苦，而α-构型者味不苦，但一般无疗效。

### 9.4.1 溶解性

强心苷一般可溶于水、甲醇、乙醇、丙酮等极性溶剂，难溶于乙醚、苯、石油醚等非极性溶剂。弱亲脂性苷略溶于氯仿—乙醇(2∶1)，亲脂性苷略溶于乙酸乙酯、含水氯仿、氯仿—乙醇(3∶1)等。

强心苷的溶解性随着分子中所含糖基的数目、糖的种类以及苷元中所含的羟基多少和位置不同而异。同时，分子中有无更多的双键、羰基、甲氧基、酯键等也能影响强心苷的溶解性。

### 9.4.2 脱水反应

研究强心苷的结构时，常采用酸水解等反应来降解化合物，以便获得结构信息。在使用强酸(3%～5%HCl)加热水解时，苷元上若存在 $C_{14}$—OH、$C_{16}$—OH、5β-OH 等结构时，往往发生脱水反应，生成缩水苷元，这是因为 $C_{14}$—OH、5β-OH 为叔醇结构的缘故。如果同时 $C_{16}$ 位上也有羟基，虽然该羟基属于仲醇羟基，但由于它受 $C_{17}$ 位上侧链中双键的影响，也比较容易脱水(与 $C_{17}$—H 脱水，产生二缩水苷元)(见图9—11)。

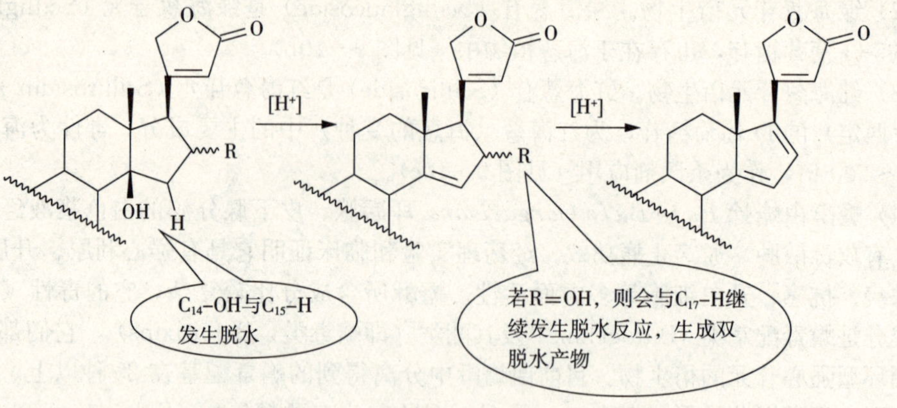

图 9—11　酸性条件下的脱水反应

### 9.4.3　碱性下的内酯开环

当用 KOH 或 NaOH 的水溶液处理强心苷时，内酯环开裂，但酸化后又可重新环合。如用上述苛性碱的醇溶液处理，则内酯环发生异构化，这种变化是不可逆的，造成酸化后无法恢复原来的内酯结构（见图 9—12）。

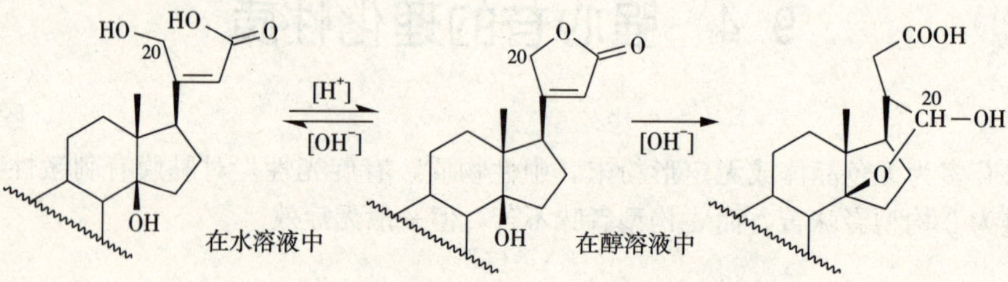

图 9—12　在碱性条件下的内酯开环和异构化

### 9.4.4　苷键的水解

水解是研究强心苷组成的常用方法，分化学方法和生物方法两大类。化学方法采用酸水解，如 0.02～0.05mol/L 的盐酸或硫酸在含水醇中经短时间（自半小时至数小时）加热回流，可使Ⅰ型强心苷水解成苷元和糖（温和酸水解）（见图 9—13）；也可使用较高浓度酸（3%～5%，强烈酸水解，适合于 α-羟基糖苷类的水解，如Ⅲ型）或氯化氢丙酮（Mannich 和 Siewert）。在使用酸水解方法时可能会发生上述脱水反应。酶水解法也是常用的方法，尤其在提取时利用植物体内共存酶的作用可获得次生苷。酶水解特点是选择性（专属性）高，不同性质的酶作用于不同性质的苷键，另外反应条件温和也是其优点。在含强心苷的植物中，有水解葡萄糖的酶，无水解 α-去氧糖的酶，所以能水解除去分子中的葡萄糖而保留 α-去氧糖，如：紫花洋地黄毒苷、K-毒毛旋花子苷等。蜗牛酶（是一种混合酶）几乎能水解所有的苷键，能将强心苷分子中的糖逐步水解，直至获得苷元，常用来研究强心苷的结构（见图 9—14）。

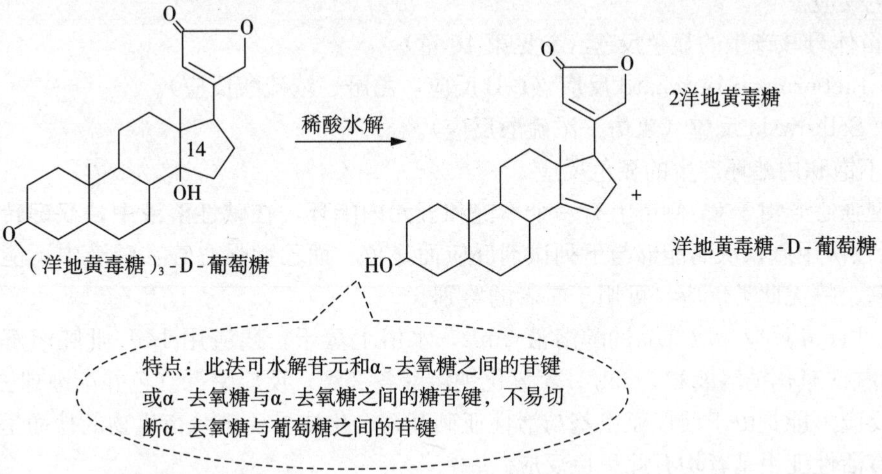

14
OH
(洋地黄毒糖)$_3$-D-葡萄糖
稀酸水解
2洋地黄毒糖
HO
+
洋地黄毒糖-D-葡萄糖
特点：此法可水解苷元和α-去氧糖之间的苷键
或α-去氧糖与α-去氧糖之间的糖苷键，不易切
断α-去氧糖与葡萄糖之间的苷键

**图 9—13 温和酸水解**

K-毒毛旋花子苷 毒毛旋花子双糖酶 加拿大麻苷＋α（β-D-葡萄糖）
K-毒毛旋花子苷 β-D-葡萄糖苷酶 K-毒毛旋花子次苷＋β-D-葡萄糖
CHO
OH
CH$_3$
CH$_2$OH
O—CH$_2$
OCH$_3$
毒毛旋花子苷元
加拿大麻苷
K-毒毛旋花子次苷
K-毒毛旋花子苷

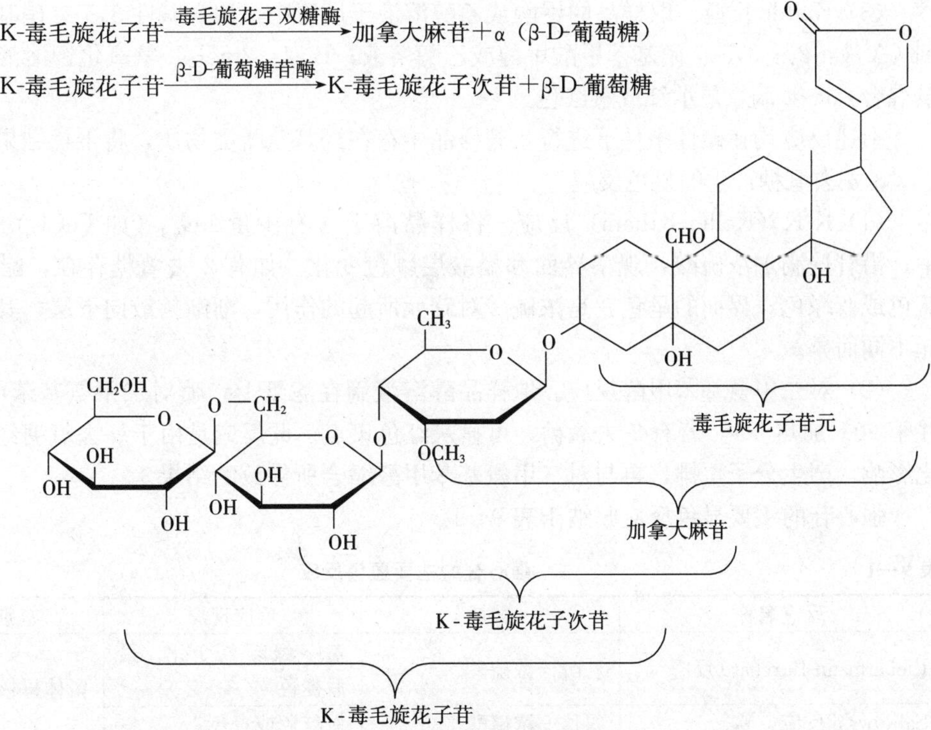

**图 9—14 酶催化水解**

糖基上连有乙酰基的强心苷对酶水解作用阻力大。苷元类型不同，被水解的难易也有区别，一般讲，乙型强心苷较甲型强心苷易被酶水解。

## 9.4.5 显色反应

强心苷的颜色反应很多，主要因结构中含有甾体母核、不饱和内酯环和 2-去氧糖而

产生颜色反应。

1. 甾体母核产生的显色反应（参见第 10 章）

(1) Liebermann-Burchard 反应（L-B 反应，乙酐—浓硫酸反应）。

(2) Salkowski 反应（氯仿—浓硫酸反应）。

2. 不饱和内酯环产生的显色反应

甲型强心苷由于 $C_{17}$ 侧链上有一个不饱和五元内酯环，在碱性溶液中，双键转位能形成 $C_{22}$ 活性次甲基，从而能够与下列试剂反应而显色。而乙型强心苷在碱液中不能产生活性次甲基，故无此类反应，可用于二者的鉴别。

(1) Legal 反应。取样品的醇溶液 2mL，水浴上蒸干，残渣用 1mL 吡啶溶解，加入 3%亚硝酰铁氰化钠溶液和 2mol/L 氢氧化钠溶液各 2 滴，反应呈深红色并渐渐褪去。

此反应可能是由于活性亚甲基与活性亚硝基缩合生成异亚硝酰衍生物的盐而呈色，凡分子中有活性亚甲基者均有此呈色反应。

(2) Baljet 反应。取样品醇溶液 1mL，加入碱性苦味酸试剂数滴，放置 15min，可显橙色或橙红色。此反应有时发生较慢，需放置 15min 以后才能显色。

(3) Kedde 反应。取样品的甲醇或乙醇溶液于试管中，加入碱性 3,5-二硝基苯甲酸试剂（A 液：2% 3,5-二硝基苯甲酸甲醇或乙醇溶液；B 液：2mol/L 氢氧化钾溶液，用前等量混合）3～4 滴，显示红或紫红色。

上述反应均在碱性条件下进行，若样品中存在羟基蒽醌类物质，将干扰结果判断。

3. α-去氧糖产生的显色反应

(1) K-K（Keller-Kiliani）反应。将样品溶于含有少量 $Fe^{3+}$（如 $FeCl_3$）的冰醋酸中，沿管壁滴加浓硫酸，观察界面和醋酸层颜色变化。如有 2-去氧糖存在，醋酸层渐呈蓝色或蓝绿色。界面的呈色，是浓硫酸对苷元所起的作用，渐渐扩散向下层，其颜色随苷元不同而异。

(2) 对二甲氨基苯甲醛反应。取样品醇溶液滴在滤纸上，喷对二甲氨基苯甲醛试剂，并于 90℃加热 30s，若有 2-去氧糖，可显灰红色斑点。此反应是由于 α-去氧糖经盐酸的催化影响，产生分子重排，再与对二甲氨基苯甲醛缩合所导致的结果。

强心苷的主要显色反应归纳于表 9—1。

**表 9—1　强心苷的主要显色反应**

<table>
<tr><th>反应名称</th><th>试剂</th><th>反应现象</th><th>鉴别意义</th></tr>
<tr><td>Liebermann-Burchard 反应</td><td>乙酐—浓硫酸</td><td>黄→绿颜色变化，最后褪色</td><td rowspan="2">甾体母核</td></tr>
<tr><td>Salkowski 反应</td><td>氯仿—浓硫酸</td><td>血红色或青色</td></tr>
<tr><td>Legal 反应</td><td>亚硝酰铁氰化钠</td><td>深红或蓝</td><td rowspan="4">不饱和内酯环，也可区别甲型强心苷和乙型强心苷</td></tr>
<tr><td>Kedde 反应</td><td>3,5-二硝基苯甲酸</td><td>深红或红</td></tr>
<tr><td>Baljet 反应</td><td>碱性苦味酸试剂</td><td>橙或橙红</td></tr>
<tr><td>Raymond 反应</td><td>间二硝基苯</td><td>紫红或蓝</td></tr>
<tr><td>K-K 反应</td><td>$Fe^{3+}$［$FeCl_3$ 或 $Fe_2(SO_4)_3$］</td><td>蓝或蓝绿</td><td>2-去氧糖</td></tr>
</table>

# 9.5 强心苷的提取与分离

## 9.5.1 提取

从植物中提取强心苷一般采用溶剂法进行，常用的提取溶剂为70%～80%的甲醇或乙醇。含油脂及叶绿素多者要先进行脱脂，如提取的药材为种子时，可先行压榨去油，然后用石油醚脱脂后再行稀醇提取。

1. 原生苷的提取

提取原生苷时，首先必须注意抑制酶的活性，防止酶解。原料在采收后趁新鲜尽快干燥，最好在50～60℃通风，快速烘干或晒干，保存期间也要注意防潮，控制含水量，提取时要避免酸碱的影响。

2. 次生苷的提取

次生苷的提取通常先利用药材中的酶自行水解，脱去葡萄糖成次生苷后再进行提取，具体方法如下：将药材粉末加等量水拌匀湿润后，在30～40℃保持6～12h以上进行酶解，然后用乙酸乙酯或乙醇按原生苷提取的方法进行提取和纯化。亦可先提取原生苷后再进行酶解，酶解完全后再用有机溶剂提取。

用铅盐沉淀法或聚酰胺吸附法可除去与其共存的杂质，最后再用不同比例的 $CHCl_3$/$CHCl_3$：MeOH 依次萃取，将强心苷按极性大小分为几个部分，以备进一步分离用。

## 9.5.2 分离

分离和纯化强心苷是比较复杂与困难的工作，这是因为：(1) 植物中存在的强心苷类成分十分复杂，同一植物中常含有几个甚至几十个结构相似、性质相近的强心苷，且一般含量又较低；(2) 稳定性差，原生苷易受植物中存在的酶、酸的影响而形成次生苷，原生苷和次生苷相混存在；(3) 杂质的干扰，强心苷常与糖类、皂苷、色素和鞣质等物理性质相近的杂质共存，这些杂质能影响强心苷在许多溶剂中的溶解度。

1. 溶剂萃取法

利用强心苷在两相溶剂间的分配系数不同而达到分离。如：毛花洋地黄总苷（混合苷）中苷甲、乙、丙的分离利用它们在氯仿中溶解度的不同，采用甲醇—氯仿—水混合溶剂系统，可将苷丙与苷甲、苷乙分离（见图9—15）。

根据萃取原理发展起来的逆流分溶法、液滴逆流色谱以及高速逆流色谱等现代技术也可用于强心苷的分离，其速度更快，分离效果更好。

2. 吸附色谱法

吸附色谱法一般用于分离亲脂性强心苷（单糖苷或次生苷），常用中性氧化铝（或硅胶）做吸附剂，苯、苯—氯仿、氯仿、氯仿—甲醇做洗脱剂。但 $C_{16}$ 位有酰氧基的不能用氧化铝色谱，否则会引起酰氧基消去反应，形成 $\triangle^{16(17)}$ 不饱和化合物。

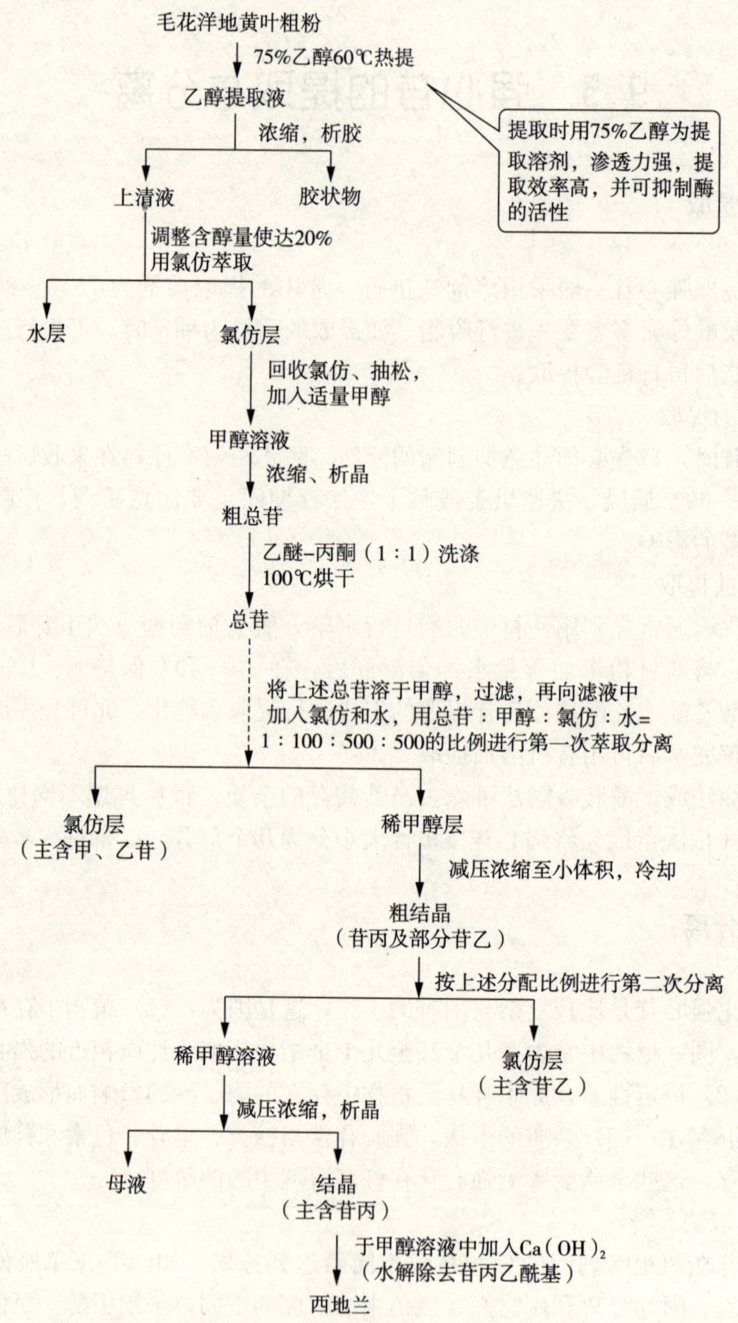


**图 9—15　毛花洋地黄毒苷甲、乙、丙的提取和分离**

注：由于苷甲、乙、丙结构中所含羟基数目和位置不同，表现出不同极性。利用它们在氯仿与稀甲醇中的分配系数不同，采用氯仿—甲醇—水（5∶1∶5）为溶剂系统进行两相溶剂萃取，苷甲容易分配到氯仿中，而苷丙则集中留在水层得以相互分离。

弱亲脂性强心苷，常先进行乙酰化，将乙酰化强心苷的混合物进行氧化铝吸附色谱，获得乙酰化苷的单体，再以碳酸氢钾水解去乙酰基而得原苷。

### 9.5.3 应用实例

夹竹桃科植物黄花夹竹桃 *Thevetia Peruviana*（Pers.）K. Schum.，产于我国南方各省。其果仁中总强心苷含量达8%左右，从中已分离出7种强心苷，其中黄夹苷甲、乙为原生苷，其余为次生苷，次生苷中，强心作用以黄夹次苷乙最强，黄夹次苷甲次之，单乙酰黄夹次苷乙最弱（见图9—16）。

黄花夹竹桃中强心苷的提取分离：

（1）黄夹苷甲与乙的提取分离。黄花夹竹桃果仁粉经石油醚脱脂后，用冷甲醇提取4次，合并提取液，在60℃以下减压浓缩至小体积，放置，析出沉淀，过滤得析出物。滤液通过中性氧化铝柱，用水洗涤，洗液于60℃以下减压浓缩至小体积，放置，又析出沉淀。合并两次析出物并用85%异丙醇重结晶多次，得熔点为196～198℃的结晶性物质。此结晶用氯仿—乙醇（2∶1）混合液为两相溶剂，氯仿层为移动相，水层为固定相，经9次逆流分配，最后由水层中获得黄夹苷甲（熔点190～192℃，用水重结晶），由氯仿层获得黄夹苷乙（熔点190～195℃，用甲醇—乙醚混合溶剂重结晶）。

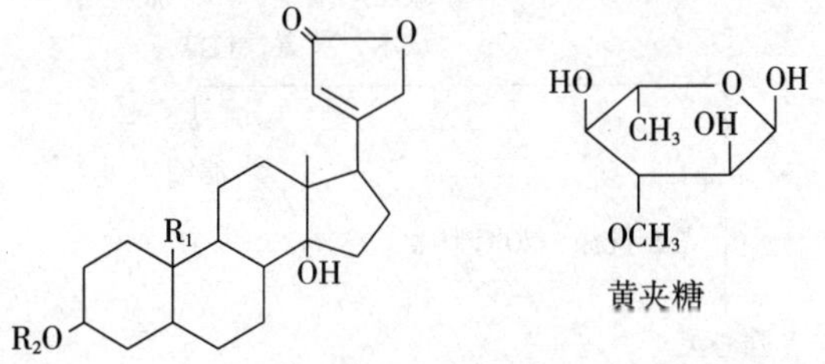

| | $R_1$ | $R_2$ | 熔点（℃） |
|---|---|---|---|
| 黄夹苷甲 | $-CHO$ | 黄夹糖—(葡萄糖)$_2$ | 190～192 |
| 黄夹苷乙 | $-CH_3$ | 黄夹糖—(葡萄糖)$_2$ | 190～195 |
| 黄夹次苷甲 | $-CHO$ | 黄夹糖 | 145～147 |
| 黄夹次苷乙 | $-CH_3$ | 黄夹糖 | 203～207 |
| 黄夹次苷丙 | $-CH_2OH$ | 黄夹糖 | 239～240 |
| 黄夹次苷丁 | $-COOH$ | 黄夹糖 | 168～170 |
| 单乙酰黄夹次苷乙 | $-CH3$ | 单乙酰黄夹糖 | 215～218 |

**图9—16 从黄花夹竹桃果仁中分离出的强心苷**

（2）强心灵的提取分离。强心灵主要为单乙酰黄夹次苷乙、黄夹次苷乙和黄夹次苷甲等的混合物，是果仁中原来含有的多糖苷经酶解后产生的次生苷，强心效果比原来的多糖苷提高5倍左右。强心灵为白色结晶，无臭，味极苦，有刺激黏膜作用，易溶于乙醇、甲醇、氯仿、丙酮，微溶于乙醚、水，不溶于苯及石油醚。如图9—17所示为强心灵的提取分离过程。

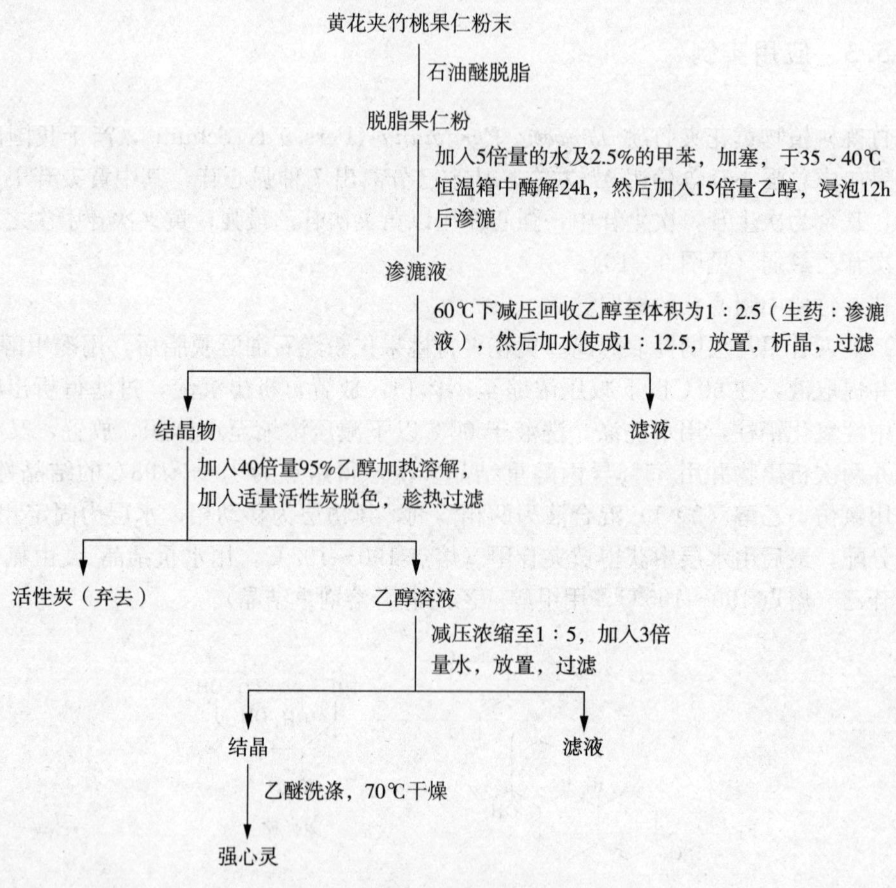


**图 9—17　强心灵的提取分离工艺**

## 思考题

1. 什么是强心苷？它的基本化学结构怎样？

2. 强心苷中的哪些结构对生理活性特别重要？举例说明在提取过程中如何防止这些结构的改变。

3. 下列试剂或方法有什么用途？

（1）Keller-Kiliani 试剂；

（2）Liebermann-Burchard 反应；

（3）Baljet 反应。

4. 强心苷在酶、酸、碱条件下水解的部位及产物有何不同？

# 第10章 皂　苷

## 学习要点

1. 皂苷结构与分类；
2. 甾体皂苷、三萜皂苷的主要结构类型；
3. 重要中药中的皂苷化合物；
4. 甾体皂苷元与三萜皂苷元的结构差异；
5. 甾体母核的显色反应及其与二萜的区别；
6. 皂苷的生物活性及提取分离常用的方法。

在日常生活中我们会遇到这样的情形：某些植物的水（提取）溶液，在剧烈搅拌或振摇时会产生大量泡沫（如皂角、龙舌兰等植物），如同肥皂水那样。由此可知：该植物中可能存在有皂苷类物质（Saponins），可用于清洁衣物。

皂苷是由一多环烃的非糖部分（苷元）与糖通过苷键的方式连接而成的一类天然产物。根据已知皂苷元（Sapogenin）的结构特点将其分为两大类型——甾体皂苷（Steroidal Saponins）和三萜皂苷（Triterpenoid Saponins）。三萜皂苷在生物生成过程中常使分子中具有羧基结构，故又称为酸性皂苷；而甾体皂苷的分子不具有这种特性，故又称中性皂苷。

在皂苷的结构中，苷元具有不同程度的亲脂性，糖链具有较强的亲水性，从而使皂苷成为一种表面活性剂，用力振荡就会产生泡沫。由于皂苷分子同时具有亲脂性和亲水性，也就具有去污的作用。显然，糖链长短的变化以及糖链的多少（有些皂苷在多个位置上形成苷键）均可引起皂苷性质的变化。按照糖链的长短，可将皂苷分为单糖苷、双糖苷……按照糖链的多寡，又有单糖链苷、双糖链苷……组成糖链的单糖常见的有D-葡萄糖、D-半乳糖、L-鼠李糖、L-阿拉伯糖、D-木糖、D-葡萄糖醛酸、D-半乳糖醛酸等。

皂苷类化合物在植物界分布非常广泛，有文献记载，对中亚地区的104科、1 700余种植物进行了系统研究，其中79科植物（约76%）中含有皂苷。常见含有皂苷的中药材有：山药、人参、西洋参、远志、柴胡、桔梗、牛膝、麦门冬、土茯苓、三七、黄芪等。许多食用植物也含有皂苷，如豆类、番茄、土豆、丝瓜等。

## 10.1 甾体皂苷

甾体皂苷是一类由 $C_{27}$ 甾烷类衍生物与糖结合的寡糖苷类，传统上主要指具有螺甾烷结构的苷类。甾体皂苷在植物中有着广泛的分布，迄今发现的甾体皂苷类化合物已达一万种以上，主要分布在薯蓣科、百合科、玄参科、龙舌兰科等植物中。20 世纪 60 年代对甾体皂苷的研究主要集中在寻找和开发甾体皂苷元资源，为合成甾体避孕药和激素类药物提供原料。进入 90 年代，随着甾体皂苷化学的发展，许多新的生物活性逐渐被发现，特别是防治心脑血管疾病、抗肿瘤、降血糖和免疫调节等方面作用的发现，使皂苷类成分成为关注热点。一些含甾体皂苷类成分的药物已进入临床使用，取得了满意的效果，如地奥心血康胶囊是以黄山药提取物为主活性成分的制剂，其中含有 8 种甾体皂苷，对冠心病、心绞痛疗效显著；又如心脑舒通为蒺藜果实中提取的总皂苷制剂，具有扩冠、改善冠脉循环作用，对缓解心绞痛，改善心肌缺血有较好疗效。

### 10.1.1 甾体皂苷元的结构分类

甾体皂苷是由甾体皂苷元和糖组成，其苷元基本碳架属螺甾烷醇衍生物。依照螺甾烷结构中 $C_{25}$ 的构型和环 F 的环合状态，可将甾体皂苷分为 4 种类型：

（1）螺甾烷醇型（Spirostanol）F 环为六元环结构，$C_{25}$ 为 S 构型，甲基取直立键。

（2）异螺甾烷醇型（Isospirostanol）F 环为六元环结构，$C_{25}$ 为 R 构型，甲基取平伏键。

（3）变形螺甾烷醇型（Pseudo-spirostanol）F 环为五元四氢呋喃环，此类型较为少见。

（4）呋甾烷醇型（Furostanol）F 环为开链衍生物，是螺甾烷型的前体。

以上 4 种类型甾体皂苷的结构及碳原子编号方法如图 10—1 所示。

### 10.1.2 甾体皂苷元的结构特点

所有螺甾皂苷元在 $C_{22}$（螺原子）位的构型都是相同的，此外，各种皂苷元还具有下列结构特点：

（1）共有 27 个碳原子组成。

（2）一般 A/B 环有顺式和反式（可用 5β-H 或 5α-H 分别表示之）；B/C 环和 C/D 环均为反式（即 8β、9α、13β、14α）。$C_{17}$ 位侧链为 β-构型。

（3）分子中常含多个羟基，大多数在 $C_3$ 上有羟基，并多在此处与糖链形成苷。

（4）分子结构中不含羧基，呈中性，故甾体皂苷又称中性皂苷，但环上可能有羰基。

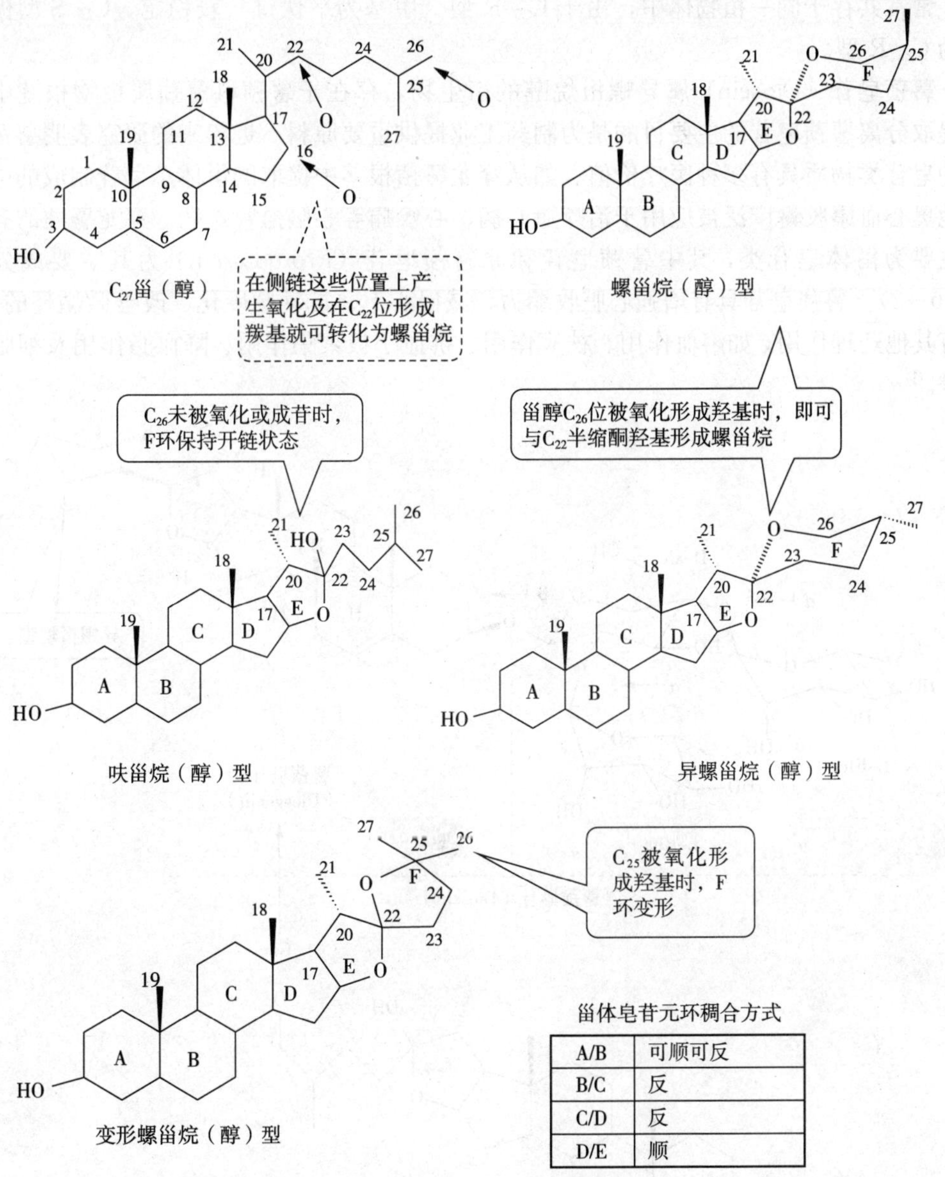


| A/B | 可顺可反 |
|---|---|
| B/C | 反 |
| C/D | 反 |
| D/E | 顺 |

**图 10—1　螺甾烷基本结构和碳原子编号**

(5) 环结构中可能存在双键，5,6 位间常为双键结构，如薯蓣皂苷元。

## 10.1.3　糖部分的特点

在强心苷的结构中，除具有去氧糖外，糖链多呈直链型。而在皂苷类化合物中，糖链则多呈现支链结构；在强心苷分子中，糖链均连接在 $C_3$ 位，而在皂苷分子中，可出现多条糖链，即除 $C_3$ 位外，其他位的羟基也可能形成苷键。

迄今为止从植物中获得数量较多和研究较为深入的甾体皂苷类物质为螺甾烷型和异螺甾烷型。前者又称 L 型或 *neo* 型螺甾烷，后者又称 D 型或 *iso* 型螺甾烷，二者互为异构体，常常共存于同一植物体中，由于 $C_{25}$ R 型（甲基为平伏键）较稳定，$C_{25}$ S 型极易转化为 $C_{25}$ R 型。

薯蓣皂苷（Dioscin）属异螺甾烷醇的衍生物，存在于薯蓣科薯蓣属植物根茎中。过去提取分离薯蓣皂苷的主要目的是为制药工业提供重要原料。近年来的研究表明薯蓣植物中的皂苷类物质具有多种医疗价值。如从穿龙薯蓣根茎中提取的甾体总皂苷制成的中药制剂地奥心血康胶囊广泛被应用于治疗冠心病、心绞痛等心脑血管疾病。穿龙薯蓣的有效成分主要为甾体皂苷类，其中薯蓣皂苷和原薯蓣皂苷（Protodioscin）为其主要成分（见图 10—2）。薯蓣皂苷具有增强心脏收缩力、减慢心率、抗动脉硬化、改善微循环的作用。还有其他药理作用，如溶血作用、祛痰作用、抗血小板聚集作用、降血脂作用及细胞毒活性等。①

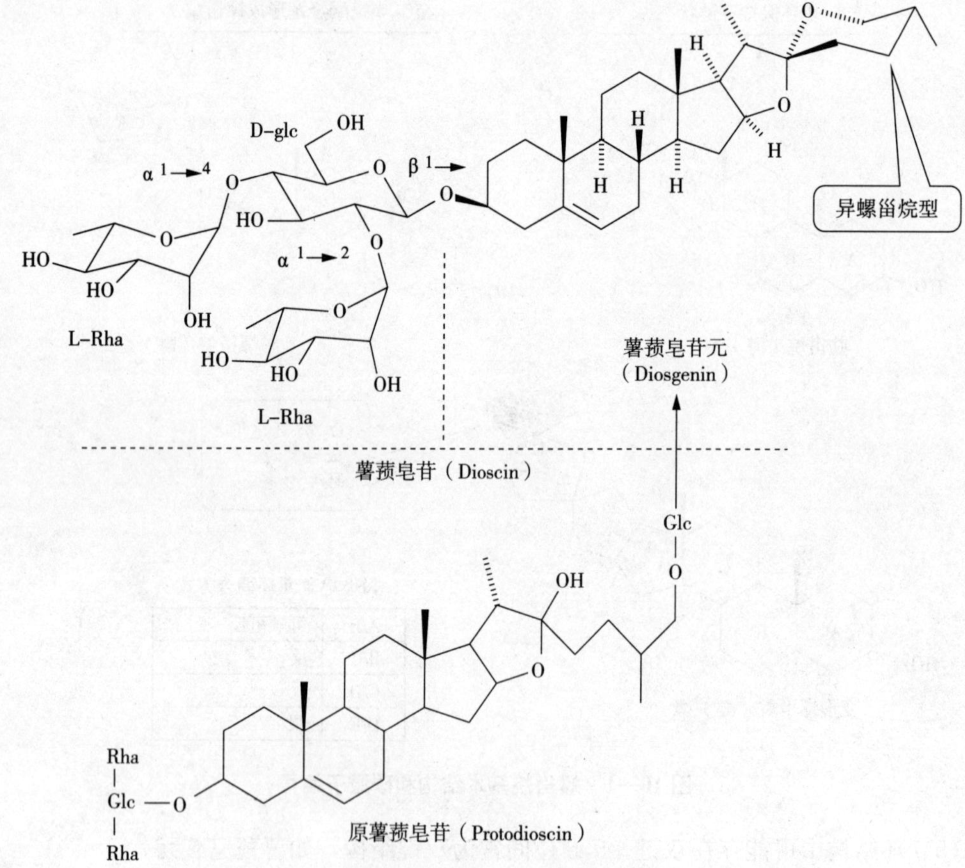


**图 10—2　薯蓣皂苷及原薯蓣皂苷**

注：薯蓣皂苷属异螺甾烷型。原薯蓣皂苷属呋甾烷型，F 环开裂，在酶或酸作用下发生 $C_{26}$ 苷键断裂，与 $C_{22}$ 位半缩酮羟基反应环合，生成薯蓣皂苷。

① 刘中博、王铁杰、卢忠强等：《HPLC 法同时测定穿龙薯蓣中薯蓣皂苷和原薯蓣皂苷》，载《中草药》，2008 (5)。

剑麻是龙舌兰科植物，除含有大量纤维可被人类利用外，也含有大量皂苷类物质。从剑麻中分离得到多种甾体皂苷类物质，如提果皂苷元（Tigogenin）、新提果皂苷元（Neotigogenin）、海柯皂苷元（Hecogenin）、剑麻皂苷元（Sisalagenin）等，均属螺甾烷醇和异螺甾烷醇的衍生物，是有价值的合成激素的原料（见图 10—3）。提果皂苷元与新提果皂苷元为 $C_{25}$ 异构体，A/B 环为反式稠合。海柯皂苷元和剑麻皂苷元的基本结构与提果皂苷元和新提果皂苷元一致，A/B 环也为反式稠合，也是 $C_{25}$ 异构体，但它们在 $C_{12}$ 位为羰基结构。在墨西哥，人们利用多种龙舌兰植物发酵水解皂苷后的溶液制备成龙舌兰酒。

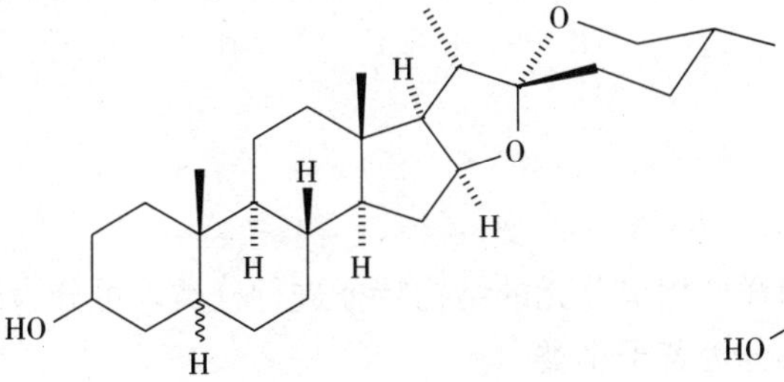

A/B顺 异菝葜皂苷元
A/B反 提果皂苷元

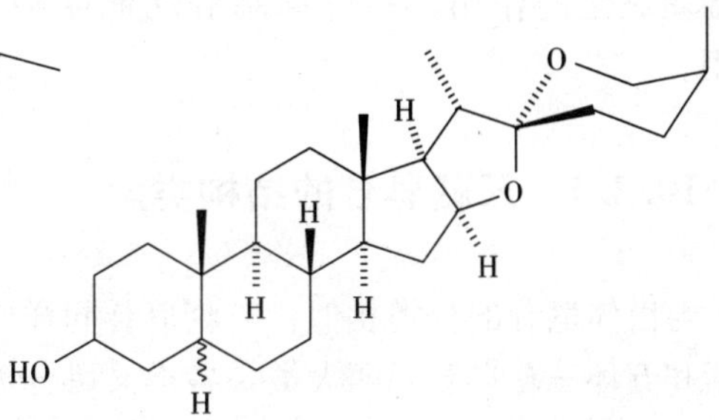

A/B顺 菝葜皂苷元
A/B反 新提果皂苷元

**图 10—3 剑麻中的皂苷**

呋甾烷型皂苷元是螺甾烷 F 环的开裂形式，往往是相应的螺甾烷皂苷的前体，如原薯蓣皂苷，为双糖链苷。在植物生理过程或提取分离过程中，$C_{26}$ 位连接的糖链很容易发生水解而断裂，继而发生 $C_{22}$ 和 $C_{26}$ 位两个羟基间的脱水反应，关环生成相应的螺甾烷皂苷（薯蓣皂苷）。大蒜（Garlic）具有多种生物活性，过去认为大蒜挥发油是有效成分，近年来发现大蒜中含有多种甾体皂苷成分，并认为具有降低血浆胆固醇的作用。从大蒜中可分离出多种 $C_6$—OH 皂苷元，并发现螺甾型降胆固醇效果优于其前体呋甾烷型（具有双糖链，捣碎提取时发生水解）。①

变形螺甾烷型的结构特点为螺甾烷的 F 环为五元四氢呋喃环。这类皂苷在天然产物中尚不多见，有纽替皂苷元（Nuatigenin），来自燕麦（Avena Sativa）。

## 10.2 三萜皂苷

能使其水溶液产生大量泡沫的另一皂苷类成分被称为三萜皂苷（Triterpenoid Saponins）。它们的苷元与甾体皂苷类不同，多数由 30 个碳原子组成，其结构符合“异戊二烯定则”，由 6 个异戊二烯单位缩合而成。该类皂苷元结构中多具有羧基，所以有时又称三萜皂苷为酸性皂苷。

① Hiromichi Matsuura：Saponins in Garlic as Modifiers of the Risk of Cardiovascular Disease，*J. Nutr*，2001.

三萜皂苷广泛存在于自然界，菌类、蕨类、单子叶、双子叶植物、动物及海洋生物中均有分布，尤以双子叶植物中分布最多。在豆科、五加科、葫芦科、毛茛科、石竹科、伞形科、鼠李科、报春花科等植物中分布较多，比甾体皂苷类分布更为广泛。

近年来由于分离纯化及结构测定手段的迅速发展，使一些复杂三萜类的分离、结构鉴定能较为顺利的进行，因而三萜类的研究进展很快，同时也发现了不少新的三萜类化合物。随着三萜皂苷生物活性显示出的广阔应用前景，三萜皂苷类化合物已成为天然药物研究中的一个重要领域，例如豆科植物大豆，具有增强机体免疫力、降血脂、降血压等多种功效，被人们称为健康食品。其有效成分为大豆皂苷，大豆皂苷具有抑制脂质氧化的作用，并可抑制肝功能受损的发生和改善血清脂质，还具有抗凝血等作用。

### 10.2.1　三萜皂苷的结构类型

与甾体皂苷的分类相似，三萜皂苷同样依据皂苷元的结构特征进行分类。可分为四环三萜和五环三萜皂苷元两大类，各类又可分为若干小类。

1. 四环三萜型

常见类型有：羊毛甾烷型，存在于黄芪、升麻等植物中以及海参、海星等海洋生物中；达玛甾烷型，为人参、三七等植物中的主要有效成分；葫芦烷型，存在于苦瓜、罗汉果等植物；原萜烷型，中药泽泻获得的泽泻醇 A、B 等属此类结构；楝烷型，主要得自楝科植物中，只有 26 个碳组成，称为降四环三萜（Nor-tetracyclic Triterpenoid）（见图 10—4）。

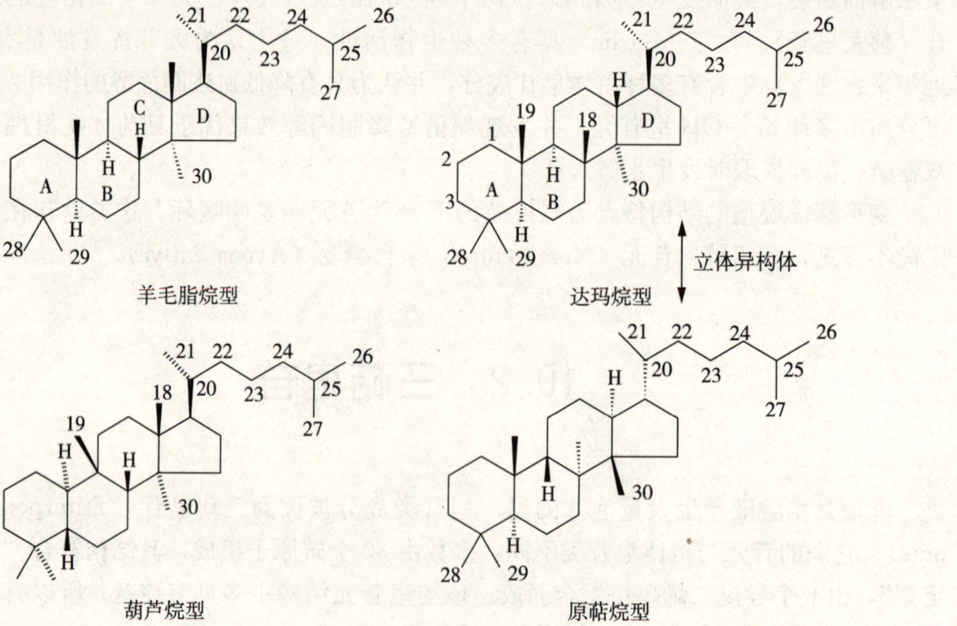

羊毛脂烷型　　达玛烷型　　立体异构体

葫芦烷型　　原萜烷型

**图 10—4　四环三萜类皂苷化合物**

2. 五环三萜型

常见类型有：齐墩果烷型，又称β香树脂烷型（β-Amyrane），如柴胡皂苷，大豆皂苷等；乌苏烷型，又称α香树脂烷（α-Amyrane）型，如冬青苷、苦丁茶苷；羽扇豆烷型，如中药白头翁中的白头翁苷；木栓烷型，可从卫矛属雷公藤等植物中获得这类物质，有些具有抗癌活性（见图10—5）。

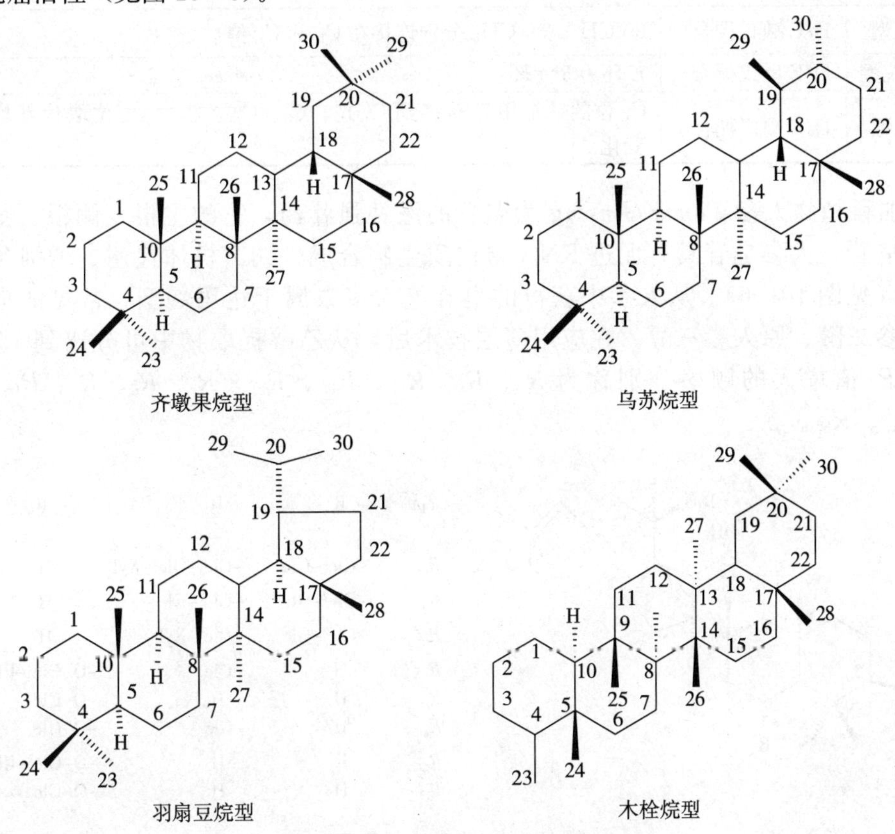


**图10—5 五环三萜类皂苷化合物**

## 10.2.2 三萜皂苷元的结构特点

四环三萜类型中，羊毛甾烷型、达玛烷型和原萜烷型的结构特点是A/B、B/C、C/D均为反式，其差异在于角甲基的取代位置发生了变化。

羊毛甾烷：$C_{10}$-β-$CH_3$、$C_{13}$-β-$CH_3$、$C_{14}$-α-$CH_3$、$C_{17}$-β侧链，$C_{20}$位为R构型（$C_{20}$β-H）。

达玛烷：$C_{10}$-β-$CH_3$、$C_8$-β-$CH_3$、$C_{14}$-α-$CH_3$、$C_{17}$-β侧链，$C_{20}$位为R或S构型。

原萜烷：$C_{10}$-β-$CH_3$、$C_8$-α-$CH_3$、$C_{14}$-β-$CH_3$、$C_{17}$-α侧链，$C_{20}$位为R或S构型。

葫芦烷型的结构特点为：基本骨架可认为是由羊毛甾烯$C_8$位进行质子化，在$C_8$位产生阳碳离子，然后19-$CH_3$转移至$C_9$位，$C_9$位H转移到$C_8$位而形成的。因此A、B环上的取代和羊毛甾烷型不同，有$C_8$β-H、$C_9$β-$CH_3$、$C_{10}$α-H；另外，B/C稠合由反式变为顺式。

4种常见五环三萜类型中，均具有8个甲基，A/B、B/C、C/D均为反式稠合，其差异如表 10—1 所示。

**表 10—1　　4 种常见五环三萜类化合物差异**

| 化合物类型 | 稠合方式 | 环结构差异 |
|---|---|---|
| 齐敦果烷型 | D/E 顺式稠合 | 29-$CH_3$、30-$CH_3$ 连接在 $C_{20}$ 位 |
| 乌苏烷型 | D/E 顺式稠合 | 29-$CH_3$、30-$CH_3$ 分别连接在 $C_{19}$ 和 $C_{20}$ 位 |
| 羽扇豆烷型 | D/E 反式稠合 | E 环为 5 元环 |
| 木栓烷型 | D/E 顺式稠合 | $C_4$ 位的一个甲基转移到 $C_5$ 位，$C_8$、$C_{10}$、$C_{13}$、$C_{14}$ 位取代基均发生变化 |

五加科植物人参 *Panax Ginseng* 为名贵的滋补强壮药，它的主根、侧根、茎叶均含多种皂苷，人参皂苷具有促进 RNA 蛋白质生物合成、调节机体代谢、增强免疫力等功效（见图 10—6）。从人参中获得的皂苷绝大多数属于达玛烷型，常见的皂苷元有原人参二醇、原人参三醇。在应用薄层技术后，从乙醇提取物中可分离到 12 个斑点，按 $R_f$ 值增大的顺序分别称为 $R_o$、$R_a$、$R_{b_1}$、$R_{b_2}$、$R_{b_3}$、$R_c$、$R_d$、$R_e$、$R_f$、$R_{g_1}$、$R_{g_2}$、$R_{g_3}$、$R_{h_1}$。

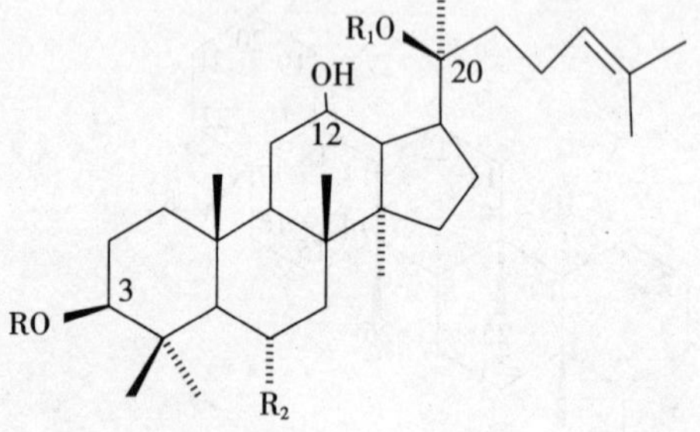

| 名称 | R | $R_1$ | $R_2$ |
|---|---|---|---|
| $R_{a3}$ | –Glc$^{2}$–Glc | –Glc$^{6}$–Glc$^{3}$–Xyl | H |
| $R_{b1}$ | –Glc$^{2}$–Glc | –Glc$^{6}$–Glc | H |
| $R_{b3}$ | –Glc$^{2}$–Glc | –Glc$^{6}$–Xyl | H |
| $R_e$ | H | –Glc | –O–Glc$^{2}$–Rha |
| $R_f$ | H | H | –O–Glc |
| $R_{g1}$ | H | –Glc | –O–Glc |
| $R_{g2}$ | H | H | –O–Glc$^{2}$–Rha |
| $R_{h1}$ | H | H | –O–Glc |

**图 10—6　人参中的皂苷**

黄芪是常用中药，具有补气固表，托疮生肌的功能。从各种黄芪属植物中得到的黄芪皂苷多属于羊毛甾烷型衍生物——环黄芪醇（见图 10—7）。最新研究表明黄芪甲苷①可用于治疗冠心病。

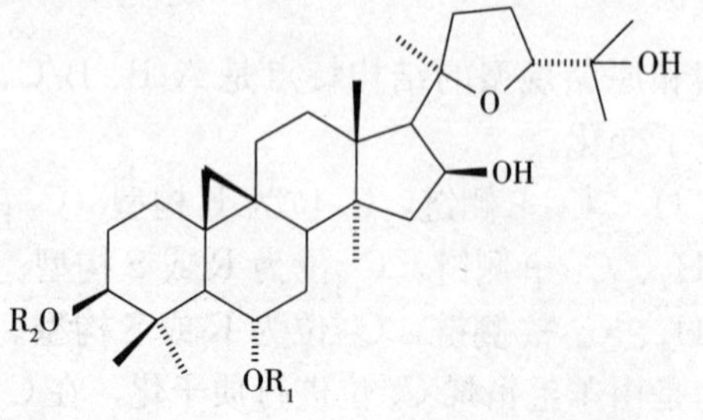

| 名称 | $R_1$ | $R_2$ |
|---|---|---|
| 黄芪皂苷Ⅰ | D–葡萄糖 | 2,3–二乙酰木糖 |
| 黄芪皂苷Ⅱ | D–葡萄糖 | 2–乙酰木糖 |
| 黄芪皂苷Ⅲ | H | 葡萄糖 $\xrightarrow{1\quad 2}$ 木糖 |
| 黄芪皂苷Ⅳ（黄芪甲苷） | D–葡萄糖 | D–木糖 |

**图 10—7　黄芪皂苷**

① 罗洋、邹澍宣、黄宇虹：《黄芪甲苷氯化钠注射液治疗冠心病心绞痛 220 例安全性及有效性评价》，载《天津中医药大学学报》，2008(1)。

齐敦果烷型皂苷在植物界的数量最多，分布最广，是很多常用中药的有效成分。柴胡、甘草、刺五加、威灵仙、商陆、远志、桔梗、木通、葛根、忍冬藤、苦参、土贝母等均含有齐敦果烷型皂苷。齐敦果烷型皂苷元分布广泛，与其结构多样性有密切关系。环上及其取代甲基的氧化程度是其结构多样性的原因之一，如从柴胡、远志、桔梗、商陆、甘草等中药材中获得的皂苷元均为齐墩果烷的不同氧化产物。图10—8为部分齐敦果烷型氧化产物。

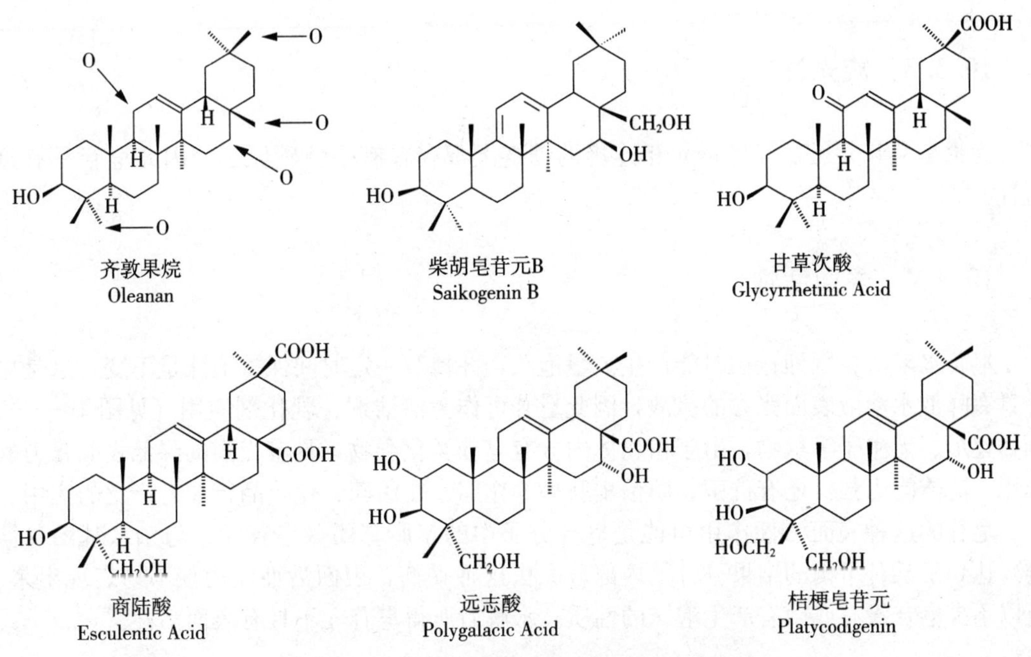


**图10—8 齐墩果烷型的不同氧化产物举例**

# 10.3 理化性质

## 10.3.1 性状

（1）皂苷的形态。皂苷大多为白色或乳白色的无定形粉末，仅少数为晶体，如常春藤皂苷为针状晶体，而皂苷元多为具有一定熔点的结晶体。

（2）皂苷的味道及刺激性。皂苷多数具有苦味而辛辣，其粉末对人体各部分的黏膜有强烈的刺激性，尤以鼻黏膜最为灵敏，吸入鼻内能引起喷嚏。

（3）吸湿性。大多数皂苷具吸湿性，应干燥保存。

### 10.3.2 溶解性

皂苷可溶于水，易溶于热水、热甲醇、热乙醇，不溶于乙醚、苯等极性小的有机溶剂。皂苷易溶于水饱和的丁醇或戊醇，因此常用丁醇或戊醇从水溶液中萃出，借以与糖、蛋白质等亲水性成分分离。皂苷经酶或酸水解生成的皂苷元为结晶状物质，可溶于丙酮、乙醚、三氯甲烷等有机溶剂。

### 10.3.3 旋光性

无论是皂苷元还是与皂苷元相连接的糖链上都存在有手性碳原子，因此皂苷具有旋光性。

### 10.3.4 表面活性

皂苷水溶液在剧烈振摇时能产生大量泡沫，并持续一定时间保持泡沫量不变，这是皂苷具有降低水溶液表面张力的缘故，因此皂苷可作为清洁剂、乳化剂应用（见图 10—9）。例如丝瓜、无患子等植物，由于植物体内含有皂苷类化合物，具有很强的降低表面张力的作用，清洁能力强，还有抗菌、防治皮肤病等作用，在医药、化妆品行业有广泛的应用。

皂苷的这种表面活性作用可能是皂苷分子中的亲脂基团（皂苷元）与亲水基团（糖链）达到了某种平衡的结果。分子内部若失去这种平衡，表面活性作用就不易表现出来。所以不少皂苷没有或微有产生泡沫的性质。水解后所得皂苷元不具有表面活性。

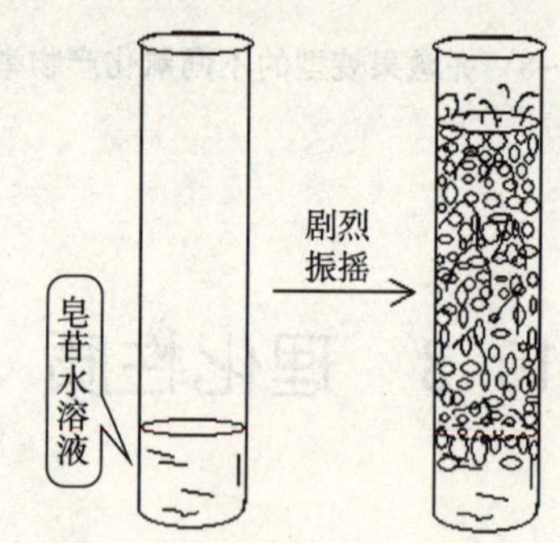


**图 10—9 皂苷的表面活性（泡沫反应）**

注：1. 反应需剧烈振摇；

2. 注意观察：(1) 泡沫量大，几乎能充满试管；(2) 持久性，一般不因加热而消失；若在 15min 内无较大体积变化，可认为属持久性泡沫。

### 10.3.5 溶血作用

血红细胞为双凹圆盘状，中央较薄，周边部较厚。红细胞成熟时，无细胞核和细胞器，胞质内充满血红蛋白（见图 10—10）。血红蛋白具有携带 $O_2$ 和部分 $CO_2$ 的功能。当

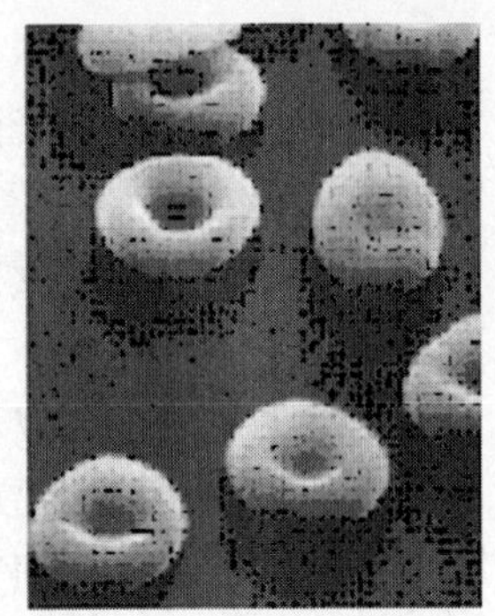

图10—10 血红细胞

红细胞破裂时，血红蛋白进入血液（即溶血现象），失去其功能。多数皂苷能与血红细胞壁上的胆甾醇结合生成不溶于水的复合物沉淀，破坏了血红细胞的正常渗透，使细胞内的渗透压增加而发生崩解，从而导致溶血现象，通常称为皂毒类（Sapotoxins），因此含有皂苷的药物一般不能静脉注射。但口服无溶血作用，可能与其在肠胃不被吸收有关。

皂苷的溶血作用与血细胞的种类和皂苷的结构有关，如对用鳃呼吸的动物的毒性较大，如鳝、软体动物等。三萜皂苷的溶血作用比甾体皂苷大，可作为杀螺剂使用。各类皂苷的溶血作用强弱不同，可用溶血指数表示。溶血指数是指在一定条件下能使血液中红细胞完全溶解的最低浓度。在同一条件下，不同的皂苷具有不同的溶血指数，如薯蓣皂苷为 1∶400 000，洋菝葜皂苷为 1∶250 000。利用溶血指数可以定量评价皂苷的溶血强度，也可以粗略测得皂苷的含量。

皂苷的溶血作用与其分子结构有密切的关系，使难溶于水的皂苷元结合上糖以外的物质溶于水后，则显示与皂苷有相同的溶血作用，所以有无溶血作用与皂苷元有关，而溶血作用的强弱与糖部分有关。

单糖链皂苷溶血作用一般较显著，某些双糖链皂苷无溶血作用。有一些三萜酯皂苷具有溶血作用，而当E环上的酯键被水解，生成物仍是皂苷，但却失去了溶血作用，可见并不是所有皂苷都能破坏血红细胞产生溶血作用。如人参总皂苷就没有溶血现象，经过分离后，其中以原人参三醇及齐墩果酸为苷元的人参皂苷具有显著的溶血作用，以原人参二醇为苷元的人参皂苷，则具有抗溶血作用（见图10—11a）。

$R_1O$ OH RO

20（S）-原人参二醇型

$R_2O$ OH 20 HO OR

20（S）-原人参三醇型

由20（S）-原人参三醇衍生的皂苷有溶血作用，而由20（S）-原人参二醇衍生的皂苷有对抗溶血的作用，因此人参皂苷不呈现溶血现象。

（a）

O—Glc OH O GlcHO 2 Rha—4—Glc—O H Glc

原菝葜皂苷

O O GlcHO 2 Rha—4—Glc—O H Glc

菝葜皂苷

（b）

图10—11 皂苷的溶血作用与其结构关系

F 环裂解的皂苷不具有某些皂苷的通性，如原菝葜皂苷既没有溶血作用，也不能和胆甾醇形成复合物，而经酶解后的菝葜皂苷具有溶血作用（见图 10—11b）。

### 10.3.6 沉淀反应

皂苷的水溶液可以和一些金属盐类如铅盐、钡盐、铜盐等产生沉淀。酸性皂苷的水溶液加入硫酸铵、醋酸铅或其他中性盐类即产生沉淀。中性皂苷的水溶液则需加入碱式醋酸铅等碱性盐或氢氧化钡等才能产生沉淀。此性质可用于皂苷的分离。

皂苷可与甾醇形成分子复合物（常用胆甾醇）沉淀，用乙醚回流，复合物分解，胆甾醇可溶于乙醚而皂苷不溶，此法用于纯化皂苷和检查是否有皂苷类成分。甾体皂苷与胆甾醇形成的分子复合物比三萜皂苷稳定。

### 10.3.7 鉴别反应

1. 皂苷元的鉴别反应

（1）醋酐—硫酸反应（Liebermann-Burchard 反应）。将皂苷样品溶解于醋酐中，加浓硫酸—醋酐试剂，能产生颜色变化，一般由黄色转变为红、紫、蓝或绿。如果是甾体皂苷元最后呈现绿色，而三萜皂苷元只能转变为红、紫或蓝，不出现绿色。该方法可用于区别三萜皂苷和甾体皂苷。

（2）三氯乙酸反应（Rosen-Heimer 反应）。将甾体皂苷溶液滴在滤纸上，滴三氯乙酸试剂，加热至 60℃，生成红色渐变为紫色。在同样情况下，三萜皂苷必须加热到 100℃才能显色，也生成红色渐变为紫色。该方法也可用于区别三萜皂苷和甾体皂苷。

（3）氯仿—浓硫酸反应（Salkowski 反应）。将样品溶于氯仿，加入浓硫酸后，在硫酸层呈现红或蓝色，氯仿层有绿色荧光出现。

（4）冰醋酸—乙酰氯反应（Tschugaeff 反应）。将样品溶于冰醋酸中，加入乙酰氯数滴及氯化锌结晶数粒，稍加热，则呈现淡红色或紫红色。

（5）五氯化锑反应（Kahlenberg 反应）。样品与五氯化锑的氯仿溶液呈紫蓝色。

2. 皂苷的鉴别反应

（1）泡沫试验。泡沫试验是检查皂苷的经典方法。取中药粉末 1g，加水 10mL，煮沸 10min 后过滤，将滤液于试管中强烈振摇，如产生大量持久性泡沫（15min 以上）即为阳性反应。

（2）α-萘酚反应（Molish 反应）。该方法是鉴别苷类化合物常用的方法。

（3）Ehrlich 试剂（1%二甲氨基苯甲醛盐酸溶液，简称 E 试剂）反应。在薄层板上，呋喃甾烷醇型皂苷对 E 试剂呈红色反应，螺甾烷醇型无此反应。

（4）皂苷在乙醇溶液中能与胆甾醇生成分子复合物而沉淀，当沉淀用乙醚回流时，胆甾醇可溶于乙醚，而皂苷不溶，从而可达到分离的目的。

皂苷及其苷元和鉴别反应归纳于表 10—2。

表10—2　皂苷类化合物的鉴别反应

| 反应名称 | 反应试剂 | 反应现象 | 鉴别意义 |
|---|---|---|---|
| Liebermann-Burchard 反应 | 醋酐—硫酸 | 最后出现绿色 | 甾体皂苷元 |
| | | 最后不出现绿色 | 三萜皂苷元 |
| Rosen-Heimer 反应 | 三氯醋酸 | 加热60℃变紫色 | 甾体皂苷 |
| | | 100℃变紫色 | 三萜皂苷 |
| salkowski 反应 | 氯仿—浓硫酸 | 硫酸层红或蓝色，氯仿层有绿色荧光 | 皂苷 |
| Tschugaeff 反应 | 冰醋酸—乙酰氯 | 淡红色或紫红色 | |
| Kahlenberg 反应 | 五氯化锑 | 紫蓝色 | |
| 泡沫试验 | | 持久性泡沫 | 皂苷 |
| Molish 反应 | α-萘酚反应 | 紫色环 | 糖或苷 |
| Ehrlich 试剂反应 | E试剂 | 红色 | 呋甾烷醇型 |
| 与胆甾醇沉淀反应 | | 沉淀 | 皂苷 |

# 10.4　皂苷的生物活性

皂苷类化合物广泛存在于人类的食物及药用植物中，皂苷类化合物除具有表面活性、溶血、毒鱼等特性外，还具有多种生理功能，是许多植物药的主要活性成分。下面简要介绍皂苷的一些主要生物活性。

## 10.4.1　抗炎

关于皂苷具有抗炎活性的报道较多：如已应用于临床治疗肝炎的药物齐墩果酸，治疗类风湿性关节炎、系统性红斑狼疮和肾炎的卫矛科植物雷公藤提取物雷公藤酮，具有明显抗炎作用和降低血清胆固醇、甘油三酯作用的柴胡皂苷a和d（见图10—12）。

## 10.4.2　抗微生物作用

感染性疾病是危害人类和动植物的重要疾病，人们通过长期研究发现很多皂苷具有抗植物致病原体和人类致病原体的作用。

文献报道的具有抗真菌作用的皂苷较多。一般认为皂苷与真菌浆膜中的甾醇能形成一种复合物，可破坏真菌细胞膜的通透性。如常春藤皂苷具有较强的抗真菌活性（见图10—13a）从番荔枝科暗罗属植物 *Polyathia Suberosa* 中分离出来的一种新的31个碳的羊毛脂烷型三萜，能在H9淋巴细胞中抑制HIV复制（见图10—13b）。

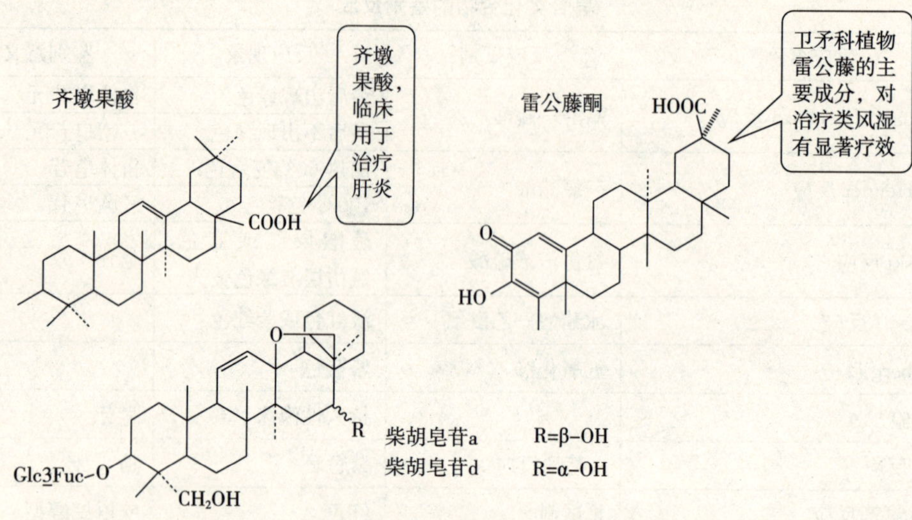


**图 10—12　皂苷类抗炎化合物**

注：柴胡属植物南柴胡和北柴胡为疏散退热、疏肝升阳药。柴胡中已分离出 100 个三萜皂苷，其中柴胡皂苷 a 和 d 具有明显抗炎和降低血清胆固醇和甘油三酯作用。柴胡皂苷还能抑制多种 DNA 和 RNA 病毒，能不可逆地灭活单纯疱疹病毒，对 HIV 也有抑制作用。

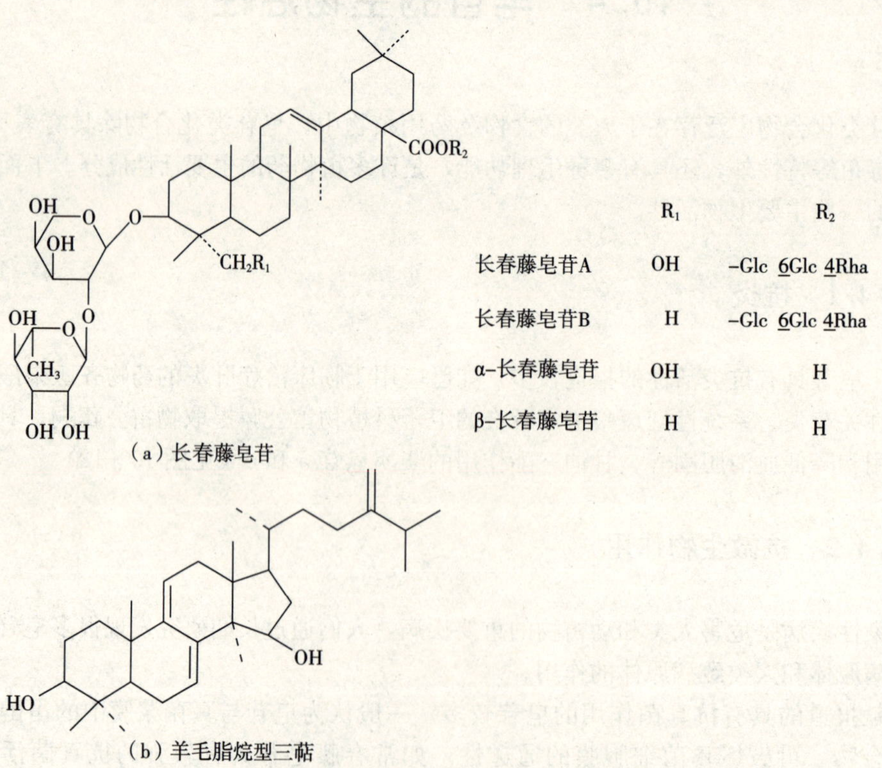


**图 10—13　皂苷类抗微生物化合物**

### 10.4.3 抗肿瘤作用

许多皂苷类化合物具有抗肿瘤作用。从中药鸦胆子中分离出来的多种苦楝素型三萜类成分，具有显著的抗肿瘤活性，但该类化合物毒性大，限制了临床的应用。白桦酸具有抗肿瘤活性，属于羽扇豆烷型三萜类化合物，存在于桦树、石榴树、酸枣仁和天门冬等植物中，其结构如图 10—14 所示。

### 10.4.4 心血管活性

心血管系统疾病是危害人类健康的最主要疾病之一。许多皂苷类化合物具有包括降低胆固醇、抗低压缺氧、抗心律失常、正性肌力作用及毛细血管保护作用等。通过清醒家兔实验研究表明，三七皂苷对心肌缺血和再灌注损伤具有保护作用。对急性脑缺血的作用研究表明人参皂苷 Rb1 的抗脑缺血作用与其钙拮抗有关。三七中分离得到的人参三醇型皂苷对冠状动脉结扎诱发的缺血再灌注心率失常具有对抗作用。黄芪皂苷能显著改善心肌收缩力，增加冠脉血流，对心肌功能具有保护作用。一些薯蓣皂苷对治疗冠心病有效，可减少心绞痛，调节新陈代谢。

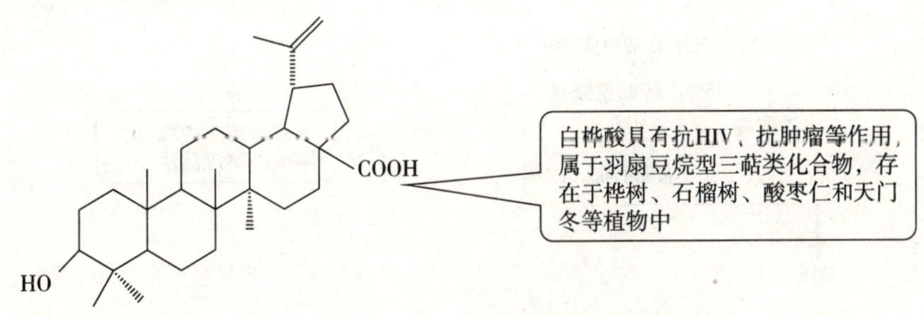


图 10—14 白桦酸结构

### 10.4.5 其他活性

皂苷除具有以上活性外，还有许多其他生物活性，如茶叶、茶子可降低胆固醇、降低血压，非洲商陆中分离出的 Lemmatoxin 具有杀灭精子、软体动物活性的作用（见图 10—15）。

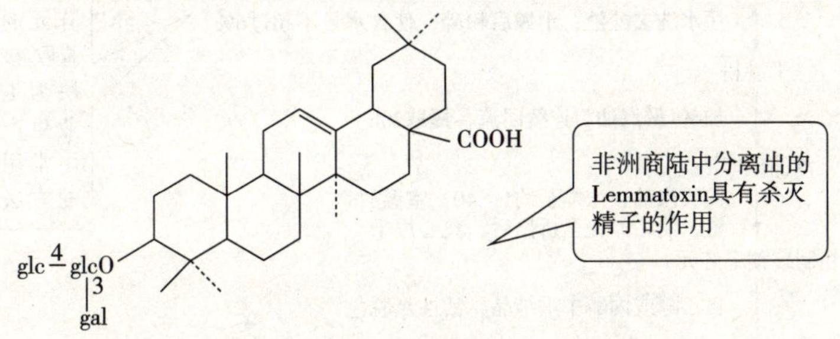


图 10—15 皂苷类化合物 Lemmatoxin

## 10.5 皂苷的提取与分离

### 10.5.1 提取

通常用醇类溶剂（甲醇、乙醇，或醇—水，如70%EtOH）提取。可根据皂苷的种类选择适合的提取浓度，若皂苷含有的极性基团（羟基、羧基等）较多，易用稀醇提取；甾体皂苷一般不含羧基，呈中性，亲水性较三萜皂苷弱，可考虑用醇浓度大的醇—水系统或单一的醇溶剂提取。提取液减压浓缩，获得的浸膏以石油醚等亲脂性溶剂脱脂（也可在提取前完成脱脂操作）。脱脂后的浸膏溶于或悬浮于水中，以水饱和正丁醇萃取，回收正丁醇得粗制总皂苷。此外，也可将醇提取液减压回收醇后，通过大孔吸附树脂（如D101型），先用适量水洗去多糖及其他水溶性成分，之后用不同浓度的醇（通常30%～80%甲醇或乙醇）梯度洗脱，洗脱液减压蒸干，即得粗制总皂苷。粗皂苷的精制也可以通过将正丁醇萃取部分经大孔吸附树脂处理获得，或者将粗制总皂苷溶于少量甲醇中，滴加乙醚、乙酸乙酯、丙酮或乙醚/丙酮（1∶1）等混合溶剂，收集沉淀，即得总皂苷。远志总皂苷的提取如图10—16所示。

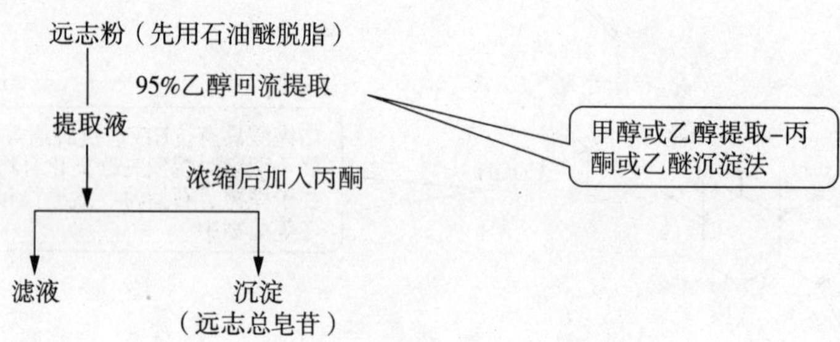


**图10—16 远志总皂苷的提取**

工业生产中提取甾体皂苷元的常用方法如图10—17所示。

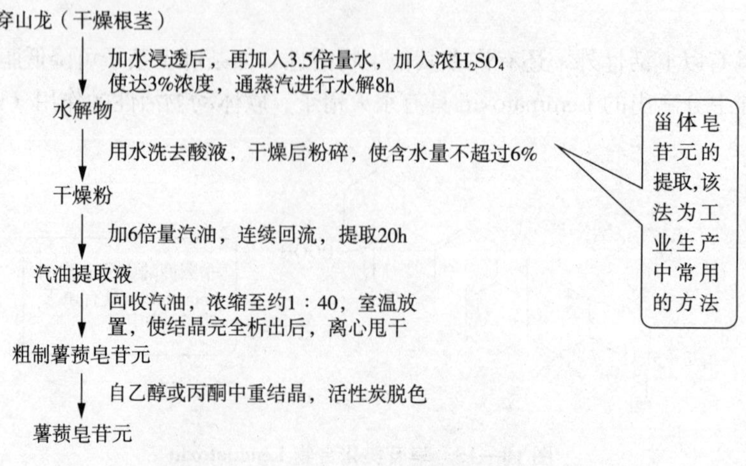


**图10—17 工业生产中提取薯蓣皂苷元**

皂苷的提取应注意以下几点：第一，水浸渍法提取易发生酶解；第二，醇提取酸性皂苷会引起酯化；第三，不稳定酯基可能水解；第四，酰基的转位。

### 10.5.2 分离

由上述提取方法得到粗皂苷，尚需要进一步纯化、分离。常用的方法分述如下：

1. 溶剂沉淀法

由于皂苷难溶于乙醚、丙酮等溶剂，故可利用此性质，将粗皂苷先溶于少量甲醇或乙醇中，然后逐滴加入乙醚、丙酮或乙醚—丙酮（1∶1）的混合溶剂（加入乙醚量以能使皂苷从醇溶液中析出为限），混合均匀，皂苷即行析出。如此处理数次，并逐渐降低溶剂极性，皂苷即可分批析出。

2. 重金属盐沉淀法

皂苷可与铅盐等重金属产生沉淀反应，常用的试剂是醋酸铅。向醇提取液中加入醋酸铅可使酸性皂苷沉淀出，滤去沉淀后再向溶液中加入碱式醋酸铅可使中性（甾体）皂苷沉淀。

3. 胆甾醇沉淀法

利用皂苷与胆甾醇形成不溶性分子复合物的性质，可在粗皂苷的乙醇浓溶液中，加入胆甾醇的饱和醇溶液，至不再析出沉淀为止。滤取沉淀，顺次用水、乙醇、乙醚洗涤沉淀（可去除糖、油脂和游离的胆甾醇等），然后干燥，再置于索氏抽提器中用苯、二甲苯等有机溶剂抽提，以解离出胆甾醇，残留物即为较纯的皂苷。

4. Girard 法

分离含有羰基的甾体皂苷元，常用 Girard T 或 P 两种试剂。Girard 试剂在一定条件下与含羰基的甾体皂苷元生成腙，而与不含羰基的皂苷元分离。

5. 大孔吸附法

目前大孔吸附法为分离皂苷类成分的主要手段之一。粗皂苷中往往含有糖、鞣质、水溶性色素等杂质，将总提取浓缩物用适量水溶解后通过大孔吸附树脂，皂苷被吸附而杂质随溶剂流出。用适量水冲洗柱后改用稀醇溶液进行洗脱（或采用梯度洗脱），收集洗脱溶液，减压蒸干，可得较纯净总皂苷。此方法更适合于分析样品的前处理过程。

6. 色谱法

对总皂苷进一步分离多采用色谱法。常用的色谱法包括硅胶色谱，高效液相色谱法等。在采用硅胶色谱法时，由于皂苷极性较大，常采用含水溶剂进行展开或洗脱。往往需要多次色谱过程，或不同色谱方法交叉使用。

桔梗具有止咳祛痰，排脓清肿的作用，其主成分为皂苷。桔梗总皂苷提取后组分的分离是以氯仿—甲醇—水为展开剂，以 $H_2SO_4$ 显色后，薄层板上可见 8 个斑点，如图 10—18 所示。

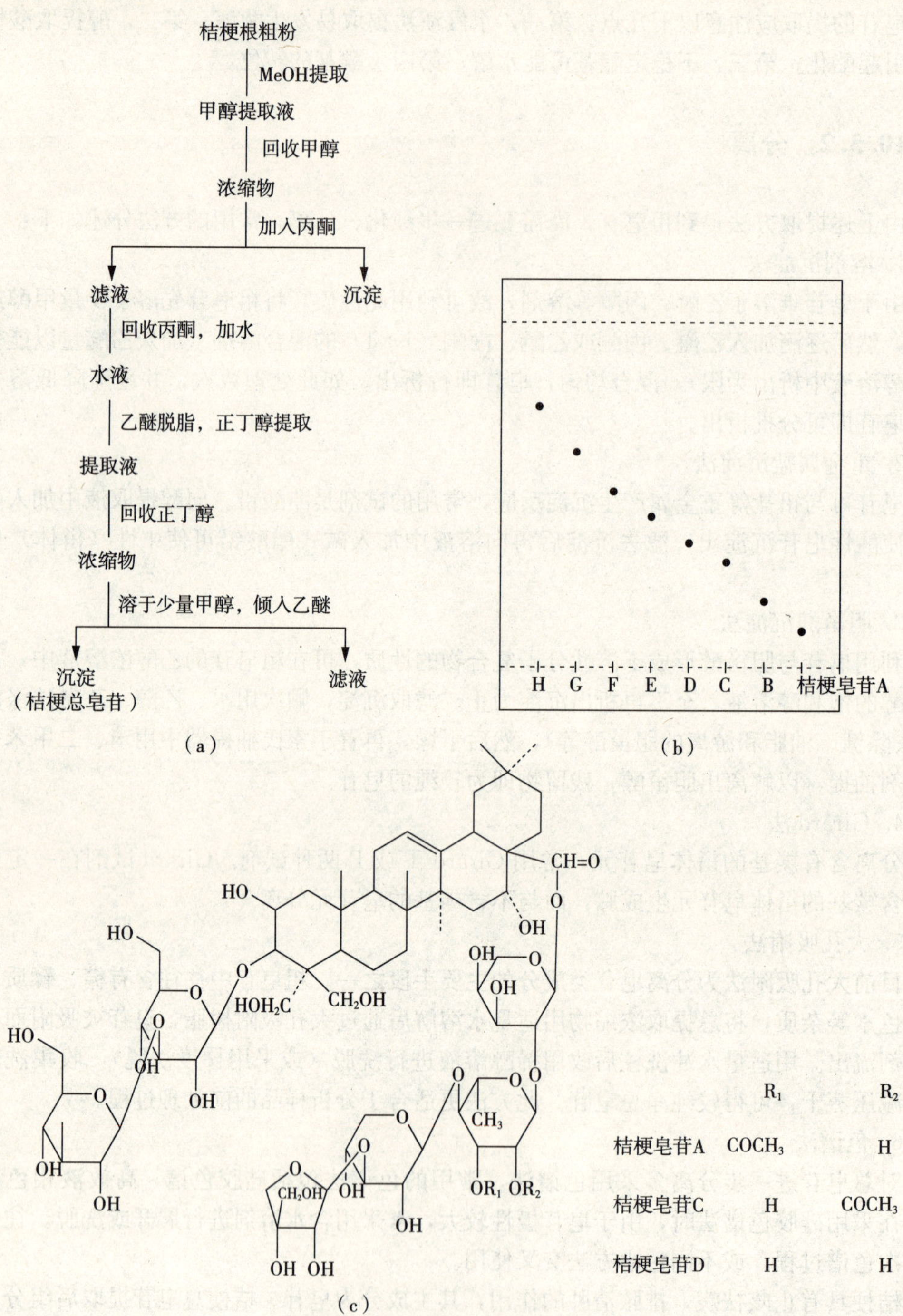


**图 10—18 桔梗皂苷的提取分离**

## 小实验

### 实验一　泡沫试验

取中药粉末1g，加水10mL，煮沸10min后过滤，将滤液于试管中强烈振摇，如产生持久性泡沫（15min以上）说明药材中含有皂苷。所产生的泡沫多少与pH有关，再取两支试管，一管加入0.1mol/L盐酸液5mL，另一管加入0.1mol/L氢氧化钠液5mL，再各加入中药水溶液，使酸管pH为1，碱管pH为13，强烈振摇，如两管所形成的泡沫高度相同，则中药中含三萜皂苷；如碱管泡沫较酸管泡沫高数倍，则中药中含甾体皂苷（中性皂苷的水溶液在碱性溶液中可形成较稳定的泡沫，借此可与酸性皂苷区别）。

### 实验二　溶血试验

含有皂苷成分生药水浸液1mL，加1.8%氯化钠溶液1mL及2%红细胞悬浮液1mL，摇匀后放置，数分钟后可见溶液变透明红色。此反应也可在显微镜下观察，可见细胞溶解情况。

## 思考题

1. 具有什么样结构的物质被称为皂苷？
2. 甾体皂苷元与三萜皂苷元结构有何区别？
3. 甾体皂苷元哪些位置有甲基，三萜皂苷元一般具有几个甲基？
4. 哪种皂苷类分布较广泛？
5. 鉴别皂苷类物质常用的显色反应是什么？
6. 为何皂苷类物质常具有表面活性，水解成皂苷元后表面活性会发生什么变化？
7. 简述皂苷类物质的生物活性。

# 第11章 生 物 碱

## 学习要点

1. 生物碱的定义及基本结构特点；
2. 生物碱的物理化学性质；
3. 生物碱的提取分离技术；
4. 重要生物碱的生物活性。

清朝末年，中国民间吸食鸦片现象严重，鸦片烟的毒害危及了中国社会的稳定和中华民族的存亡。鸦片为何物？它是从一种草本植物——罂粟中提取出来的混合物，其主要化学成分为吗啡（Morphine）及吗啡的衍生物，是植物中的一类碱性成分，一般称其为生物碱（Alkaloids）。吗啡在医学上用作麻醉性镇痛药，但有许多副作用，如长期使用会造成身体和精神依赖，又可抑制大脑呼吸和咳嗽中枢（具有止咳作用），过量使用将导致呼吸中枢麻痹、呼吸停止甚至死亡，故称其为毒品，不可滥用。

生物碱至今尚无一明确定义，一般使用一种广义的概念，即生物碱是一类含碱性氮原子的天然有机化合物。但又将氨基酸、蛋白质、核苷酸以及维生素等天然含氮物质排除在外，这些物质属于生命必需物质；另外，那些含硝基（$-NO_2$）、亚硝基（$-NO$）的化合物以及低分子胺类（如甲胺、乙胺等）也不被认为是生物碱。因此，在这样的概念下，生物碱似乎只包括那些复杂的含氮杂环类衍生物了。当然，也有一些特例如秋水仙碱、麻黄碱、咖啡因等，仍看作生物碱。

生物碱类成分非常常见，香烟中的尼古丁、槟榔中的槟榔碱、香菇中的嘌呤等都是生物碱。生物碱主要分布于植物界100多个科中，如茄科、罂粟科、小檗科等植物中普遍含有生物碱。迄今在动物中极少发现生物碱，仅在蟾酥、麝香和加拿大海狸香腺中有发现。目前已鉴定出约10 000余个生物碱单体，绝大多数生物碱具有特殊而显著的生理活性，因此对其研究也较为深入。临床上治疗痢疾的黄连素、强烈镇痛药吗啡、抗癌药物长春碱和长春新碱均属于生物碱类药物。

生物碱以不同的形式存在于植物体内，绝大多数生物碱由于碱性的原因与共存的有机酸如草酸、柠檬酸、苹果酸、酒石酸、硫酸、盐酸和硝酸等形成盐，以盐的形式存在，少数以游离苷或酯的形式出现，如秋水仙碱、喜树碱、浙贝宁苷等。

# 11.1 生物碱的结构与分类

生物碱种类繁多、结构复杂，根据生物碱的不同特点有多种分类方法，按照来源分类有鸦片生物碱、麦角生物碱、颠茄生物碱等；按氮原子状态分类有伯胺、仲胺、叔胺和季胺生物碱；按氮原子是否在环内分类有杂环生物碱和有机胺类生物碱；按母核结构的化学分类有托品烷类生物碱、喹啉类生物碱等。分类依据不同，各有利弊。为了便于学习和记忆，本教材采用最后一种化学分类方法。

## 11.1.1 吡咯类生物碱

这类生物碱结构简单，数目较少（见图 11—1），主要是由吡咯及四氢吡咯衍生的生物碱，包括简单吡咯烷类和吡咯里西啶类，如红古豆碱和野百合碱。红古豆碱原得自植物古柯中，后发现我国特产植物唐古特山莨菪除含莨菪碱、山莨菪碱、樟柳碱、东莨菪碱等生物碱外，尚含有丰富的红古豆碱。[①] 对所得红古豆碱进行化学改造，成功地制备了抗胆碱药物红古豆醇酯。野百合碱是豆科野百合属植物中的生物碱，与癌细胞 DNA 可发生烃化反应而起到抗癌作用，但有肝毒性。

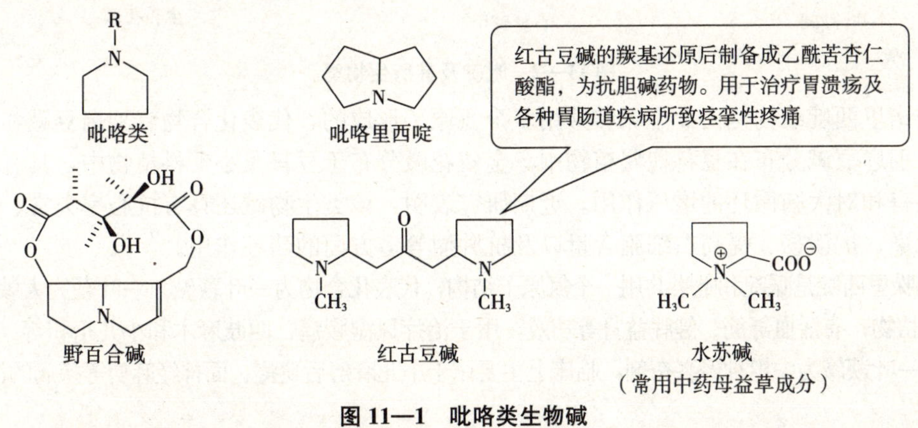


图 11—1 吡咯类生物碱

## 11.1.2 吡啶类生物碱

分子中含有吡啶或哌啶环结构，包括简单吡啶类及其衍生物（喹诺里西啶和吲哚里西

① 成都制药一厂：《抗胆碱新药——红古豆醇酯的合成》，载《中国医药工业杂志》，1980(2)。

啶）类生物碱（见图 11—2）。简单吡啶类的代表化合物有烟碱和胡椒碱。烟碱即尼古丁，是一类精神活性物质，可影响多种中枢神经递质的功能，这些神经递质包括多巴胺、去甲肾上腺素、5-羟色胺、谷氨酸、γ-氨基丁酸和内源性阿片肽等。在脑内，尼古丁通过影响烟碱型乙酰胆碱受体来发挥作用，长期使用尼古丁可导致中枢神经元受体改变，进而导致尼古丁依赖和戒断反应。胡椒碱在自然界中存在广泛，尤其在胡椒科植物中大量存在，其药理作用较为广泛，具有抗氧化、免疫调节、抗肿瘤、抗抑郁、促进药物代谢等作用。石杉碱甲（Huperzine）是我国科学家从蛇足石杉 *Huperzia Serrata*（Thunb.）Trev. 中分离得到的生物碱，具有一酰胺型吡啶环，可用于治疗老年性痴呆症。

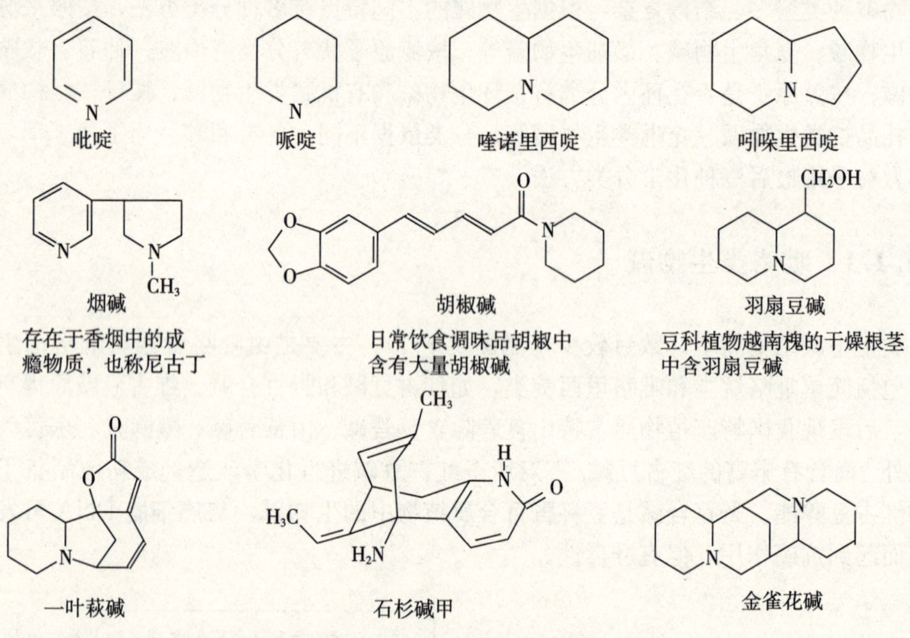


图 11—2　吡啶及其衍生物类

喹诺里西啶结构是由 2 个哌啶共用 1 个氮原子形成的，代表化合物有羽扇豆碱和金雀花碱。羽扇豆碱分布在豆科槐属植物中。金雀花碱分布于豆科及小檗科植物中，具有引起呼吸兴奋和对大脑循环的增压作用。近期研究表明，该类生物碱还具有抗心率失常、抗微生物感染、抗溃疡、提高白细胞含量以及抗肿瘤等多方面的药理作用。

吲哚里西啶是哌啶和吡咯共用一个氮原子结构，代表化合物为一叶萩碱。一叶萩为大戟科一叶萩属植物；有活血舒筋、健脾益肾等功效，用于治疗风湿腰痛、四肢麻木和小儿疳积等。其主要成分一叶萩碱为中枢神经兴奋剂，临床上主要用于小儿麻痹后遗症、面神经麻痹等疾病的治疗。

### 11.1.3　莨菪烷（托品烷）类生物碱

这类生物碱结构可看作四氢吡咯和六氢吡啶骈合而成的杂环体系，重要化合物有莨菪碱、东莨菪碱、山莨菪碱、可卡因等（见图 11—3）。洋金花为茄科植物白曼陀罗的花，自古在我国被用做中药麻醉剂，具有止咳平喘、解痉镇痛、镇静麻醉的作用，其主要成分即为东莨菪碱和莨菪碱。该类生物碱主要存在于茄科、古柯科和旋花科植物中。古柯为一种毒品植物，属古柯科古柯属，常绿灌木植物，原产于南美洲安第斯山脉。古柯叶含有古柯碱，是一种天然的中枢神经兴奋剂，对中枢神经有较大的毒性，能使大脑皮层兴奋，产生欣快感，反复使用，可迅速成瘾，为一种毒品。

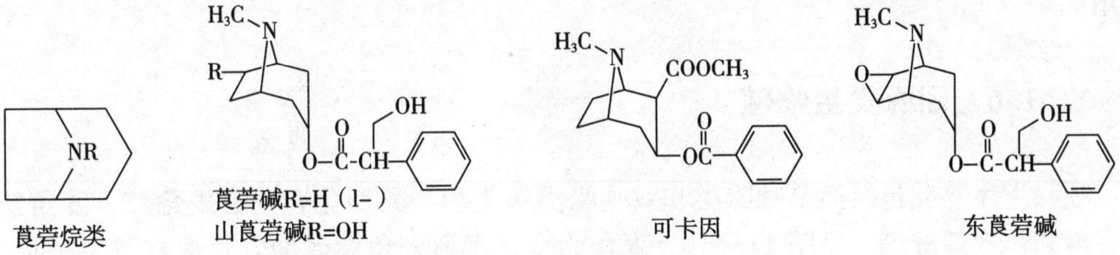

莨菪烷类　　莨菪碱R=H（l-）山莨菪碱R=OH　　可卡因　　东莨菪碱

图 11—3　莨菪烷类生物碱

### 11.1.4　喹啉类生物碱

具有喹啉母核及其衍生物的生物碱为喹啉类生物碱，其化合物有奎宁、喜树碱等（见图 11—4）。奎宁（即金鸡纳碱）存在于茜草科金鸡纳树皮中，早在 17 世纪时，印第安人就开始用金鸡纳树皮的提取液来治疗疟疾，1820 年佩雷蒂尔（P. J. Pelletier）和卡文顿（J. B. Caventou）揭示出奎宁是金鸡纳霜的活性成分并且首先提取得到纯品。奎宁作为抗疟疾药物一直应用至今。喜树果为我国特有的珙桐科植物喜树的干燥成熟果实。喜树碱为其主要成分，具有抗癌活性，临床上主要用于治疗消化系统恶性肿瘤，其抗癌机制独特，是迄今为止发现的唯一专门通过抑制拓扑异构酶Ⅰ发挥细胞毒性的天然植物活性成分。

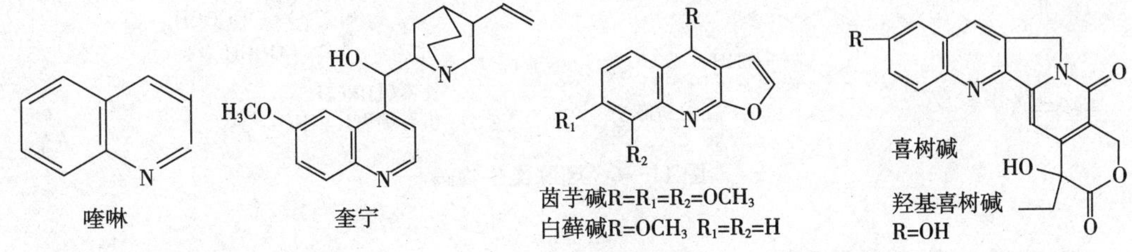


图 11—4　喹啉类生物碱

### 11.1.5　异喹啉类生物碱

这是一类很重要的生物碱，数量多、结构类型多样化，包括简单异喹啉类和苄基异喹啉类的衍生物。代表化合物有罂粟碱、两面针碱、小檗碱等（见图 11—5）。

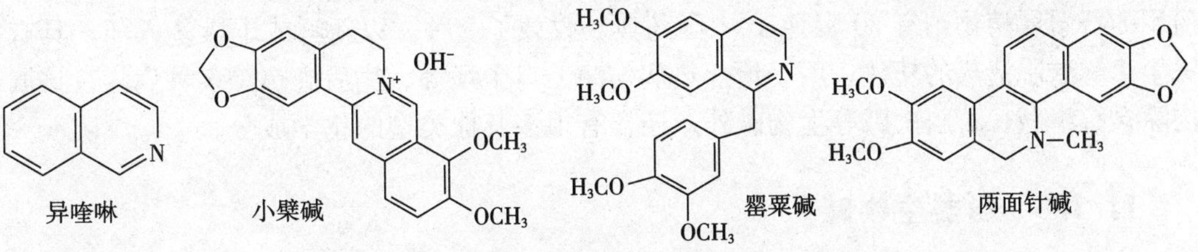

异喹啉　　小檗碱　　罂粟碱　　两面针碱

图 11—5　异喹啉类生物碱

小檗碱即黄连素，是从毛茛科植物黄连或小檗科植物细叶小檗等植物中提取出的一种生物碱，对多种革兰氏阳性菌和阴性菌有抑制作用，临床上主要用于清热解毒和治疗肠道感染。近年来还发现黄连素具有抗心律失常、抗心力衰竭以及降低血压、降低血液黏度的作用。

### 11.1.6 吲哚类生物碱

吲哚类生物碱包括简单吲哚类和双吲哚类衍生物，典型化合物有麦角胺、麦角新碱、长春碱和长春新碱等（见图 11—6）。麦角为麦角菌科麦角菌属的麦角菌在寄主植物上所形成的菌核。含有麦角胺、麦角新碱和麦角毒碱等多种生物碱。麦角碱类对子宫有选择性兴奋作用，大剂量时可引起子宫强直性收缩，常用于产后止血及子宫复旧。长春碱和长春新碱为夹竹桃科植物长春花 *Catharanthus Roseus*（L.）G. Don 中提取的天然来源抗肿瘤药物，用于治疗急性白血病、乳腺癌、消化道肿瘤等多种肿瘤，是临床上第一个从高等植物中提取的有效抗癌药物。现已证实长春花中含 70 余种生物碱，是目前国际上应用最多的抗癌植物药源。

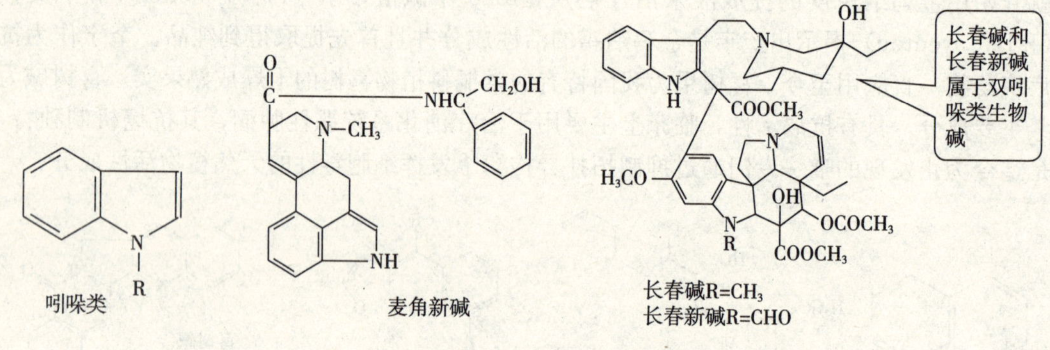


图 11—6 吲哚类生物碱

### 11.1.7 萜类生物碱

萜类生物碱氮原子在萜的环状结构中或在萜结构的侧链上，如猕猴桃碱、石斛碱等（图 11—7）。猕猴桃为猕猴桃科猕猴桃属植物，猕猴桃碱存在于猕猴桃及败酱科植物中，具有降血脂、抗脂质过氧化、清除活性氧自由基、抑制肿瘤细胞、提高免疫功能等方面的药理活性。该碱是某些蚁类的防御性分泌物的主要成分，且使猫科动物有兴奋作用，因此，受到了研究者的重视。该碱具降血糖、抗肿瘤等活性。石斛为兰科石斛属植物，供作药用的石斛属植物约有 30 多种，《中国药典》收载了 5 种。以新鲜或干燥茎入药，具有益胃生津、滋阴清热的功效，用于治疗热病伤津、口干烦渴、病后虚热等多种病症。该属植物除含石斛碱、石斛次碱等生物碱外，还含有很多其他类型的化学成分。

### 11.1.8 甾类生物碱

甾类生物碱氮原子大多在甾环中，如浙贝甲素等（见图 11—8）。浙贝母系百合科贝

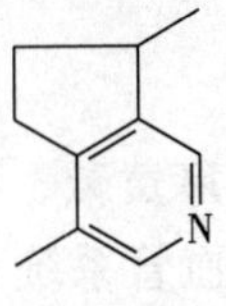

猕猴桃碱 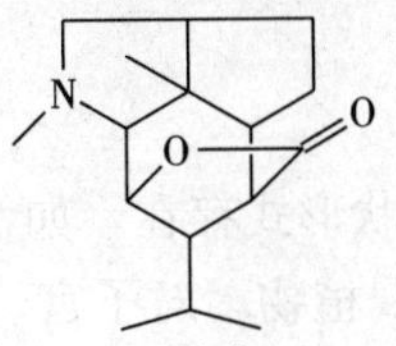　　石斛碱 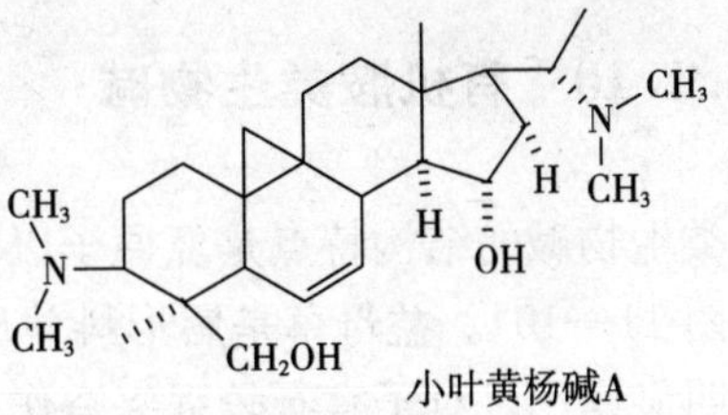　　小叶黄杨碱A

**图 11—7　萜类生物碱**

母属植物，具有清热散结、化痰止咳功能，主治风热犯肺、痰火咳嗽、肺痈、乳痈和疮毒等。浙贝甲素和浙贝乙素是浙贝母中的主要活性成分，具有松弛气管平滑肌、镇痛抗炎、抗肿瘤、逆转细菌耐药以及逆转癌细胞耐药等多方面的药理作用。

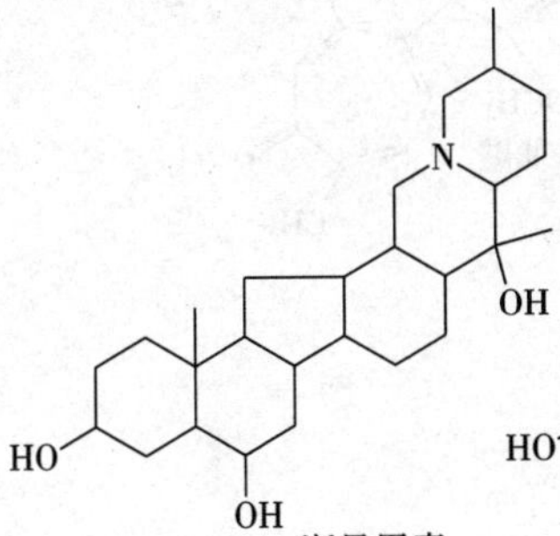

浙贝甲素 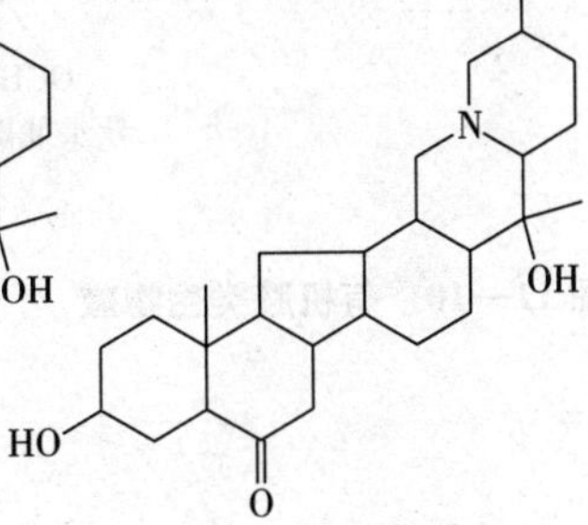　　浙贝乙素 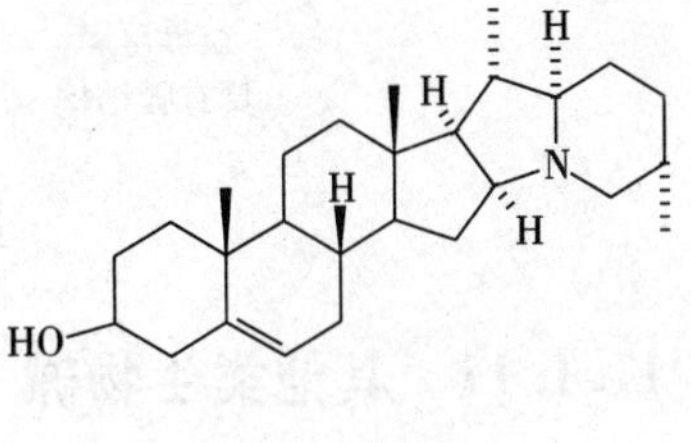　　茄啶（龙葵胺）

**图 11—8　甾类生物碱**

## 11.1.9　大环类生物碱

大环类生物碱大多具有内酯结构，故有时亦称大环内酯类生物碱，如雷公藤碱（见图 11—9）。雷公藤系卫茅科雷公藤属植物，它的根、茎、花均有毒性，药用部分为去二层皮的根木质部，具有活血化瘀、清热解毒、消肿散结、杀虫止血等功效，被广泛用于治疗类风湿性关节炎、肾小球肾炎、红斑狼疮及各种自身免疫性疾病和皮肤病等。现代研究表明活性成分主要是二萜内酯类、生物碱类等，其中生物碱类成分在临床治疗类风湿性关节炎方面显示了更优越的效果，而且毒性小于二萜内酯类化合物。

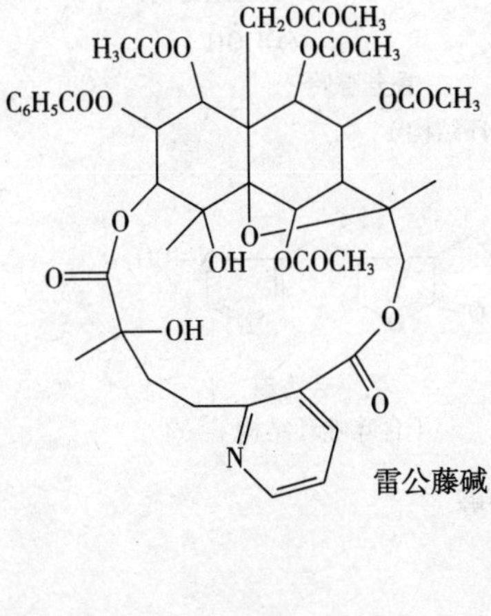

雷公藤碱 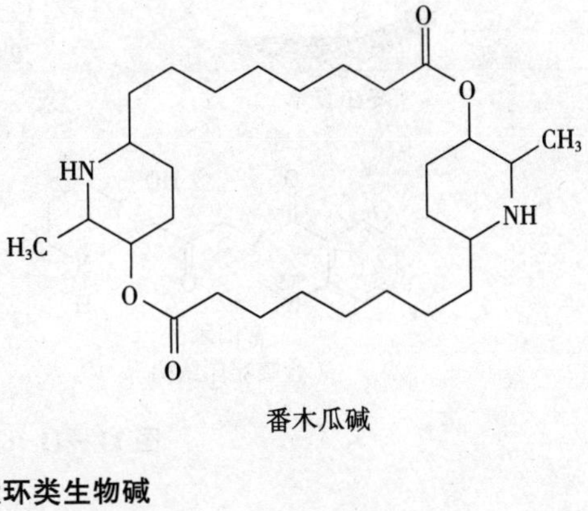　　番木瓜碱

**图 11—9　大环类生物碱**

## 11.1.10 有机胺类生物碱

该类生物碱的结构特点是氮原子以非环状形式存在，如益母草碱、麻黄碱、秋水仙碱等（见图 11—10）。益母草是唇形科益母草属植物，对子宫、肾脏、心血管系统和免疫系统均有明显作用。对子宫有较强兴奋作用的有效成分为益母草碱，益母草碱对离体子宫、在体子宫和子宫血管均呈兴奋作用，使子宫收缩明显增强，紧张度增加，且持续时间明显增加。石杉碱甲有一个氮原子也处于环外，也可看作有机胺类型。

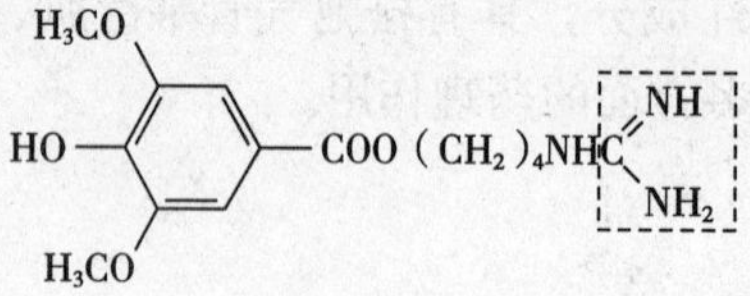

益母草碱
（具有胍结构）

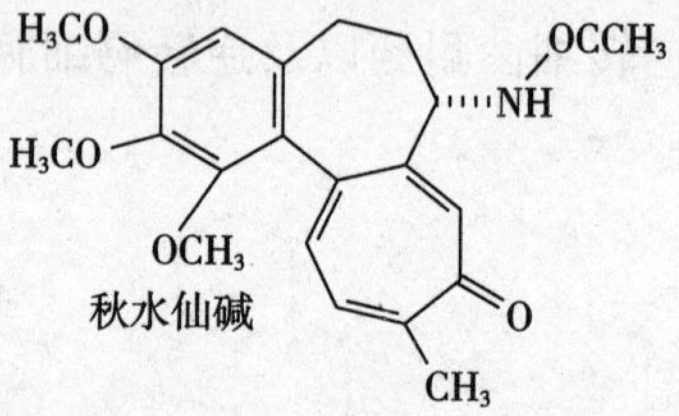

秋水仙碱

**图 11—10 有机胺类生物碱**

## 11.1.11 其他类生物碱

生物碱结构复杂，有很多不属于上述类型，故归入其他类生物碱，如香菇嘌呤、虫草素等（见图 11—11)。香菇嘌呤是由香菇中分离出的一种生物碱，具有显著降低胆甾醇的生物活性。冬虫夏草是我国名贵中药，具有强心、降血脂、降低胆固醇、调节机体免疫功能、抗肿瘤等多种药理活性，对高血压、冠心病、慢性肝炎、慢性肾炎、支气管炎以及食道癌、肝癌、自身多疫性疾病等均有较好疗效。其中的活性成分虫草素（Cordycepin）具有抗菌、消炎、抗肿瘤、调节人体内分泌和增强人体免疫功能等作用。

冬虫夏草

虫草素

香菇嘌呤

（具有嘌呤环结构）

常山碱
（含嘧啶环结构）

毛果芸香碱
（含咪唑环结构）

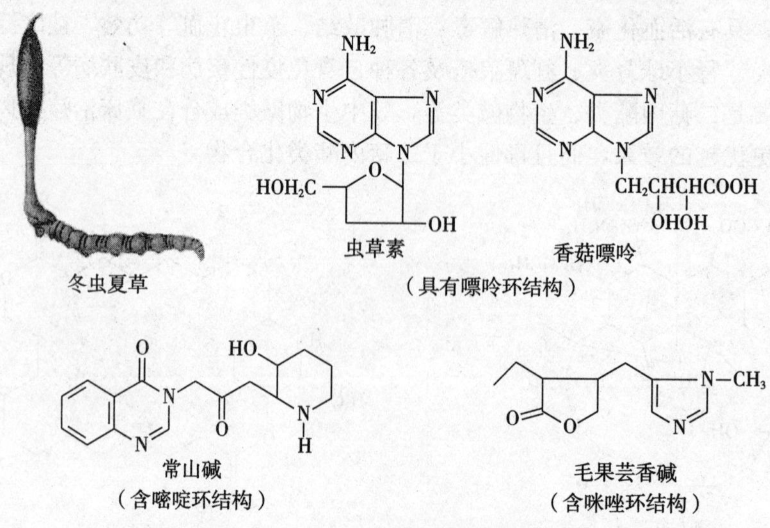

**图 11—11 其他类型生物碱**

# 11.2 生物碱的理化性质

生物碱的种类繁多，结构各异，因而彼此在性质上差异巨大。但因它们均为含 N 有机化合物，所以总有一些共性，了解了这些特点，有助于理解各类生物碱的特性。

## 11.2.1 性状

绝大部分生物碱由 C、H、O、N 4 种元素组成，少数分子含有 S、Cl 等元素。多味苦，如黄连中味苦至极的小檗碱，有些具有甜味如甜菜碱。常温下生物碱多呈结晶型固体，有些为无定形粉末，少数不含 O 元素的小分子生物碱在常温下为液体，如烟碱、槟榔碱等（见图 11—12）。液体生物碱多具挥发性，某些固体生物碱如麻黄碱也具有挥发性。

$COOCH_3$ N $CH_3$ 槟榔碱

N N $CH_3$ 烟碱

**图 11—12 小分子液体生物碱**

生物碱多呈无色或白色，有些具有颜色，如小檗碱为黄色，小檗红碱为红色，尼泊尔碱呈宝石红色。呈现颜色的深浅主要和分子中的共轭体系大小有关，当分子中的共轭体系较长时即可呈现出颜色（见图 11—13）。

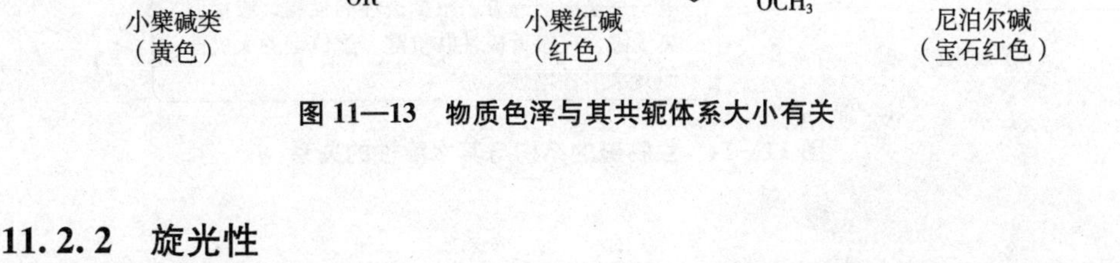

RO RO $N^+$ $X^-$ OR OR 小檗碱类（黄色）

O O N O $OCH_3$ 小檗红碱（红色）

HO HO NH $HOH_2C$ OH $OCH_3$ $OCH_3$ 尼泊尔碱（宝石红色）

**图 11—13 物质色泽与其共轭体系大小有关**

## 11.2.2 旋光性

分子的旋光性与生物活性有密切关系。凡是具有手性碳原子或分子本身具有手性的物质会表现出旋光性，大多生物碱结构中含有手性碳原子故具有旋光性，且多呈左旋光性。

生物碱的旋光性常受 pH、溶剂等因素影响。如烟碱在中性条件下呈左旋光性，但在酸性条件下则呈右旋光性，麻黄碱在氯仿中为左旋光性，在水中却为右旋光性。一般左旋体具有较显著的生物活性。如左旋莨菪碱的散瞳效果比右旋莨菪碱大约 100 倍。左旋麻黄碱的收缩子宫作用比右旋麻黄碱大 1 倍。

### 11. 2. 3 溶解性

生物碱结构复杂，变化大，其溶解性变化也大，经常在一般性的溶解规律下有例外。生物碱及其盐类的溶解度与其分子中的 N 原子的存在形式、极性基团情况以及溶剂等密切相关。

大多数游离生物碱具有亲脂性，易溶或可溶于有机溶剂，如甲醇、乙醇、丙酮、正丁醇、乙酸乙酯、氯仿、苯、乙醚等。

生物碱的盐类大多易溶于水，可溶于乙醇、甲醇，难溶于极性小的有机溶剂。生物碱的盐类在水中的溶解性还与成盐的酸有关，一般无机酸盐的水溶性大于有机酸盐，含氧酸盐（硫酸和磷酸）大于不含氧酸盐（盐酸），小分子有机酸盐大于大分子有机酸盐（见图 11—14）。

季铵生物碱和某些氮氧化物生物碱为水溶性生物碱。季铵碱具有水溶性是因为其在水中为离子型化合物，氮氧化物生物碱如氧化苦参碱分子结构中有半极性的 N→O 配位键，配位键的极性大，故水溶性增强。

小分子的液体生物碱如烟碱以及小分子的麻黄碱易溶于水。大多生物碱可溶于酸水，如果存在羧基或酚羟基还可溶于碱水，如水苏碱。

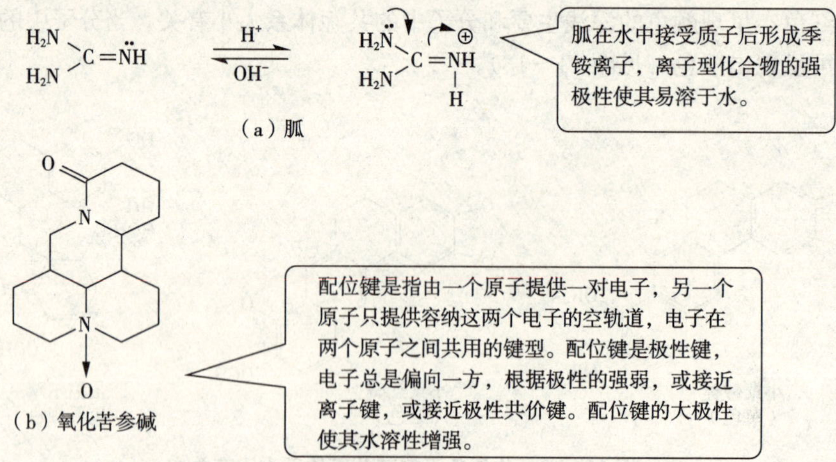


**图 11—14 生物碱的结构与其水溶性的关系**

### 11. 2. 4 化学鉴别反应

在生物碱的研究过程中经常需要用简单的办法来检识，常用的检识方法有沉淀反应和显色反应。

大多数生物碱能和某些试剂生成难溶于水的复盐或分子络合物等而从溶液中沉淀出来，常需在酸性条件下进行。其沉淀物也具有不同色泽，可供鉴别。常用的生物碱沉淀试剂有碘化铋钾、碘化汞钾、硅钨酸、苦味酸等（见表11—1）。

**表11—1　　常用生物碱沉淀试剂表**

| 试剂名称 | 主要试剂组成 | 与生物碱反应产物 | 备　注 |
|---|---|---|---|
| 碘—碘化钾试剂 Wagner | $KI\text{-}I_2$ | 多棕色或褐色沉淀 | |
| 碘化铋钾试剂 Dragendorff | $BiI_3 \cdot KI$ | 多红棕色或橘红色沉淀 | 改良碘化铋钾试剂用于TLC显色剂 |
| 碘化汞钾试剂 Mayer | $HgI_2 \cdot 2KI$ | 类白色沉淀，若加入过量试剂沉淀可被溶解 | |
| 硅钨酸试剂 | $SiO_2 \cdot 12WO_3$ | 淡黄色或灰白色沉淀 | |
| 苦味酸试剂 | 三硝基苯酚 | 晶形沉淀 | 须在中性溶液中反应 |

碘化铋钾、碘化汞钾沉淀反应需在酸性条件下进行，苦味酸和硅钨酸沉淀反应可在中性条件下进行。植物的酸水提取液常含有蛋白质、多糖、鞣质等成分，也会同生物碱沉淀试剂发生沉淀，形成假阳性反应。若需确证生物碱的存在，一般需用多种试剂和方法进行检识。少数生物碱不与沉淀试剂发生反应（如麻黄碱）。由于配制方法的改进，改良碘化铋钾试剂也经常用作纸色谱或薄层色谱的显色剂。

麻黄碱和伪麻黄碱可用加入硫酸铜和氢氧化钠发生蓝紫色反应的方法进行鉴别，其他显色方法不常用。

### 11.2.5　生物碱的碱性

生物碱分子中含有氮原子，而氮原子具有孤对电子，对质子有一定的亲和力。当其与酸作用时，质子即由酸转移至氮原子上而成盐，故生物碱多数呈碱性反应。

$$\equiv N: + HCl \longrightarrow \{\equiv N:H\}^+ + Cl^-$$

1. 碱性强度的表示方法及其与 $pK_a$ 值的关系

生物碱的分子结构不同，捕获质子的能力也不同，所以碱性强度显示出差异。生物碱碱性强度一般用其共轭酸的酸式解离指数 $pK_a$ 值表示。$pK_a$ 值越大，碱性越强，即共轭酸越稳定，碱性越强。

$$B + H_2O \rightleftharpoons BH^+ + OH^-$$

碱　酸　　共轭酸　　共轭碱

根据生物碱的 $pK_a$ 值大小，可以将生物碱的强度分为极弱碱（$pK_a < 2$）、弱碱（$pK_a$ 2～7）、中强碱（$pK_a$ 7～12）和强碱（$pK_a > 12$）。

2. 碱性与分子结构的关系

生物碱的碱性强弱和氮原子的杂化方式、诱导效应、共轭效应、空间效应及分子内氢键等有关，一般能使氮原子孤电子对的电子云密度增加，使质子易接近时，其碱性就强。

（1）氮原子的杂化方式。

生物碱中氮原子孤电子对处于杂化轨道中，杂化方式有 3 种 $sp^3$、$sp^2$、$sp$，在杂化轨道中 $p$ 成分越大，越容易给出电子，和质子的结合能力越强，即碱性越强，其强弱顺序为 $sp^3$ 杂化 ＞ $sp^2$ 杂化 ＞ $sp$ 杂化（见图 11—15）。季铵碱由于以羟基负离子形式存在而显强碱性。有机碱的 p$K_a$ 值大小的一般规律为：胍类 ＞ 季铵碱 ＞ 烷胺类（$sp^3$）＞ 芳胺和吡啶类（$sp^2$）＞ 酰胺类（$sp^2$）＞ 吡咯类（$sp^2$）＞ 腈类（$sp$）。

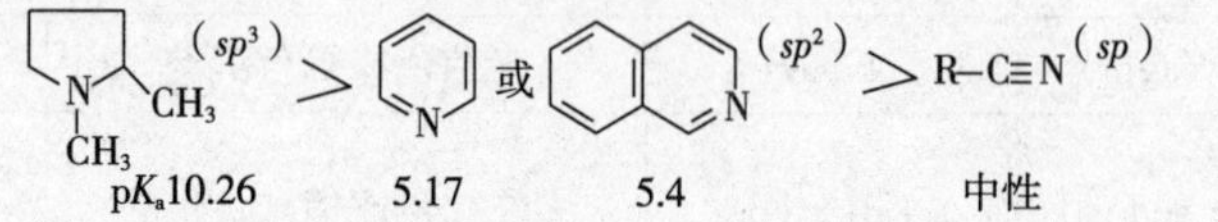

p$K_a$10.26（$sp^3$） ＞ 5.17 或 5.4（$sp^2$） ＞ R—C≡N（$sp$） 中性

**图 11—15　氮原子杂化方式对化合物碱性的影响**

（2）诱导效应。

生物碱分子结构中经常会存在影响氮原子外层电子云密度的供电子基团或吸电子基团，从而产生了供电子诱导效应或吸电子诱导效应。供电子基团（烷基）增加氮原子电子云密度使生物碱的碱性增强，吸电子基团（羰基、双键、苯基、酯基、醚基、羟基等）降低氮原子电子云密度使生物碱的碱性减弱。如甲基胺类和苯丙胺类的诱导效应，如图 11—16 所示。

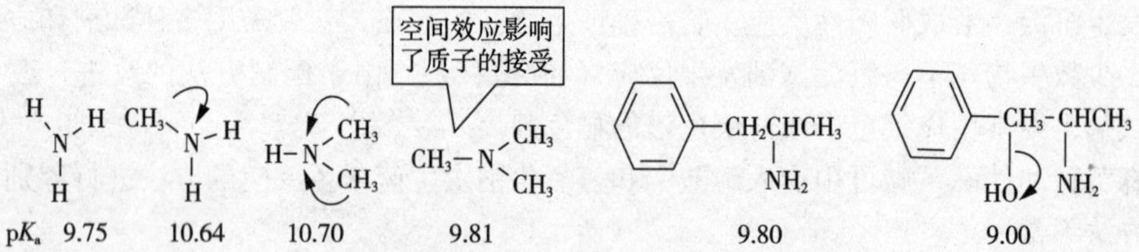

空间效应影响了质子的接受

p$K_a$　9.75　10.64　10.70　9.81　9.80　9.00

**图 11—16　诱导效应**

（3）共轭效应。

生物碱分子结构中氮原子如果能和供电子基团或吸电子基团形成 p-π 共轭体系，会因共轭效应引起氮原子电子云密度增大或减小，从而使生物碱的碱性增强或减弱，如咖啡碱和茶碱（见图 11—17）。但个别的共轭效应可使碱性增强，如胍接受质子后能形成稳定的季铵离子而呈强碱性。

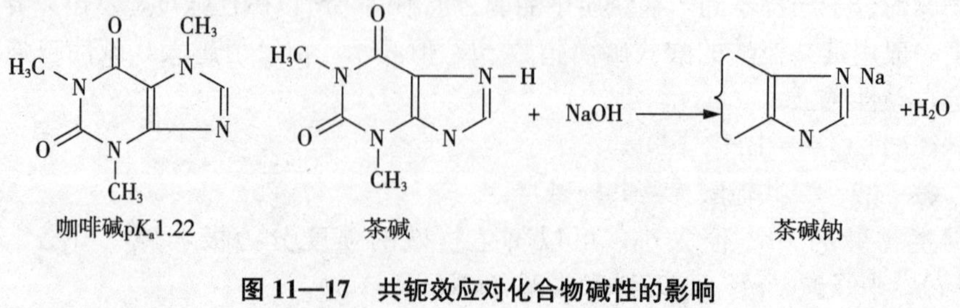

咖啡碱p$K_a$1.22　　茶碱 + NaOH ⟶ 茶碱钠 + $H_2O$

**图 11—17　共轭效应对化合物碱性的影响**

注：共轭效应使咖啡碱和茶碱碱性减弱，甚至可以和强碱反应显酸性。

（4）空间效应。

当生物碱在进行质子化时如果氮原子周围存在大基团，那么氮原子接受质子时就会受到阻碍，因而使生物碱碱性降低。空间效应先影响 p-π 共轭，使碱性增强（如邻甲基二甲苯胺），继而影响到质子的靠近。空间效应如图 11—18 所示。

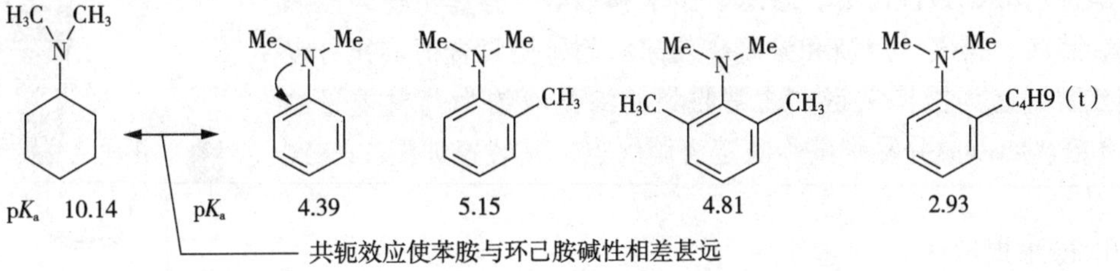

**图 11—18 空间效应**

(5) 分子内氢键效应。

生物碱分子结构中，氮原子周围如果存在羟基或羰基时，会有利于生物碱共轭酸的分子内氢键形成，稳定了共轭酸，因而碱性增强。如和钩藤碱与异和钩藤碱（见图11—19）。

对于具体化合物，往往存在多种效应，要看哪种因素是主要的，同时，测定条件也会影响生物碱的碱性。另外很多生物碱的分子内有若干个氮原子，其碱性大小并不呈现完全的加和性，这是因为存在着另一种效应：诱导—场效应，当其中一个氮原子质子化后，其他氮原子的质子化就会受到严重抑制。另外，季铵碱、氮杂缩醛和烯胺结构的生物碱，其质子化并不发生在氮原子上，往往显示出强碱性，因此判断其碱性时要综合考虑。

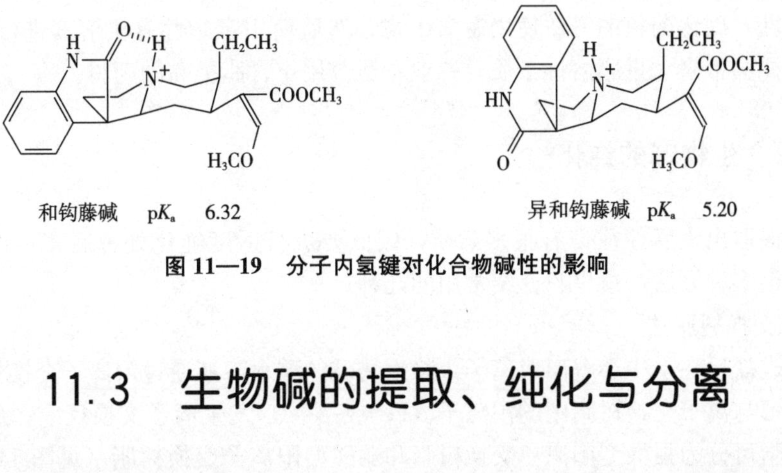

**图 11—19 分子内氢键对化合物碱性的影响**

# 11.3 生物碱的提取、纯化与分离

## 11.3.1 生物碱的提取

生物碱大多与有机酸结合成盐的形式存在于生物体内，少数生物碱因碱性弱而以游离状态存在。因此生物碱的提取要考虑其在植物组织中存在的形式及理化性质，综合设计合理的提取方案。除个别具有挥发性的生物碱（如麻黄碱和小分子液体生物碱）可以采用水蒸气蒸馏法进行提取外，一般都可以采用溶剂提取法提取。其中，渗漉法是常用的提取方式。

渗漉法是将药材粗粉置渗漉筒内，使溶剂自上而下匀速流动，达到提取天然产物的一种浸出法。常用溶剂有不同浓度的乙醇、酸性乙醇、碱性乙醇、酸水、碱水和水等。操作步骤为浸润药材、装筒、排气、浸渍和渗漉。装筒均匀、松紧合适，充分浸渍和控制流速为操作关键。通常收集的渗漉液约为药材重量的8～10倍，如以成分鉴别试验决定渗漉终点。其装置如图11—20所示。

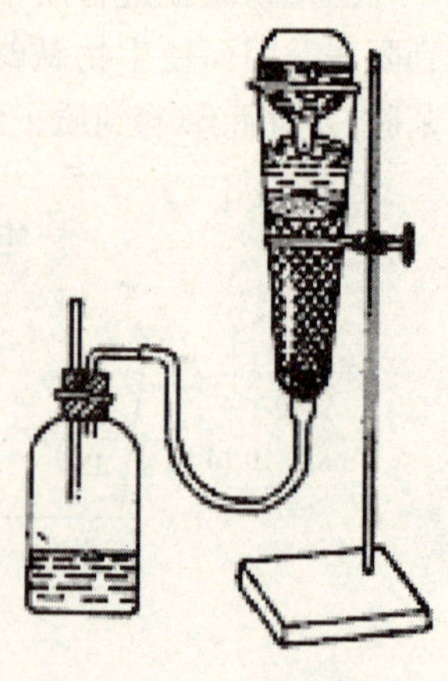

图11—20　渗漉装置

1. 酸水提取法

大多数生物碱的盐易溶于水，因此可以考虑用酸水将生物碱转化成盐后提取出来。提取时一般选用1%浓度以下的酸水（乙酸、硫酸、盐酸或酒石酸等）冷浸或渗漉药材粗粉，收集提取液即得。这种方法的优点是简便易行、无毒、价格低廉，缺点是水溶性杂质较多、提取液体积较大、浓缩困难。不适用于淀粉或蛋白质含量高的植物材料。

2. 亲水性有机溶剂提取法

部分生物碱及其盐能溶于甲醇或乙醇，因此可以考虑以醇为溶剂采用浸渍、渗漉或回流的方法提取，提取液回收溶剂后即得粗总生物碱。这种提取方法往往带有很多脂溶性杂质。

3. 亲脂性有机溶剂提取法

游离生物碱一般易于在亲脂性有机溶剂中溶解。中强碱可以预先采用碱水（氨水、碳酸钠或石灰乳）碱化药材的方法使之游离出来，然后使用亲脂性有机溶剂进行回流提取。这种方法同样会带来大量脂溶性杂质，一般不适合用于含脂类高的药材。

### 11.3.2　生物碱的纯化

生物碱提取出来后往往带有很多杂质，因此要进行适度纯化处理后才可以进一步分离。纯化有很多种方法，这里只介绍常用的几种。

1. 离子交换树脂法

生物碱成盐后在水中会解离成离子，将生物碱的酸水溶液通过阳离子交换树脂柱，生物碱阳离子可与离子交换树脂中的阳离子（$H^+$或$Na^+$）发生离子交换反应，从而驻留在树脂上。树脂可分为强酸型阳离子交换树脂和弱酸型阳离子交换树脂（见图11—21）。用水冲洗柱，非生物碱类水溶性杂质则随水溶液流出。取出离子交换树脂，晾干树脂。用少量氨水或碳酸钠溶液湿润，碱化树脂使生物碱游离，然后置于适当的装置中用有机溶剂洗脱生物碱，回收溶剂即得总生物碱。阳离子交换树脂工作原理如下：

$$R—SO_3^- H^+ + (BH)^+ Cl^- \longrightarrow R—SO_3^- (BH)^+ + HCl$$

$$R—SO_3^- (BH)^+ + NH_4OH \longrightarrow R—SO^{-3} NH_4^+ + B + H_2O$$

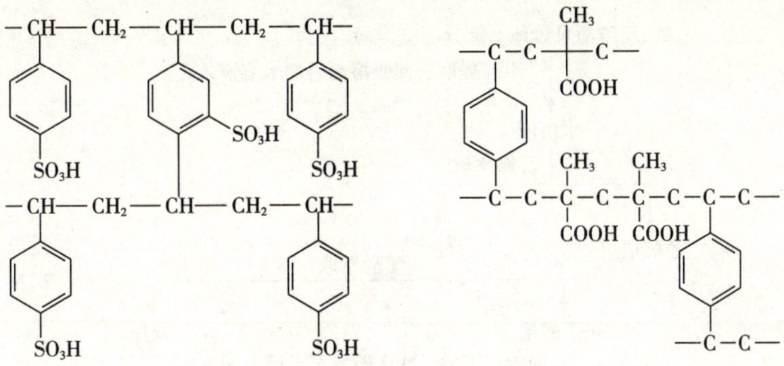

(a) 强酸型阳离子交换树脂的结构

(b) 弱酸型阳离子交换树脂的结构

**图 11—21 阳离子交换树脂**

注：(a) 常用的强酸型阳离子交换树脂是以由苯乙烯和二乙烯苯为原料聚合而成的苯乙烯聚合体为骨架，然后再在芳环上引入磺酸基的一类大分子化合物。这类树脂称为苯乙烯强酸性树脂。

(b) 弱酸型阳离子交换树脂的骨架多由甲基丙烯酸和二乙烯基苯聚合而成，交换基团是羧基。

离子交换树脂法有溶剂用量少、树脂可再生使用、所得生物碱纯度好等优点，是研究和生产实践经常采用的方法。阳离子交换树脂一般采用聚苯乙烯磺酸型。树脂的交换能力受交联度影响，生物碱分子一般较大，因此常选用低交联度（3%～6%）的树脂，但低交联度树脂的机械性能较差。离子交换树脂法是实践中常用的方法，许多药用生物碱如奎宁、麦角碱、莨菪碱、一叶萩碱等都是应用此法生产的。具体应用方法可参考相关专著。

2. 有机溶剂萃取法

含生物碱药材用酸水提取往往夹带有大量水溶性杂质，这时可以采用碱化提取液的方法使生物碱游离出来，然后用有机溶剂如氯仿、苯等溶剂萃取。碱化时如果产生沉淀也不影响。萃取后回收有机溶剂即得总生物碱。

3. 沉淀法

季铵碱等水溶性生物碱除了可用离子交换树脂或大孔吸附树脂提纯以外很难采用其他方法纯化。这时可以选择沉淀试剂进行纯化。方法是：将提取液调 pH 至弱酸性，加生物碱沉淀试剂，使水溶性生物碱与试剂生成不溶于水的复合物或盐而析出，滤取沉淀，净化、分解即得水溶性生物碱。以雷氏铵盐沉淀法为例，具体反应过程如图 11—22 所示。

$B^+ + NH_4[Cr(SCN)_4(NH_3)_2] \longrightarrow B[Cr(SCN)_4(NH_3)_2]\downarrow + NH_4^+$ 沉淀季铵盐

$2B[Cr(SCN)_4(NH_3)_2] + Ag_2SO_4 \longrightarrow 2Ag[Cr(SCN)_4(NH_3)_2]\downarrow + B_2SO_4$ 置换季铵生物碱

$B_2SO_4 + BaCl_2 \longrightarrow BCl + BaSO_4\downarrow$ 沉淀硫酸根

**图 11—22 雷氏铵盐沉淀法反应过程原理图**

注：$B^+$=季铵生物碱阳离子。

4. 大孔吸附树脂法

大孔吸附树脂法在生物碱的纯化过程中较常用。原料用醇性溶剂提取并回收溶剂，水溶解提取物即可上大孔吸附树脂柱进行吸附、洗脱，得总生物碱。也有结合萃取除杂后再进行大孔吸附树脂处理的，如浙贝母总生物碱的提取（见图 11—23）。

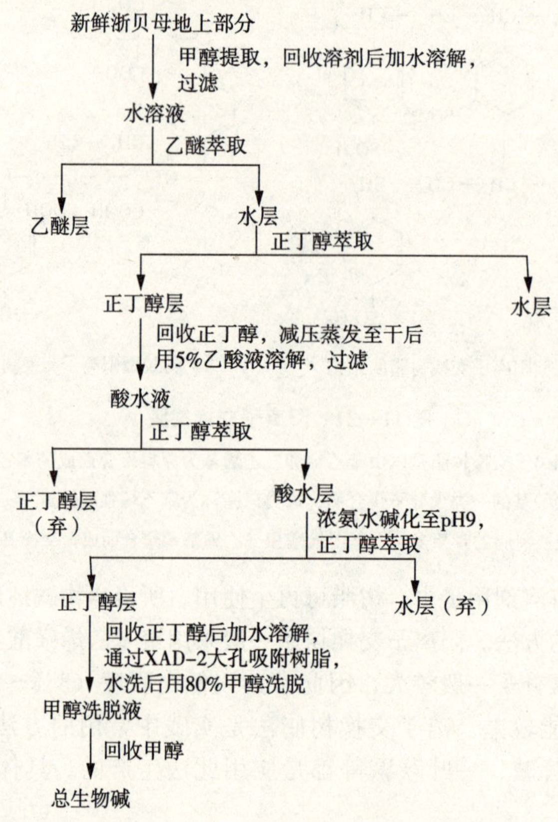


**图 11—23　浙贝母总生物碱的提取**

### 11.3.3　生物碱的分离

分离工作常根据需要采用不同的方法。一般基础研究可以采用系统分离方法，生产实践则针对特定生物碱的类型进行特定分离。

总生物碱的系统分离一般根据其碱性强弱、是否含有酚羟基等酸性基团以及极性大小等因素将总生物碱分离到若干部位，然后做进一步分离。这一分离流程见图 11—24。

1. 根据生物碱的碱性差异进行分离

在不同 pH 条件下生物碱解离程度不同，因此可以采用 pH 梯度萃取法进行分离，有两种操作：一种方法是将总生物碱用酸水溶解，然后用碱水调节 pH（由低到高），每调一次用氯仿萃取若干次，回收各步氯仿萃取液后即得碱度由弱到强的生物碱部分；另一种方法是将总生物碱用氯仿溶解，然后用不同 pH 的缓冲酸溶液依次萃取，得到的缓冲液碱化后用有机溶剂萃取，回收溶剂，即得到碱度由强到弱的生物碱各部分。

采用 pH 梯度萃取法分离前，通常先用多层缓冲纸色谱对总碱中各生物碱的碱度强弱作初步了解，根据色谱结果选择适当的缓冲液范围如图 11—25 所示。

2. 根据生物碱或生物碱盐溶解度的差异进行分离

生物碱以及生物碱盐在不同溶剂中的溶解度可能存在明显的差异，可据此进行分离。如从中药苦参中分离氧化苦参碱和苦参碱（见本章 11.4）。

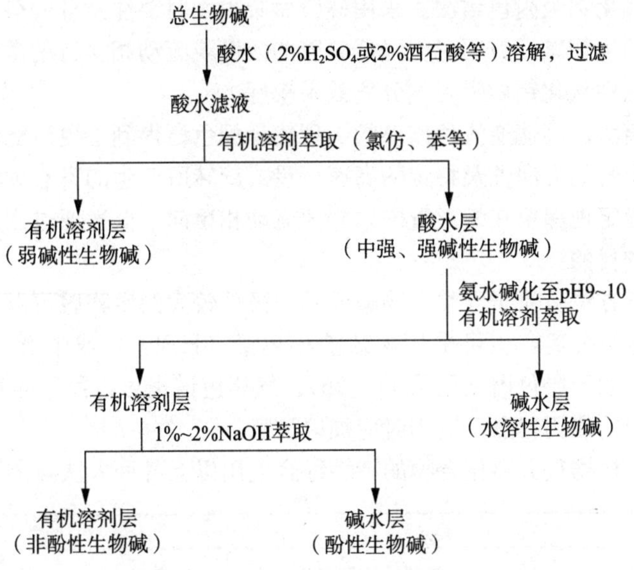


**图 11—24　总生物碱的系统分离流程图**

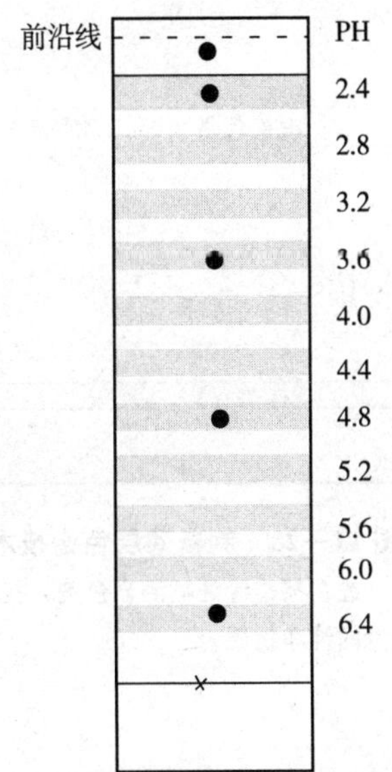


**图 11—25　多层缓冲纸色谱示意图**

**注：**在长条滤纸一端用铅笔画一条起始线作为点样原点，然后每隔 2cm 画一条线。用不同的 pH 缓冲液涂布在间隔区域内，pH 自高而低在滤纸条上自下而上顺次涂布。滤纸风干后在原点上点生物碱样品，有机溶剂向上展开，展开完毕取出滤纸经碘化铋钾显色。出现在下方的斑点表示该生物碱碱性最强。根据上述结果将样品用展开所用溶剂溶解，再用不同 pH 缓冲液顺次萃取即可分离得到不同的生物碱。

3. 色谱法

色谱法广泛地应用于生物碱的分离，利用色谱法可以得到生物碱纯净物质，一般需要反复进行色谱分离才能达到目的。

(1) 硅胶或氧化铝吸附色谱法。采用硅胶做吸附剂时要注意硅胶呈一定弱酸性，比较适宜分离弱碱性的生物碱，应用时应降低硅胶的活度或流动相含有的微量水。氧化铝色谱法一般适合选用碱性氧化铝做吸附剂分离效果较好。

(2) 分配色谱法。高速逆流色谱仪的出现使分配色谱得到了更广泛的应用。该仪器依靠聚四氟乙烯蛇形管的方向性及特定的高速行星式旋转所产生的离心力场的作用，使无载体支持的固定相稳定地保留在蛇形管内，并使流动相单向、低速通过固定相，实现连续逆流萃取分离物质的目的。

(3) 其他色谱方法。对于苷类生物碱或其他极性较大的生物碱可以采用反相色谱方法或葡聚糖凝胶法进行分离，也可采用高效液相色谱（HPLC）或中低压色谱技术进行分离。其他色谱方法如薄层色谱（见图 11—26）、气相色谱也可以用于生物碱的分离，但不同的方法会有不同的使用特点，应用时应加以注意。

实践中一般需根据被分离化合物的特性综合应用以上各种方法才能达到分离目的。

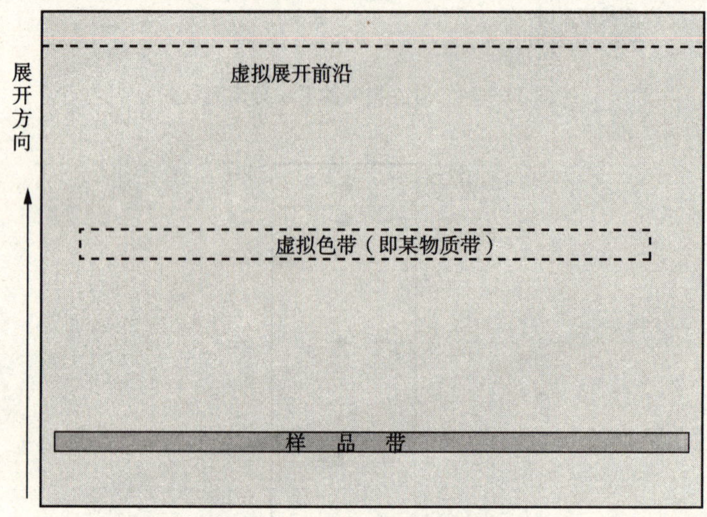


**图 11—26 制备薄层色谱技术**

**注：** 展开完毕后，可在荧光灯下（或在某边缘处喷洒显色剂）找到合适的分离带，然后轻轻刮下选定的色带，另行洗脱即可得到一定量的纯净物质。

## 11.4 研究实例

### 11.4.1 苦参

中药苦参 *Sophora Flavescens* Ait 为豆科槐属植物苦参的干燥根，是我国历史悠久的传统中药之一（见图 11—27）。它具有清热燥湿、杀虫、利尿等功效，用于热痢、便血、黄疸尿闭、赤白带下、阴肿阴痒、湿疹、湿疮、皮肤瘙痒、疥癣麻风炎症的治疗，外用于治疗滴虫性阴道炎。苦参除广泛应用于人用药外，亦为兽用名药。

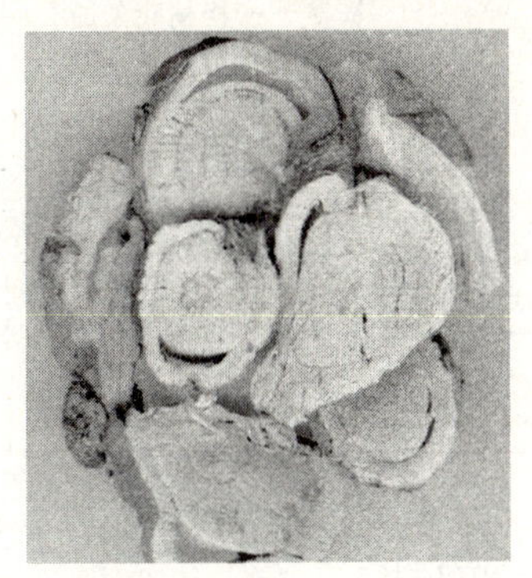

中药苦参饮片

苦参植物的根及茎叶

**图 11—27 中药苦参**

1. 苦参的化学成分

苦参的主要成分为苦参碱（Matrine）、氧化苦参碱（Oxymatrine）和羟基苦参碱（Hydroxymatrine）等 20 多种生物碱类成分，另还含有苦参醇（Kurarinol）、苦参丁醇（Kuraridinol）等多种黄酮类成分以及氨基酸类、挥发油类、糖类、有机酸类、内酯类等成分。其中，苦参生物碱是具有广泛生理活性的一类重要化学成分，它们均具有以苦参碱为代表的骨架结构，苦参碱、氧化苦参碱能相互转化，氧化苦参碱在人体内被代谢为苦参碱。

2. 苦参生物碱的理化性质

碱性：苦参中所含生物碱均有两个氮原子。一个为叔胺氮（$N_1$），呈碱性；另一个为酰胺氮（$N_{16}$），几乎不显碱性，所以它们只相当于一元碱。苦参碱和氧化苦参碱的碱性比较强。

溶解性：苦参碱的溶解性比较特殊，不同于一般的叔胺碱，它既可溶于水，又能溶于氯仿、乙醚等亲脂性有机溶剂。氧化苦参碱是苦参碱的氮氧化物，具半极性配位键，其亲水性比苦参碱更强，易溶于水，难溶于乙醚，但可溶于氯仿。苦参生物碱的极性大小顺序是：氧化苦参碱>羟基苦参碱>苦参碱。

3. 苦参生物碱的提取分离

（1）总生物碱的提取。苦参以稀酸水渗漉，酸水提取液通过强酸性阳离子交换树脂提取总生物碱，流程如图 11—28 所示。

（2）苦参碱和氧化苦参碱的分离。利用二者在乙醚中的溶解度不同进行分离，见图 11—29。

## 11.4.2 麻黄

麻黄是麻黄科（Ephedraceae）麻黄属植物的干燥草质茎，最早见于《神农本草经》，记载其功效为“主中风，伤寒头痛，温疟，发表汗，去邪热气，止咳逆上气，除寒热，破积聚”。麻黄属植物已知近 67 种，国内常用的为草麻黄 *Ephedra Sinica* Stapf、木贼麻黄 *E. Equisetina* Bunge 和中麻黄 *E. Intermedia Schrenk et* C. A. Mey.，主产于吉林、辽宁、内蒙古等省区。

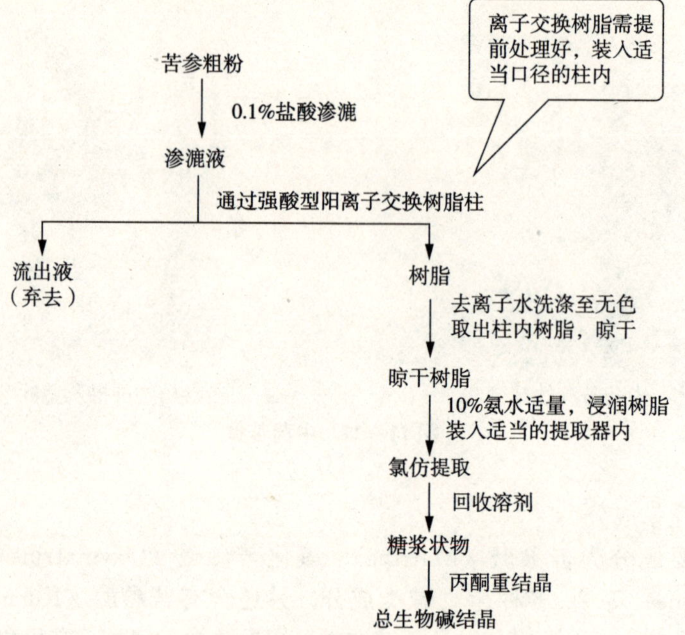


**图 11—28 苦参总生物碱提取流程**

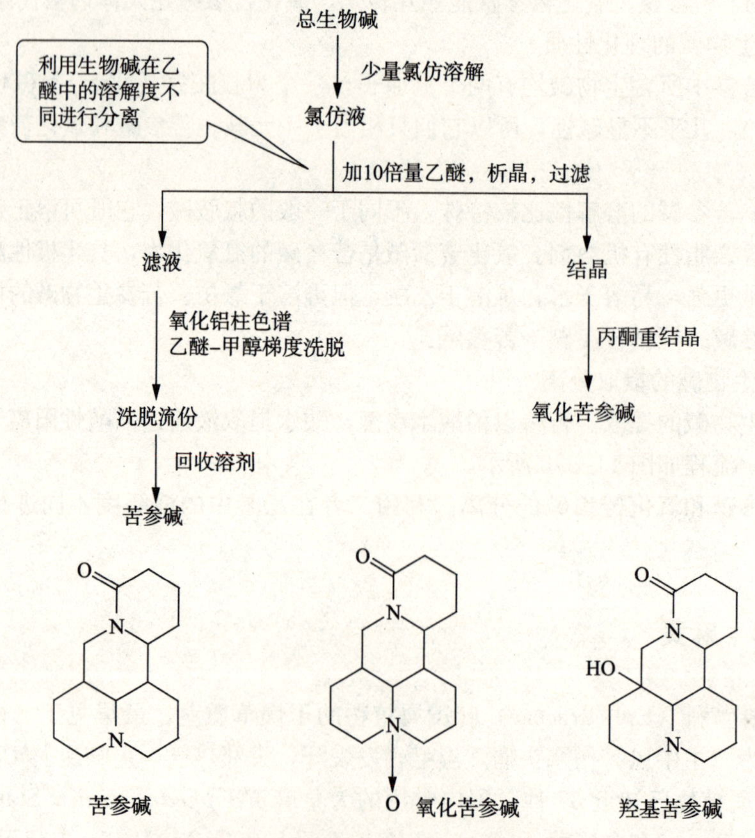


**图 11—29 苦参碱与氧化苦参碱的分离**

1．化学成分

麻黄中含有生物碱、黄酮、黄烷、鞣质、挥发油、有机酸、多糖等多种成分，但目前对其药理毒理作用研究较明确的只有生物碱类。麻黄中含有的生物碱以麻黄碱和伪麻黄碱为主，其次是甲基麻黄碱、甲基伪麻黄碱、去甲基麻黄碱和去甲基伪麻黄碱。麻黄生物碱分子中的氮原子均在侧链上，属于有机胺类生物碱。麻黄碱和伪麻黄碱属仲胺衍生物，且互为立体异构体，它们的结构区别在于 $C_1$ 的构型不同。

2．麻黄生物碱的理化性质

（1）挥发性。麻黄碱和伪麻黄碱的分子量较小，具有挥发性。

（2）碱性。麻黄碱和伪麻黄碱为仲胺生物碱，碱性较强。由于伪麻黄碱的共轭酸与 $C_2$—OH 形成分子内氢键稳定性大于麻黄碱，所以伪麻黄碱的碱性强于麻黄碱。

（3）溶解性。由于麻黄碱和伪麻黄碱的分子较小，其溶解性与一般生物碱不完全相同，既可溶于水，又可溶于氯仿，但伪麻黄碱在水中的溶解度较麻黄碱小。麻黄碱和伪麻黄碱形成盐以后的溶解性能也不完全相同，如草酸麻黄碱难溶于水，而草酸伪麻黄碱易溶于水；盐酸麻黄碱不溶于氯仿，而盐酸伪麻黄碱可溶于氯仿。可以借此区别进行分离。

（4）鉴别反应。麻黄碱和伪麻黄碱不能与多数生物碱沉淀试剂发生反应，但可用下述反应鉴别：

1）二硫化碳—硫酸铜反应。在二者的醇溶液中加入二硫化碳、硫酸铜和氢氧化钠各 2 滴，产生棕色沉淀现象。这是因为麻黄碱与二硫化碳生成氨荒酸衍生物，遇铜离子呈黄色，加碱后变为黑棕色沉淀，反应式如下：

2 $C_6H_5$—CHOH—CH(NHCH$_3$)—CH$_3$ + 2$CS_2$ —— 2 $C_6H_5$—CHOH—CH(CH$_3$)—N(CH$_3$)—C(=S)—SH $\xrightarrow[NaOH]{CuSO_4}$

[$C_6H_5$—CHOH—CH(CH$_3$)—N(CH$_3$)—C(=S)—S]—Cu—[S—C(=S)—N(CH$_3$)—CH(CH$_3$)—CHOH—$C_6H_5$]

棕色沉淀

2）铜络合盐反应。

麻黄碱和伪麻黄碱的水溶液加硫酸铜、氢氧化钠，溶液呈蓝紫色，若加乙醚，乙醚层显紫红色，水层呈蓝色。反应式如下：

4 $C_6H_5$—CHOH—CH(NHCH$_3$)—CH$_3$ $\xrightarrow[NaOH]{CuSO_4}$ Cu 络合物（O、NHCH$_3$ 配位） + Cu 络合物（O、NHCH$_3$ 配位）

3．麻黄生物碱的提取分离

（1）溶剂法。

该法是目前工业上生产麻黄碱的主要方法，利用麻黄碱和伪麻黄碱既能溶于水，又能溶于亲脂性有机溶剂的性质，以及麻黄碱草酸盐比伪麻黄碱草酸盐在水中溶解度小的差异，使两者得以分离。方法为：麻黄用水提取，水提取液碱化后用甲苯萃取，甲苯萃取液流经草酸溶液，麻黄碱草酸盐因在水中溶解度较小而结晶析出，而伪麻黄碱草酸盐留在母液中。分离流程如图 11—30 所示。

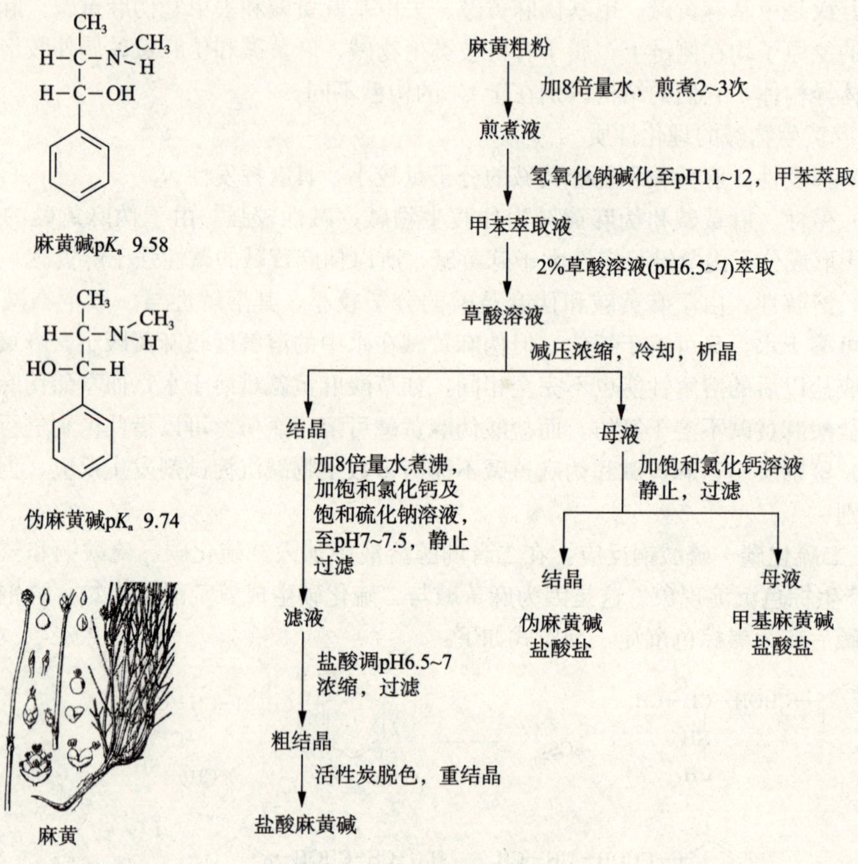


**图 11—30　麻黄碱的提取与分离**

（2）水蒸气蒸馏法。

麻黄碱和伪麻黄碱在游离状态时具有挥发性，可用水蒸气蒸馏法从麻黄中提取。但由于加热时间长，部分生物碱被破坏。

（3）离子交换树脂法。

生物碱盐能够交换到强酸型阳离子交换树脂柱上，而麻黄碱的碱性较伪麻黄碱弱，可先从树脂柱上洗脱下来，从而使两者达到分离。

## 小实验

### 黄连中小檗碱的提取

取 100g 黄连粗粉，用 50%乙醇（900mL）60℃水浴中温浸 2 次，每次 1h，浸出液减压浓缩至小体积后放置1h，过滤。滤液加盐酸酸化至pH2，放置得黄色沉淀。沉淀用蒸馏水重结晶数次得盐酸小檗碱。另一部分酸性母液中含甲基黄连碱和巴马丁及药根碱。

## 思考题

1. 影响生物碱碱性的因素有哪些？

2. 生物碱采用沉淀反应进行化学鉴别时应该注意哪些事项？

**提示：**发生沉淀反应，要注意多需在酸性条件下进行，用苦味酸和硅钨酸作沉淀试剂时要在中性条件进行。植物的酸水提取液经常有蛋白质、多糖、鞣质等成分会和生物碱沉淀试剂发生假阳性反应，故需要用化学方法或色谱方法除去。少数生物碱不和沉淀试剂发生反应（如麻黄碱），故如果确证生物碱的存在一般要用多种试剂和方法进行检识。

3. 酸水提取法提取生物碱有哪些优缺点？

4. 从药材中提取的总生物碱，若采用pH梯度萃取分离法应该如何操作？

# 附录一 实验指导

## 一、使用说明

由于天然药物具有明显的地域性和品种差异，加之各院校的设备条件也不尽一致，所以在使用本《实验指导》时，应根据各院校的具体情况选择实验项目，在内容上也可进行适当的增减或修改，无须拘泥于一格。

总之，通过实验只要能达到以下的目的即可：

(1) 能检验学生在课堂上所学的理论知识，使学生对理论知识的理解更加深入、更加牢固。

(2) 能训练学生的基本操作技能，培养学生分析问题和解决问题的能力，使学生获得从事天然药物化学科研和实际工作的基本训练。

(3) 使学生养成严谨的科学态度和良好的科学作风。

实验中，重点是加强对学生基本技能的训练。

## 二、天然药物化学实验须知

(1) 遵守实验室制度，维护实验室安全，不违章操作，严防爆炸、着火、中毒、触电、漏水等事故的发生。若发生事故应立即采取措施并报告指导教师。

(2) 实验前做好预习，明确实验内容，了解实验的基本原理和方法。安排实验计划，争取准时完成，实验过程中应养成及时记录的习惯，凡是观察到的现象和结果及有关数据，应随时如实地记录。实验完毕，要认真进行总结，写好实验报告，实验所得的提纯物应包好，贴上标签，交给老师。

(3) 实验室内应保持安静，不得大声喧哗，不许抽烟。进入实验室必须穿工作服，实验过程中，不许随便离开。

(4) 实验台应保持整洁，与实验无关的物品不得放在台面上，实验中废弃的固体物如药渣、滤纸等，要丢入废物桶内。

(5) 爱护仪器，节约药品，仪器损坏后应填写报损单，注明原因，由指导教师按规定处理。

(6) 实验过程中要节约用水、用电。

(7) 每次实验结束后，值日生应将实验室打扫干净，倾倒废物桶，关好水、电、门、窗，方可离去。

# 实验一 黄柏中小檗碱的提取和鉴定

## 一、实验目的和要求

(1) 掌握从黄柏中提取小檗碱的原理和方法。

(2) 熟悉小檗碱的化学性质和鉴定方法。

(3) 掌握柱色谱的基本操作方法。

## 二、实验原理

根据黄柏中含黏液质的特点，首先用石灰乳沉淀黏液质，然后用碱水提取黄柏中小檗碱，再加盐酸使其转化为盐酸小檗碱而沉淀析出。

## 三、实验方法

称取黄柏皮粗粉 200g，置烧杯中，加入适量石灰乳搅拌均匀，润湿 30min 后，再加入 8 倍量水浸渍 60min，进行渗漉。收集渗漉液 2 000mL，往渗漉液中加入总体积 5% (*W/V*) 的食盐，搅拌后放置，抽滤。沉淀溶于 20 倍量沸水中，趁热抽滤。滤液加浓盐酸调 pH2～3，放置，抽滤。沉淀用蒸馏水洗至中性，抽干后于 80℃以下烘干，即得盐酸小檗碱粗品。

## 四、盐酸小檗碱的纯化

方法：柱色谱法；

吸附剂：中性氧化铝（100～200 目）35g；

样品：50～100mg 前述盐酸小檗碱粗品；

洗脱剂：95%乙醇。

收集开始流出的鲜黄色色带，回收溶剂，即得纯化的盐酸小檗碱精品。

### 五、盐酸小檗碱的薄层色谱鉴定

吸附剂：中性氧化铝制成软板；
展开剂：乙酸乙酯∶95%乙醇∶乙二胺（3∶6∶1）或氯仿∶甲醇（9∶1）；
显色剂：改良碘化铋钾试剂；
样品：自制盐酸小檗碱精品乙醇溶液；
标准品：盐酸小檗碱对照品溶液。

## 实验二　槐花米中芦丁的提取、分离与鉴定

### 一、实验目的和要求

(1) 以芦丁为实例学习黄酮类化合物的提取分离方法。
(2) 掌握黄酮类化合物的主要性质及黄酮苷、苷元和糖部分的鉴定方法。
(3) 通过槲皮素的乙酰化反应，得到纯品槲皮素五乙酰化物。
(4) 掌握纸色谱和薄层色谱的方法及黄酮类化合物的色谱特点。

### 二、实验原理

(1) 芦丁可溶于热水，难溶于冷水。其分子结构中具有较多的酚羟基，显弱酸性，在碱中易溶解，而在酸性条件下易析出沉淀，故可采用碱提酸沉法提取芦丁。

(2) 芦丁可被稀酸水解生成苷元和糖。通过纸色谱和薄层色谱及苷元的乙酰化衍生物进行鉴定和确认。

### 三、实验方法

1. 芦丁的提取

于1 000mL烧杯中加入500mL蒸馏水，煮沸2～3min后，称取40g槐花米粗粉，投入沸水中，加热煮沸约5min；在搅拌下小心加入石灰乳调至pH8～9，加热微沸30min，注意添加水，保持原体积并维持pH8～9；趁热过滤，滤渣再加入200mL水，加石灰乳调pH8～9，煮10min；趁热过滤，合并滤液，稍冷（60～70℃），用浓HCl调至pH4～5；放置后析出沉淀，抽滤，用水洗3～4次，置空气中自然干燥得淡黄色芦丁粗品。

2. 芦丁的精制

将芦丁粗品置于500mL烧杯中，加适量（约100mL）蒸馏水，用石灰水调至pH8。加热煮沸数分钟，使充分溶解。趁热抽滤，滤液滴加3mol/L HCl调至pH7，放置18h以上，即析出沉淀。减压抽滤，用少量蒸馏水洗涤沉淀2～3次。然后用少量乙醇洗1次。

抽干，于 70～80℃干燥 1h，即得芦丁精品。称重，计算产率，测定熔点。

3. 芦丁的水解

取芦丁精品 2g，研细，置于 500mL 圆底烧瓶中。加 2%硫酸溶液 150mL，于电炉上加热微沸 30min（要补充蒸发掉的水分），析出的黄色沉淀为槲皮素，趁热抽滤，滤液保留做糖部分的鉴定。沉淀经水洗后再用 95%乙醇重结晶 1 次，得黄色针状结晶，于 70～80℃下干燥，即得槲皮素精品，测定熔点。

4. 糖的纸色谱鉴定

取水解母液约 20mL，用 $Ba(OH)_2$ 的细粉（约 2.6g）中和至 pH7。滤去生成的硫酸钡沉淀（可用滑石粉助滤），滤液浓缩至约 1mL，得水解浓缩液，供纸色谱点样用。

样品：水解浓缩液；

色谱用滤纸：新华 1 号滤纸；

对照品：葡萄糖、鼠李糖水溶液；

展开剂：正丁醇∶冰乙酸∶水（4∶1∶5 上层）；

显色：苯胺—邻苯二甲酸试剂喷后 105℃烘 10min，显棕色和棕红色斑点；

苯胺-邻苯二甲酸的配制：将 1.66g 邻苯二甲酸和 0.93g 苯胺溶于 100mL 水饱和的正丁醇中。

5. 芦丁、槲皮素的纸色谱和聚酰胺薄层鉴定

纸色谱鉴定：

样品：自制芦丁精品、槲皮素的乙醇溶液

色谱用滤纸：新华 1 号滤纸；

对照品：芦丁、槲皮素的乙醇溶液；

展开剂：(1) 正丁醇∶冰乙酸∶水（4∶1∶5 上层），(2) 15%乙酸水溶液；

显色：(1) 可见光及紫外灯下观察，(2) 经氨气薰后再观察，(3) 喷三氯化铝试剂后再观察。

聚酰胺薄层鉴定：用 90%乙醇或乙醇—水（7∶3）展开，在紫外灯下观察斑点颜色，或采用纸色谱的显色方法。

6. 槲皮素五乙酰化物的制备

取槲皮素结晶 200mg，置于圆底烧瓶中，加 4mL 无水吡啶溶解，再加 5mL 乙酸酐摇匀，接上空气冷凝管，水浴上加热回流 30min，放冷。将反应液在搅拌下倾入 100mL 冰水中，一直搅拌至油滴消失，白色固体沉淀析出为止。抽滤，滤饼用水洗涤，干燥后用 95%乙醇重结晶，得针状结晶，测定其熔点（文献值为 193～195℃）。

# 实验三　大黄中大黄素的提取、分离和鉴定

## 一、实验目的和要求

(1) 掌握 pH 梯度萃取法的原理和操作技术。

（2）学习用硅胶柱色谱法分离精制大黄素。

（3）学习羟基蒽醌类化合物的鉴定方法。

## 二、实验原理

根据大黄中蒽醌类成分酸性强弱不同的特性，以乙醚提取脂溶性成分后，利用碱度递增的碱水液，自乙醚提取液中萃取酸度递减的游离蒽醌类成分，本实验主要分离大黄素。

## 三、实验方法

1. 酸水解

取大黄粉 10g，加 20%硫酸水溶液 100mL，在水浴上加热 3～4h，抽滤，滤饼水洗后于 70℃左右干燥。

2. 总羟基蒽醌苷元的提取

滤饼经干燥后，置索氏提取器中，加入乙醚 150mL，回流提取 3～4h，得乙醚提取液。乙醚提取液经薄层色谱检查有大黄酸、芦荟大黄素、大黄素、大黄素甲醚和大黄酚。薄层板为硅胶 $GF_{254}$ 板，展开剂为石油醚（沸程 60～90℃）—乙酸乙酯（7：3），展开后，在可见光下可看到 4 个斑点，$R_f$ 为 0.9 的黄色斑点为大黄酚和大黄素甲醚混合物，其余 3 个斑点，依 $R_f$ 值由大到小分别为大黄素（橙色斑点）、芦荟大黄素（黄色斑点）、大黄酸（黄色斑点）。

3. pH 梯度萃取分离

（1）置乙醚提取液于 250mL 分液漏斗中，用 2.5% $NaHCO_3$ 水溶液 120mL 分 3 次萃取，乙醚层经薄层色谱检查（薄层条件同上），知大黄酸已除去。合并 3 次萃取液，酸化，可得大黄酸沉淀。

（2）经 2.5%$NaHCO_3$ 水溶液萃取后的乙醚层，以 2.5%$Na_2CO_3$ 水溶液 120mL 分 3 次萃取，乙醚层经薄层色谱检查，知大黄素已除去。合并 3 次 $Na_2CO_3$ 萃取液，酸化，主要得大黄素沉淀，另含有少量大黄酚、大黄素甲醚和芦荟大黄素等。水洗沉淀物至洗出液呈中性，低温干燥后作为柱色谱样品。

经 2.5%$Na_2CO_3$ 水溶液萃取后的乙醚层，继续用 2.5%$Na_2CO_3$ 水溶液 120mL 分 4 次萃取，乙醚层经薄层色谱检查，知芦荟大黄素已除去。合并 4 次碳酸钠萃取液，酸化，得芦荟大黄素沉淀。

（3）经 2.5%$Na_2CO_3$ 水溶液萃取后的乙醚层，再以 0.5%NaOH 水溶液 100mL 分 4 次萃取至碱水层无色为止，合并 NaOH 萃取液，酸化得沉淀，为大黄酚和大黄素甲醚混合物。

4. 用硅胶柱色谱分离精制大黄素

（1）装柱：取 100～200 目的硅胶约 10g，按干法装柱（柱床 1.5cm×8.5cm）。

（2）加样：将样品溶解于 5mL 石油醚（沸程 60～90℃）—乙酸乙酯（7：3）中，用吸管吸取样品溶液于色谱柱柱床顶端。

（3）洗脱：用石油醚（沸程 60～90℃）—乙酸乙酯（7：3）为洗脱剂洗脱，分段收集，每份10mL，用硅胶薄层板跟踪检查（被洗脱的成分先后顺序为：大黄酚和大黄素甲醚、大黄素、芦荟大黄素等）。合并大黄素部分，适当浓缩，放置析晶，过滤，即得大黄素精品。

5. 大黄素的鉴定

(1) 在薄层板上用点滴反应检查大黄素对 NaOH、$MgAc_2$（0.5%乙酸镁的乙醇液）试液的反应，观察颜色变化。

(2) 测定大黄素的熔点。

# 实验四 黄花夹竹桃中黄夹苷的提取、分离和鉴定

## 一、实验目的和要求

(1) 学习黄夹苷的提取方法。

(2) 了解强心苷的性质及其鉴定方法。

(3) 通过薄层色谱检查酶解前后黄花夹竹桃果仁所含成分的变化。

## 二、实验原理

在黄花夹竹桃果仁中含有原生苷，同时还含有酶。在适宜的温度和湿度下，利用酶的活性可使原生苷酶解（发酵）成次级苷，然后用乙醇提取。

## 三、实验操作

1. 黄夹苷的提取和精制

(1) 原料处理：称取黄花夹竹桃坚果150g，除去硬壳，将所得果仁称重后，置乳钵中研细、称重。

(2) 脱脂：将研细的果仁粉末，包在滤纸袋中，置于索氏提取器，用苯脱脂。脱脂是否完全，可用滴管吸取索氏提取器中部的苯液，滴在滤纸上，若不留油迹即可。将脱脂粉末干燥，称重。

(3) 酶解：将干燥后的脱脂果仁粉末，置三角烧瓶中，加40℃的水适量，以能完全湿润为度（约为果仁粉末的3～5倍量）。再加脱脂果仁粉末重量的2.5%的甲苯，加盖，并稍留有空隙。在35～40℃的恒温箱中酶解24h，观察发酵物的颜色及发酵液的pH的变化，并用TLC检查酶解前后成分的情况。

检查方法：取脱脂粉末少许，加适量甲醇，另取少量发酵后的样品，加适量氯仿，作为样品溶液。

吸附剂：中性氧化铝（200～300目）软板。

展开剂：氯仿—甲醇（97∶3）。

显色剂：50%硫酸（水液或乙醇液）喷后，于105℃烘烤10min。

(4) 提取：于发酵后的粉末中加入15倍量（相当于脱脂粉末重）95%乙醇，置于500mL三角烧瓶中，振摇10min，减压抽滤。残渣再用5倍量乙醇，振摇提取，减压抽滤，抽干。残渣于布氏漏斗上，用适量乙醇洗1次，合并乙醇液；减压回收乙醇至脱脂粉末的5倍量体积。加脱脂粉末12.5倍量的水，放置，待析出沉淀，抽滤，干燥，称重，得粗黄夹苷。

(5) 精制：取上述黄夹苷粗品，加40倍量95%乙醇，加热回流10min。稍放冷，再加粗品量15%的活性炭脱色，加热回流10min。抽滤，滤液减压浓缩至粗品5倍量体积，再缓缓加入浓缩体积3倍量的蒸馏水，放置，待析出结晶后减压抽滤。结晶以少量乙醚洗涤，于70℃干燥，称重，即得黄夹苷精品，计算产率。

2. 黄夹苷的色谱鉴定

(1) 纸色谱鉴定。

色谱滤纸：取28cm×4.5cm的色谱滤纸，使其均匀地通过盛有甲酰胺—丙酮（3∶7）溶液的培养皿，然后置空气中风干待用。

点样：取自制黄夹苷精品及黄夹苷对照品5mg溶于氯仿中点样。

展开剂：甲酰胺饱和的二甲苯—甲乙酮（1∶1）的上层液。

展开：将点样后的滤纸条置于层析筒内，用展开剂饱和30min后，以上行法展开，直至展开剂前沿达20cm左右时，取出纸条在空气中晾干，后置恒温箱中于120℃烘烤1h（除去纸上甲酰胺），然后显色。

显色：用Kedde试剂显色，试剂A——2% 3,5-二硝基苯甲酸甲醇溶液；试剂B——5% NaOH乙醇溶液。显色时分别在纸上喷以两种试剂，强心苷呈红色斑点，计算$R_f$值。

(2) TLC鉴定。

点样：取自制黄夹苷精品及黄夹苷对照品5mg，分别溶于1mL甲醇中，用于点样。

吸附剂：硅胶G硬板。

展开剂：氯仿—甲醇（10∶1）。

显色：喷以50%硫酸水液，于105℃烘烤10min。

样品可呈现与对照品$R_f$值相同的一些斑点，其中主要有3个斑点。$R_f$值由小到大依次为黄夹次苷甲、黄夹次苷乙和单乙酰黄夹次苷乙。

3. 黄夹苷的鉴别

(1) 3,5-二硝基苯甲酸反应（Kedde反应）：取少量样品于小试管中，加1mL乙醇溶解后加入4%NaOH乙醇溶液2滴，再加2% 3,5-二硝基苯甲酸甲醇溶液2滴，强心苷溶液应呈紫红色。

(2) 碱性苦味酸反应（Baljet反应）：取少量样品于小试管中，加1mL乙醇溶液后加1～2滴碱性苦味酸试剂，放置15min，强心苷溶液应呈橙红色。

(3) 三氯化铁—冰醋酸反应（Keller-Kiliani反应）：取少量试样置于小试管中，加0.5%三氯化铁的冰醋酸溶液2mL，使之溶解。然后沿管壁加入浓硫酸1mL，观察现象（若有α-去氧糖则两液界面呈棕色，渐变为浅绿蓝色，最后冰醋酸层呈现蓝色）。

# 实验五 苦参生物碱的提取、分离和鉴定

## 一、实验目的和要求

(1) 掌握用酸水提取，离子交换树脂分离生物碱的原理和方法。

(2) 学习离子交换树脂的处理与再生方法。

## 二、实验原理

苦参生物碱可与酸结合成盐，因此用酸水提取后，生物碱呈阳离子状态而被阳离子交换树脂所交换，再用氨水碱化后使生物碱游离，用有机溶剂回流提取之。

## 三、实验方法

1. 树脂的处理

由于市售的阳离子交换树脂为钠型，同时含水量不足，未充分膨胀，而且往往含有杂质。因此使用前需进行转型、除杂和吸水膨胀处理。其方法如下：取市售阳离子交换树脂（如聚苯乙烯磺酸型树脂，交联度 1×7）120g，置烧杯中，加蒸馏水洗至水色较浅，然后加蒸馏水浸泡树脂并在 80℃水浴上加热 1h（或于室温下浸泡 1d），以使树脂充分膨胀。倾去水，减压抽干后加入 2mol/L 盐酸 200mL，不断搅拌，浸泡 1h，倾去酸水，然后加 2mol/L HCl 400mL 浸泡过夜。将树脂装入色谱柱中，同时将浸泡用的 2mol/L 盐酸全部通过树脂（4～5mL/min），然后用蒸馏水洗至 pH4～5 备用。

2. 苦参生物碱的提取和交换

取苦参粗粉 100g，加适量 0.1%盐酸湿润膨胀后，装入渗漏筒中，以 0.1%盐酸 1 500mL渗漉，流速 2～3mL/min。渗漉液通过装有湿重 60g 树脂的阳离子变换柱交换，交换速度 2～3mL/min，测定不同交换时间的 pH 变化，然后将树脂倒入烧杯中，以蒸馏水洗至洗液无色，抽滤干后置搪瓷盘中，室温晾干。

3. 总生物碱洗脱

将上述晾干的树脂置烧杯中，加入浓氨水，拌匀，以手捏成团但不黏手为宜。放置 20min，装入滤纸袋置索氏提取器中，以氯仿连续回流至提取液无生物碱反应（取提取器中部的氯仿液，滴在滤纸上喷改良碘化铋钾试剂）为止。氯仿液加无水硫酸钠脱水后，回收氯仿至干。残留物以丙酮回流溶解，必要时抽滤，然后回收 2/3 的丙酮，放置，结晶，抽滤，干燥，即得粗总碱的白色结晶。

4. 精制

上述粗总碱以少量丙酮（总碱量的 30～40 倍）回流溶解，过滤。滤液回收少量丙酮后加盖放置，结晶后抽滤，干燥，即得以氧化苦参碱为主的精品总碱。

5. 薄层鉴定

薄层板：硅胶G硬板；

样品：精品总碱氯仿液；

标准品：氧化苦参碱对照品氯仿溶液；

展开剂：氯仿—甲醇—氨水（15：4：0.5）或氯仿—甲醇（9：2）；

显色剂：改良碘化铋钾试剂；

结果：比较样品斑点与对照品斑点的颜色和位置，并计算 $R_f$ 值。

6. 树脂再生

使用过的树脂用蒸馏水洗去杂质并抽干。然后以 2mol/L HCl 浸泡后装柱，使酸液通过树脂进行交换，再用水洗去酸液。接着再用 1～2mol/L 氢氧化钠进行交换，再用水洗去碱液，复用 2mol/L 盐酸浸泡后通过树脂，用水洗去酸液后即可再用。

树脂不用时应加水，保存在广口瓶中。

# 附录二　提取分离常用溶剂的性质①

实验中用到的有机溶剂很多，但在生产上考虑成本和对产品安全性方面的要求，能够采用的溶剂并不多，下面就生产中常用的有机溶剂的性质做一介绍。

1. 甲醇（Methanol）：分子量 32.04，比重 0.792，沸点 64.6℃

本品为无色透明液体，具挥发性，易燃，与水、乙醇或乙醚能任意混合。生产中为降低成本常作为乙醇的替代溶剂，或出于工艺的特殊需要使用，属第二类溶剂。

2. 乙醇（Ethanol）：分子量 46.7，比重 0.789，沸点 78.4℃

本品为无色透明液体，易挥发，易燃。与水、乙醚或苯能任意混合。与水按照一定的比例混合，常用于各种化合物的提取，应用广泛，属第三类溶剂。

3. 丙酮（Acetone）：分子量 58.08，比重 0.792，沸点 56.3℃

本品为无色透明液体，有特臭，易挥发，易燃。与水、乙醇、氯仿、石油醚等能任意混合。可用于中等极性化合物的提取，属于第三类溶剂。

4. 正丁醇（n-Butanol）：分子量 74.12，比重 0.810，沸点 117.7℃

本品为无色透明液体，有特臭，易燃。与乙醇、乙醚或苯能任意混合。常用于皂苷的萃取，属于第三类溶剂。

5. 乙酸乙酯（Ethyl Acetate）：分子量 88.11，比重 0.902，沸点 77.1℃

本品为无色透明液体，与丙酮、三氯甲烷或乙醚能任意混合。常用于低极性和中等极性化合物的提取或萃取，如黄酮苷元或中等极性的黄酮苷，属第三类溶剂。

6. 乙醚（Ether）：分子量 46.7，比重 0.713，沸点 34.6℃

本品为无色透明液体，具有麻而甜涩的刺激性，易挥发，易燃，具麻醉性，遇光或久置空气中可被氧化成过氧化合物。能与乙醇、苯、氯仿、石油醚和油类等任意混合，微溶于水。常用于低极性化合物的萃取，如多数苷元，属于第三类溶剂。

7. 三氯甲烷（Chloroform）：分子量 119.38，比重 1.484，沸点 61.2℃

本品为无色透明液体，质重，易挥发。与乙醇、乙醚、苯、石油醚能任意混合，在水中微溶。常用于生物碱类化合物的提取或萃取，属第二类溶剂。

---

① ICH 指导委员会编，周海钧译：《药品注册的国际技术要求——质量部分》，北京：人民卫生出版社，2000。

8. 甲苯（Toluene）：分子量 92.14，比重 0.867，沸点 110.6℃

本品为无色透明液体，有苯样特臭，易燃。与乙醇或乙醚能任意混合，在水中不溶。生产中出于工艺的需要，常作为苯的替代溶剂，属第二类溶剂。

9. 石油醚（Petroleum Ether）

本品为无色透明液体，有特臭，易挥发，易燃的特性，与无水乙醇、乙醚、苯能任意混合，在水中不溶。其沸程为 30～60℃，60～90℃，90～120℃。

# 参考文献

[1] 吴立军．天然药物化学．5 版．北京：人民卫生出版社，2004

[2] 杨其蒀．天然药物化学．北京：中国医药科技出版社，2004

[3] 林启寿．中草药成分化学．北京：人民卫生出版社，1975

[4] 吴寿金，赵泰，梁永琪．现代中草药成分化学．北京：中国医药科技出版社，2002

[5] 徐任生．天然产物化学．北京：科学出版社，2004

[6] 北京医学院，北京中医学院等．中草药成分化学．北京：人民卫生出版社，1980

# 教师信息反馈表

为了更好地为您服务，提高教学质量，中国人民大学出版社愿意为您提供全面的教学支持，期望与您建立更广泛的合作关系。请您填好下表后以电子邮件或信件的形式反馈给我们。

| 您使用过或正在使用的我社教材名称 | | 版次 | |
|---|---|---|---|
| 您希望获得哪些相关教学资料 | | | |
| 您对本书的建议（可附页） | | | |
| 您的姓名 | | | |
| 您所在的学校、院系 | | | |
| 您所讲授课程的名称 | | | |
| 学生人数 | | | |
| 您的联系地址 | | | |
| 邮政编码 | | 联系电话 | |
| 电子邮件（必填） | | | |
| 您是否为人大社教研网会员 | □ 是，会员卡号：________<br>□ 不是，现在申请 | | |
| 您在相关专业是否有主编或参编教材意向 | □ 是　　□ 否<br>□ 不一定 | | |
| 您所希望参编或主编的教材的基本情况（包括内容、框架结构、特色等，可附页） | | | |

**我们的联系方式：**北京市海淀区中关村大街31号
中国人民大学出版社教育分社
邮政编码：100872
电话：010-62515921
网址：http：//www.crup.com.cn/jiaoyu/
E-mail：jyfs_2007@126.com